存在の科学と生きる技術

The
Science of Being
and
Art of Living

# 超越瞑想

マハリシ・マヘーシュ・ヨーギー 著

マハリシ総合教育研究所 翻訳

マハリシ出版

# 超越瞑想

存在の科学と生きる技術

THE SCIENCE OF BEING
AND ART OF LIVING
by MAHARISHI MAHESH YOGI


This book is published in Japan
by arrangement with Stichting Maharishi Internationl
through Maharishi Research Institute of Total Education, Japan
Japanese translation published by
Maharishi publishing---
Maharishi Research Institute of Total Education. Tokyo.

# 献辞

本書をヒマラヤのジョーティル・マトに住み給うた
シャンカラーチャーリヤの道統を継げる
大聖スワミ・ブラフマーナンダ・サラスワティー、
またの名シュリー・グル・デーヴの蓮華の御足に捧げまつる。
聖俗すべての栄光に浴さんと願い人生を愛する人々に、
大聖御自ら息吹を与え、
本書を祝福として世に下し給うものなり。

ジョーティル・マトに住み給うた
シャンカラーチャーリヤの道統を継げる
大聖スワミ・ブラフマーナンダ・サラスワティー（グル・デーヴ）

聖マハリシ・マヘーシュ・ヨーギー

# 日本語版へのことば

「存在の科学と生きる技術」の日本語訳は、
日本人の傑出した創造的天性を完全に開花するでしょう。
そして超越瞑想の実践によって、日本の創造性は、
幸福感あふれるものとなるでしょう。

マハリシ・マヘーシュ・ヨーギー

The Japanese translation of
"The Science of Being and Art of Living"
will bring fulfilment to
the creative genius of the Japanese people.
With transcendental meditation
happiness will breathe life
in the creativity of the nation.

Maharishi Mahesh Yogi

# まえがき

本書は、一九六三年にアメリカで出版されたマハリシの不朽の名著「Science of Being and Art of Living（存在の科学と生きる技術）」の全訳です。

一九七一年「超越瞑想入門――存在の科学と生活の技術」（読売新聞社）として日本語版の初版が発刊され、それ以来、版を重ね四十年以上にわたり多くの読者に愛読され、十万七千部を超えるロングセラーとなっています。

この度、二〇一一年に発足したマハリシ出版から、本書の表題を「超越瞑想―存在の科学と生きる技術」とし、新たに普及版として出版できたことは、この上ない喜びと感じております。

この度の出版に際して、いくつかの訳語、文章表現をより平易で分かりやすく修正し、また本自体を大きくし、より読みやすいように配慮致しました。

また、米国および世界のマハリシ経営大学国際学長のベヴン・モリス博士による一九九四年版の英書の解説文を全訳し、あとがきとして補足しました。モリス博士は、超越瞑想運動が世界規模で発展してきた経過、マハリシの数々の偉業、マハリシによるヴェーダの知識の深化などを、わかりやすく解説しています。

さらに一九六三年の英書初版の、インドの著名な国会議員団による、「今日の、そして明日の指導者への呼びかけ」も新たに翻訳し収録しました。また、テーマ別に読み進めやすいように、「読書の手引き」

も新たに追加いたしました。

本書は、まず第一部「存在の科学」で、超越瞑想によって体験される究極的真理、絶対「存在」を明らかにしています。そして、それに続く「生きる技術」等では、話す技術や行動の技術など具体的で有益な生き方の解説や、超越瞑想の実践によってもたらされる効果が述べられています。その効果は、心、体、行動、環境など、人生のあらゆる面に及んでいます。環境への効果に関してですが、個人の意識と社会の集合意識とはお互いに密接に影響し合っており、この事は後ほどマハリシ効果（あとがき参照）として科学的にも実証されるに至ります。超越瞑想の個人的な実習が、社会に高い調和や秩序を生み出すのです。

超越瞑想の実践は、だれにでもできる簡単で、自然な方法です。自然さ故に大きな効果が生み出されます。しかしながら、瞑想の具体的な実践方法は本書には記されていません。超越瞑想を学ぶためには、マンツーマンの指導が必要であり、手順を踏んで学ぶ必要があるからです（「個人指導の必要性」七八ページ参照）。ご興味のある方は、全国にある最寄りのＴＭセンターにお問い合せください。

本書に記されているマハリシの教えやビジョンは、半世紀たった今、世界各国において国家レベルで現実化しはじめています。例えばブラジルの学校教育への超越瞑想（ＴＭ）の導入やエクアドル国軍へのＴＭ導入、さらにアメリカ政府の国立衛生研究所ではＴＭを予防医学の有効な手法として位置づけ、その科学的研究に対し二千四百万ドル（二十億円）規模の助成金を拠出するなど、教育、健康、防衛など様々な領域における、国家的な規模での超越瞑想の採用が世界各国で進んでいます。こういった事実を見るにつけ、マハリシの統一意識に基づく卓越した先見性や、マハリシのたゆまぬ努力に基づく数々の偉大な功績には、心から畏敬の念を抱くばかりです。

本書の冒頭に、日本語版を発刊する際にマハリシから寄せられた「日本語版へのことば」を記してあります。この言葉は、私たち日本人にとって、極めて重要なものです。

『存在の科学と生きる技術』の日本語訳は、日本人の傑出した創造的天性を完全に開花するでしょう。そして超越瞑想の実践によって、日本の創造性は、幸福感あふれるものとなるでしょう。」——マハリシ

この言葉が示すように、マハリシは、日本が世界で最も創造的な国の一つであると、繰り返し述べられました。マハリシは、人類に幸福と快適さをもたらす、日本の最先端技術を高く評価し、その優秀性を賞賛し、「日出づる国」として世界における日本のリーダーシップに大きな期待を寄せられていました。

マハリシは、経済学のもっとも重要な基本原則の一つとして、創造性を挙げています。そして創造性の発揮は、精神性の向上の尺度の一つである、とも述べています。つまり創造性の開発は、精神性の向上に基づいているのです。

超越瞑想は、この精神性の向上を真にもたらすものです。本書第三部第八章の「自然科学」等にあるように、超越瞑想の実践により、鋭敏な理知、弁別能力、直観力、先見の明を磨くことができます。そして、より深い自然法則を捉えることができ、多くの発見が可能となります。このように、超越瞑想の

実践は、精神性の向上とともに、創造性をより一層引き出すことが可能なのです。

この度、この普及版を新たに出版できたことは、マハリシの言葉にあるように、日本の傑出した創造性が幸福と平和とともに再び大きく開花し、日本の本来あるべき姿である、物心両面における世界のリーダーとしての「日出づる国」としての復活に、大きく寄与するものである、と確信しています。

平成三十年十一月七日

一般社団法人マハリシ総合教育研究所
代表理事　鈴木 志津夫

# 超越瞑想　存在の科学と生きる技術——目次

目次



# 第一部「存在」の科学

目　次

# 第三部　生きる技術

目　次

# 第四部　成　就

# 序　論

「存在の科学と生きる技術」は、古代インドのヴェーダ*のリシ（真理を見る人）たちが明らかにした、統合された生命に関する実際的な英知をまとめたものです。本書では、この英知を今日の西欧社会における科学的な観点から解釈したものです。

※ヴェーダ――サンスクリット語で「知識」「英知」を意味し、古代インドから継承されている英知の体系。

本書は、人生の成就とはどのようなものかという哲学を示し、何処にいるどんな人でも実践でき、人生のすべての面に栄光をもたらす、ひとつの具体的方法を提供するものです。

人生のあらゆる問題の根本を見据え、あらゆる苦しみを根絶する一つの解決策を提供しているのです。

本書はまた、科学や宗教や哲学的な思索を通じて真理を求めてやまない人々の探求心にこたえるために、実際的なテーマを掲げています。さらに、あらゆる人間が自分の内側の精神性と外側の物質生活のすばらしさとを調和させ、そして自分自身の内に神を見いだすことのできる、一つの実際的技術の原則にもふれています。

科学は、形態や現象の現実の姿を追究します。科学の各部門はいずれも、実存の真理を明らかにしようとするさまざまな道です。どの分野でも、まずわかりきった既知のものから出発して、隠された未知のものを調査することを目的としています。あらゆる方向から生命の究極の真理に近づこうとする試みが続けられています。こういった各種の科学はすべて、被造界の粗大な実存領域から、微細な実存領域にわたって、さまざまな層を探求しています。

「存在の科学」は、他のすべての科学と同じように、実存の真理の研究を始めるにあたって、まず生命の大まかで目に見えるレベルから出発し、やがて精妙な体験領域に入っていきます。しかし「存在の科学」は、最後にこの精妙な領域をも超越して、永遠の「存在」である超越界を直接体験するところまで到達します。

「存在の科学」は、生命に関する深い実際的な哲学と呼べるでしょう。究極の真実の本質を系統立てて調べていきます。「存在の科学」は、他の科学と同様、理論的なものですが、しかしその応用面では、抽象的な哲学の思索よりもはるかに遠い地平線にまで達し、生命の至高の真実がどのようなものであるかを悟らせてくれます。

本書は四部に分かれています。すなわち、(1)「存在の科学」、(2)「生命」、(3)「生きる技術」、(4)「成就」、となっています。後半の三部は日常生活のきわめて実際的な英知を解説するものですが、この実際的な英知は、第一部で扱う存在の科学に含まれる深い哲学的意義の上に成り立っています。

「存在の科学」は生きる技術を支えるしっかりした基盤と言えるでしょう。実際のところ、生きる技術は「存在の科学」の応用なのです。

形而上学的な研究に対して今まで何の関心も抱かなかったという人たちにとっては、本書の「存在の科学」に関する個所は、はじめのうち、ひどく抽象的に思われるかもしれません。しかし、第二部の「生命」と、次の「生きる技術」まで読み進んでいき、「成就」を読み終えたときには、存在の科学の抽象的な側面を詳しく述べない限り、この本に盛られた英知全体が実際的な基盤を失うことになると気がつくことでしょう。

園芸家は、木の成長段階に応じた正しい肥料を与えますが、それができるようになる前に、まず最初に目に見えない根の部分に関する知識がなくてはなりません。同様に、生命の実際的な生活の場にいる人も、生命全体を美しく素晴らしいものにしようと思うならば、抽象的な「存在」の領域にある根本的な真実を十分に理解することが先決です。このような理由から、この本の最初には「存在の科学」を取り上げ、実際的な価値をもつテーマは後回しにしたのです。

サイエンスという言葉は、ラテン語の scire すなわち「知る」という意味の語根から来ています。ですから、科学とは体系化された知識のことです。つまり存在の科学とは、「存在」または「実存」の体系的な知識ということであり、それはすなわち生命の真実なのです。「存在」すなわち絶対実存の領域は、何世紀もの長い間、神秘主義と結びつけて考えられてきました。今の科学時代に生きる人々は、神秘主義の衣をまとったものに価値を与えることにはためらいを覚えるものです。ですから、「存在」、すなわち被造界の絶対の領域に関する研究は、これまで科学のどの部門にも組み入れられなかったのです。

最近になってようやく、科学的な思考法が発達してきたために、「存在」をも科学的研究のレベルの対象とされるようになってきました。本書は、人類の思想の長い歴史において、この種のものとしては初めての試みです。

個人が「存在」の純粋状態を直接体験できるようにする体系的な一つの方法が開発されました。それは、心が想念の微細な層を体験し、やがて想念の最も微細な状態を直接体験し、さらに想念の本源そのものに到達する方法です。このとき、現在意識は「存在」の純粋状態となります。

「存在の科学」は、実際的な生きる技術を生み出す源になるものですが、今までに知られてきた他のどの科学よりも、人間生活にとってはるかに価値のある科学です。なぜなら、今までのあらゆる科学の基盤は、現在意識という限定された可能性、すなわち意識の狭い一領域から機能する人間の心に置かれていたからです。「存在の科学」によって、心の意識能力を最大限にまで拡大する超越瞑想の原理が具現化されるとき、科学の各分野における知識の偉大な発展の基礎が築かれるのみならず、生命のあらゆる活動領域で「成就」に至る直接的な方法が示されるのです。

この知識はすべて、歴代の聖位シャンカラーチャーリヤの座につかれた大聖スワミ・ブラフマーナンダ・サラスワティー師から授けられたものです。この大師こそ私のあらゆる活動にインスピレーションを与える本源であり、導きの光です。

この本の著述には、いろいろと楽しい思い出があります。ヨーロッパの「精神復活運動」の中心者であるヘンリー・ナイバーグ氏はずっと以前に、このような本が必要であるという意見を述べました。またアメリカの「精神復活運動」の会長であるチャールス・F・ルーツ氏の取り計らいで、私は公人としての絶え間ない活動から遠ざかって、数週間の静寂の期間をもつことができました。この期間に私は自分の考えをテープに吹き込み、このテープ録音を筆写してもらい、このような本の形式にしました。このようないきさつにより、本書はペンで書かれたものよりも、語られた言葉の響きをもっています。

一九六三年一月十二日　カリフォルニア州アローヘッド湖

マハリシ・マヘーシュ・ヨーギー

# 第一部　「存在」の科学

# 第一章　科学的な真実

自然科学の理論によると、被造界全体はいくつかのエネルギー層から成り立っており、一つの層の内側にまた別の層があるとされています。そして、最も微細な層が被造界の最も内側の深い部分を構成しています。

かつて、物理学が、エネルギー保存と質量保存（不変）という二つの基本法則に支配されていた時代がありました。エネルギーも物質も、新たにつくり出したり破壊したりできないものであり、どちらも総量は別々に保存される、とされていたのです。当時は、原子が物質を構成する最小の粒子であり、それは本来、変化させたり破壊したりできないものである、と考えられていました。

こういった考えは、相対性理論の出現によって大きく変わりました。物質もエネルギーの形態の一つであり、物質がそれだけで単独に保存されることはない、ということが明らかになったのです。放射線のエネルギーから物質をつくり出すことが可能ですし、また反対に、物質を「破壊」して放射線のエネルギーに変換することも可能です。しかし、さまざまな形態のエネルギーの総量は変わりません。このようにして、被造界は不滅のエネルギーから成り立っている、ということになりました。

ところが、分割不可能な原子という考え方にはさらに修正が必要となりました。核物理学によって、あらゆる原子は安定した陽子や電子、不安定な中性子などといった少数の素粒子から成り立っているということが発見されたのです。原子よりもさらに微細な基本レベルがあることを、これらの粒子は示しています。

素粒子の仲間に関する知識は、最近の数年間で、急速に増してきました。次々と新しい不安定な粒子が発見されてきています。現在の物理学は、このような粒子さえも、もはや基本的なものであると見なすことはできない、という状況に直面しています。そして、物理学者たちは、現在の「素粒子」とされているものを構成するさらにより微細な物質の状態を探ろうとしています。このように物理学の探求は、物質やエネルギーのいっそう精微な状態へと向けられているのです。

私たちはこの物質的世界を「相対界」、あるいは「実存の相対領域」と呼びます。そして、この領域には、いくつかのエネルギー形態があることが知られています。エネルギーは物理学の法則に従って、ある形態から別の形態へと永遠に変化を繰り返しています。

物理学の探求を続けるにつれて、物理学者たちは、どんなエネルギー形態よりもさらに微細で絶対的に安定した、何らかのエネルギーの基本形が存在するのではないか、と考えるようになってきました。「相対界」は、この絶対のエネルギーの摂動として生じているのであり、あらゆる形態の物理的エネルギーは、この内に隠れたエネルギーの絶対状態が外に現れたものである、という理論です。

この絶対の状態が、あらゆる物質とエネルギーの源です。それはあまりにも微細であるために、物理学によって解明することはできないかもしれません。想念のエネルギーですらあまりにも微細であるため、今日の物理学では計測することができない状況です。明らかに、一つ一つの想念は、エネルギーを伴ったプロセスです。日常的なことではありませんが、遠方に想いを送るという現象が存在することからも、想念はエネルギーであるという考え方の正しいことがわかります。

想念エネルギーの基盤を、私たちは「存在」の状態と呼んでいます。したがって、「存在」と「絶対」は同義語になります。

宇宙万物の微細な層に関する物理学の知識が増したおかげで、人間の能力はわずか数十年前に想像されたレベルをはるかに超えるものとなりました。

自然科学の発見を通して物質やエネルギーの微細な層についての知識が増していくにつれて、私たちは、その知識からさまざまな恩恵を引き出すようになります。私たちの人生の範囲はますます広がり、より力強く、より便利になります。私たちはいっそう大きな願望をもち、ますます創造的になり、大きな成就を得るようになります。人類が、この被造界の究極の基盤である絶対エネルギーについての知識を手に入れたならば、地上の文明はこれまで想像だにしなかったような栄光を迎えることになるでしょう。

これらの素粒子のより微細な層を物理学が探求し続けていくと、エネルギー粒子の最も微細な状態を超えたところにある、実存の隠れた面、すなわち「存在」の領域に必ず行き当たるはずです。科学はこのようにして、「存在」を一つの科学的な真実として宣言するようになるに違いありません。それは単に時間の問題です。

将来の物理学者たちが、科学の究極の領域は「存在」であると宣言するまでにどれだけ時間がかかるかはわかりませんが、人間は、その実存の真実を直接体験することができないような状態にいつまでもとどまっていてはなりません。なぜなら、この「存在」こそがまさに生命の基盤であり、これを実現することによって生命のあらゆる面を輝かせることができるからです。

## 「存在」とは何か？

相対領域にあるすべてのものの最も微細な層の下に、抽象的で絶対的な純粋「存在」の領域があります。それは、内側に隠れている超越的な領域です。それは物質でもエネルギーでもありません。それは純粋な「存在」であり、純粋な実存の状態です。この純粋実存の状態が、宇宙万物の根底にあります。あらゆるものは、すべての相対生命の本質的要素であるこの純粋実存、絶対「存在」の現れです。この内側に隠れている唯一永遠の絶対「存在」がそれ自身を外側に現して、宇宙万物のさまざまな生物や物質となるのです。

## 存在 ―― 被造界の究極的真実

次に、私たちがすでによく知っている生命のさまざまな面とのかかわりという観点から、「存在」をどのように理解したらよいのか、という疑問が起こります。この世界との関連において、「存在」をどのように理解したらよいのでしょうか。私たちが生活している形態や現象の世界と「存在」との間にはどのような関係があるのでしょうか。

実存するものと、実存とはどのように区別できるのでしょうか。

実存は抽象的ですが、実存するものは具体的です。

実存とは生命そのものですが、実存するものは永遠不変の真実である実存が絶えず変化し続けている現象面である、ということができます。実存は生命の抽象的な基盤であり、その上に生命の具体的な構造が組み立てられています。この構造とは、個人のあらゆる側面（体、心、思考、言葉、行為、人間関係、あらゆる体験、環境への影響など）、そして、宇宙的な実存のあらゆる面が含まれています。

生命はさまざまな形態の中に自《みずか》らを表現します。生かされているものは生命の現れであり、実存するものは実存の現れです。在るものは「存在」の現れです。

実存、生命、あるいは「存在」は、実存し、生き、在るすべてのものの内に隠れた真実です。「存在」は、かつて在り、いま在り、未来に在るすべてのものの究極的な真実です。それは永遠無限であり、宇宙生命のあらゆる現象的な実存の基盤です。それは、すべての時間、空間、因果関係の源でもあります。それは、実存のすべてであり、全能なる創造的知性が万物に浸透する永遠の領域です。

我はその永遠なる「存在」であり、汝もまた「それ」であり、これすべても本質においてその永遠なる「存在」であるのです。

「存在」とは生命であり、実存です。在るということは生きること、実存することです。「存在」あるいは実存は、思考、言葉、行動、体験、感情など、生命のさまざまな面に現れています。生命のあらゆる面は「存在」にその基盤を置いています。

宇宙万物の究極的で本質的要素は「存在」であると知ることによって、生命のあらゆる面が絶対存在の無拘束の地位にまで高められます。相対生命は絶対的な地位へと近づき、その結果、安定性と永遠性が相対領域に増大してきます。

エネルギー、知性、創造性は無限の価値にまで高まり、限りある個別生命は限りない宇宙実存（普遍的実存）の地位を得ます。これが、被造界の究極的な真実は「存在」である、と知ることの栄光です。

「存在」とは至福意識であり、あらゆる思考と実存する宇宙万物の源であることが、体験によって明らかになります。「存在」は相対実存を超えたところにあります。そこでは、体験者、すなわち心は、いかなる対象をも体験せず、それ自身だけを完全に意識しているという状態を維持します。現在意識が、あらゆる思考の源である「純粋意識」の状態に到達するのです。「絶対者」の全能なる創造的知性は、あらゆる知性の源です。「存在」はあらゆる力の源です。それは、自然界すべての源であり、被造界の多様な形態や現象を維持する自然の諸法則の源でもあります。

「存在」の本質は絶対の至福意識です（「サット・チット・アーナンダ」「サット」は決して変化しないものであり、「チット」は意識であり、「アーナンダ」は至福です）。生命の基盤である絶対の至福意識を知らなければ、生命は基礎のない建物に等しいといえます。「存在」という基盤に目覚めていなければ、相対的生命すべては、波にもてあそばれながら漂い続ける舵のない船のようです。それはまた、風の吹くままにあちこちとあてもなく飛ばされる秋の落ち葉に似ています。「存在」を実現しない人生は、基盤がなく、無意味で、決して実を結ぶことはありません。

「存在」は生命の基盤であり、人生に意味を与え、人生を実りあるものにします。「存在」は生ける「神」であり、生命の真実です。それは永遠の真理です。それは永遠に自由な「絶対なるもの」です。

## 存在――その遍在性

「存在」は宇宙万物の究極の真実であり、「それ」は宇宙万物のあらゆる層にあるということをこれまで説明してきました。「それ」はあらゆる形態、言葉、香り、味、触覚の対象の中にあります。体験されるすべてのものの中に、認識のための感覚や行動のための器官の中に、あらゆる現象の中に、行為者や行った仕事の中に、東西南北のあらゆる方角の中に、過去、現在、未来のあらゆる時間の中に、「それ」は一様にあります。私たち人間の前にも後ろにも、右にも左にも、上にも下にも、また内側にもあります。被造界の根本的要素である「存在」は、至るところに、あらゆる状況のすべてのものに浸透しています。「それ」を知って理解している人たち、「それ」を感じている人たち、人生において「それ」を生きている人たちにとって、「存在」は遍在する「神」であります。

宇宙万物は、意識の場がさまざまな形態や現象となって現れたものです。意識は純粋「存在」の中心から発する放射です。例えば、電流が電球の中を流れると、光線が放射されます。光線が光源から遠ざかるにつれて、光線の強さはしだいに減少していき、最後には光がなくなったと見なすことができる点に達します。同様に、「存在」という尽きることのない電池から至福意識が放射されており、その源から遠ざかるにつれてその強さは減少していきます。このように、至福意識は、生命の形が微細であろうと粗大であろうと、すべての中に現れるのです。

感情や理性が洗練されていない人たちや、粗大なものに目を引かれている人たちは、生命の表面的な価値だけを見ます。そのような人たちは、物質やエネルギーの表面的な性質にしか気づいていません。純粋で、常にあり、遍在している「存在」には気づきもしないのです。なぜなら「存在」は、相対界にあるどんな柔らかさをも超えた柔らかさで存在しているからです。その人たちは、純粋で永遠不変の位階における全能の「存在」を、楽しむことを知りません。そのような「存在」状態は、物質やエネルギー、理性や個性などの、さまざまな形態や現象の表面的な層を超えたところにあるからです。

純粋「存在」は、宇宙万物の本質的要素としての地位にあるがゆえに、超越的です。「それ」は宇宙万物の最も微細なものよりもさらに微細です。「それ」はその性質からして五感にはとらえられないものです。五感はもともと、生命の表層に具象化された現実だけを体験するようにつくられているからです。「それ」はまた、心によってはっきりと知覚されることもありません。なぜなら、心はその大部分が五感と結びついているからです。心の構造がそのようにできているので、どんな体験をする場合でも、心はまず五感とつながり、それから形態や現象からなる外部世界に接触しなくてはなりません。

体験からわかることですが、「存在」は心の根底にある心の本質です。しかし、たいていの場合、心は五感と同調しており、宇宙万物の表面に現れた領域の方に向いています。そのため、ちょうど目が目自体を見ることができないように、心もそれ自身の本質を認識することができないのです。目そのもの以外なら、どんなものでも、目を通して見ることができます。同様に、あらゆるものは心の本質、すなわち遍在する「存在」をその基盤としているのですが、外側に投影された多様な現象界に心がかかわっている間は、「存在」は心の基盤であり本質的要素であるにもかかわらず、心によって認識されることがないのです。「存在」はあらゆるものの根底にありますが、「それ」は自《みずか》らの姿を現すことなく、あたかも背後から生命と被造界の実存を支えているかのようです。偉大な威厳と光輝を備えた「存在」の純真無垢で、全能、遍在の本質は、人間の中にも、自我、理知、心、五感、肉体、環境の基盤として存在しています。「それ」は宇宙万物の根底にあるのですが、外にはっきり現れてはいないのです。

「存在」は、実際の仕事の場所にはめったに姿を現さない、強力な実業家のようです。姿を現しませんが、背後で事業のすべてを効率的に動かしています。この実業家に会おうと思ったら、ビジネスの表舞台から遠く離れた彼の静かな屋敷に訪ねて行かねばなりません。同様に、宇宙の「支配者」も、万物に影響を与え、宇宙の活動や生命の現象すべての基盤にありながら、あらゆる人と物の中心にある静かな部屋の中に住んでいるのです。

「存在」の本質が実社会から遠く離れた静かな住処《すみか》に隠れているのは、「存在」の遍在性によるのです。「存在」を舞台裏に隠し、宇宙万物の全知全能の最高の「主宰者」としての地位を「存在」に与えているのは、「存在」の遍在性にほかなりません。

宇宙万物の「主宰者」は、親切にも一人ひとりの心の中に住んでおり、だれも苦しむことのないように見守っています。無限の愛の流れと、各人の幸福と進化を維持するために、遍在する宇宙の「主宰者」は、親切にも万物の中にその本質として内在しているのです。だれしも、自分を「彼」から引き離すことはできません。「存在」の遍在性こそが永遠の生命の本質であるのです。

## 存在──永遠の生命の場

宇宙万物の本質的要素として遍在する「存在」は、相対的な実存のすべてを超え、形態や現象のすべてを超えた、万物の根底に位置しています。「超越界」において純粋で完全な状態にあるために、「それ」は時間、空間、因果の領域を超えたところ、宇宙の変転してやまない現象の領域の境界を超えたところにあります。「存在」はその絶対的に純粋な地位を、今も昔も将来も変わることなく保ち続けています。「それ」は、変化を知らない永遠の生命の地位を占めているのです。

絶対「存在」と相対宇宙との関係は、一つの例によって理解することができます。「存在」は果てしない海のようであり、それは静かで永遠に変化することがありません。被造界のさまざまな様相、多様な形態や現象、この世界で絶えず変化し続ける生命の状態は、この広大な海を基盤とする大小の波に例えられます。

「存在」という永遠の大海は、このような例によってその特徴を理解することができます。けれども、「存在」の海の純粋な状態は、あらゆる相対実存を超えたところにあるという点で、普通の海とは違っています。「それ」は無限に広大な純粋実存、純粋意識の、生命の本質的要素、内容です。「それ」は限りないもの、果てしないもの、永遠性、純粋知性、純粋実存、「絶対」の場です。

「存在」とは、永遠の生命の場であると結論づける際に、述べておきたい大切なことがあります。それは、絶えず変化する日常生活の現象面が、「存在」という永遠の生命の無限の力によって、補われるということです。この実際的な面については、後の章で詳しく述べることにします（「存在に到達する方法」六八ページ、「存在の技術」一三九ページ参照）。

## 存在――人生の基盤

人生は私たちの毎日の活動から成り立っています。「存在」は、あらゆる活動の根底にある宇宙万物の本質的要素であり、「絶対」の場におかれています。「存在」は個人のあらゆる活動の本源をなしており、「それ」の中で「それ」によって、日々の生活の複雑多様な場における活動が支えられています。

知っての通り、生命は呼吸と思考から始まっています。内に隠れた超越的な「存在」は、最初にプラーナ（呼吸。「プラーナと存在」五四ページ参照）と心（思考。「心と存在」五七ページ参照）という形で自《みずか》らを外に現すのですが、それは後の章で見ることにしましょう。

活動は思考をもとにしています。何をする場合でも、行動する前にまず考えなくてはなりません。しかし、思考は何に依存しているか、という点まで考察する人はあまりいないようです。行動の基盤は思考です。では、思考の基盤は何でしょうか。考えるためには、少なくとも、在らねばなりません。「存在」は思考の基盤であり、思考は行動の基盤です。「存在」はすべての生命の基盤です。ちょうど樹液がなければ根も幹もありえないように、「存在」がなければ思考も行動もありません。「存在」がなければ生命はありません。もし樹液の手入れをすれば、木全体が元気になります。同じように、「存在」に注意を払えば、思考と行動の全領域が豊かになります。意識的に「存在」の手入れをすることで、生命の全領域を輝かしいものにすることができるのです。

したがって、「存在」は、あらゆる活動や人間関係、生命のさまざまな様式や形態の基盤であることがわかります。「存在」はあらゆる生命の基盤であり、最も輝かしく、最も貴重で、最も称賛すべきものです。「存在」は宇宙法の次元にあり、あらゆる自然法則の基盤であり、すべての創造と進化の根底に位置しています。

あらゆる活動や人間関係の領域に、「存在」の本質を意識的に注入することによって、生命や人生のすべての領域を輝かしいものにすることが可能です（「存在の技術」一三九ページ参照）。

## 存在――絶対であり相対でもある

「存在」の果てしない場は、内に隠れた絶対永遠の状態から、粗大で相対的な、絶えず変化している現象的な生命の状態にまで広がっています。ちょうどその状態は、海底にある永遠の静寂から海面の動いてやまない波の激しい活動状態までを大海が含んでいるのとよく似ています。一方の極は永遠の静寂であり、その本質として決して変化することがありません。もう一方の極は活動であり、常に変化し続けています。

これら二つの状態、すなわち相対と絶対は、ともに「存在」の状態です。「存在」はその絶対状態においては永遠不変のものであり、またその相対状態においては常に変動してやまないものです。「それ」

は、遍在し、絶対の地位にとどまっていると同時に、現象的な事物や相対界の常に変化してやまない姿の中にも見いだされます。生命全体の場、つまり個から宇宙全体に至るすべては、永遠で、絶対で、不変の、遍在する「存在」が、常に変化してやまない相対面に現れたものにほかなりません。

「存在」とはどのようなものか、一つの例でもっとわかりやすく説明してみましょう。酸素原子と水素原子は、ある状態では気体の性質を示しますが、別の状態では互いに結合し、水となって液体の性質を示します。またさらに別の状態では、氷という固体の性質をもちます。気体、水、氷の本質的な内容は変わらないのですが、その性質はさまざまに変化します。気体、水、氷の性質は互いにまったく異なるものですが、その本質的な成分であるHとOはいつも同じです。

酸素と水素が、変化しない状態にとどまりながら、このように異なった性質を示すのと同じように、「存在」もその不変、永遠、絶対の性質を保ちながら、宇宙万物のさまざまな形態や現象として自《みずか》らを現しています。

このように述べると、科学的な考え方をもった人たちの中には、これは物理学の定説に矛盾する、と思う人もいることでしょう。アルバート・アインシュタインは相対性理論を説いて、宇宙のすべてのものは相対的であり、多様な世界の実存や形態や現象は、相対性という観点から見たときにのみ説明できると主張しました。しかし、私たちはいま、「絶対なるもの」はその不変の絶対性を保ちつつ、宇宙万物の絶えず変化する相対的な状態の中に自《みずか》らを現すと述べました。

この二つの言い方は矛盾しないのでしょうか。はい、矛盾していません。宇宙にあるものはすべて相対的にのみ理解できる、というアインシュタインの主張は間違ってはいません。なぜなら、彼の相対性理論は物理学の領域である宇宙万物の現象的な面だけを問題にしているからです。

統一場理論を科学的に打ち立てようと試みたアインシュタインは、あらゆる多様性には一つの基盤がある、つまり、宇宙万物の多様性には一つの共通要素があるという可能性を、明確に意識していたように思われます。彼は少なくとも、あらゆる相対的事物の基盤として一つの定数を確立しようと努めていました。アインシュタインが統一場理論で突き止めようとしていた結論に自然科学が到達する日が来るならば、一つの定数が相対界すべての基盤として確立されることになるでしょう。核物理学が急速に進歩していることからすると、理論物理学者のだれかが統一場理論を確立するのに成功する日も、そう遠くないように思われます。その理論には違った名前が付けられるかもしれませんが、その内容は、多様性の中にある統一、物質の基盤にある統一という原理を確立するものとなるでしょう。

物質の根底にこのような一つの基盤を発見することは、自然科学の発展の歴史における究極的な達成となるでしょう。その発見に助けられて、自然科学の世界は心の現象を扱う科学に向かうことになるでしょう。心と「存在」に関するさまざまな理論が、自然科学の諸発見にとって代わります。心の領域の真実がどのようなものか調査を深めていくと、その極限のところに純粋意識の状態が見いだされることでしょう。それは、物質と心の領域のすべての相対的な実存を超えたところにある超越的な領域の発見です。

「存在」の究極の領域は、心の現象の領域を超えたところにあり、相対と絶対、生命のあらゆる局面に通じる真理です。「存在」の科学は、心に関する超越的科学です。心の科学は物質の多様性を扱う物質科学を超えるものですが、「存在」の科学は、その心の科学をもさらに超えるものです。

「存在」は実存するものすべての究極の真実であり、絶対的な性質をもっています。宇宙のすべてのものは相対的な次元にありますが、内に隠れた究極の生命原理である永遠の「存在」は、さまざまな形態に自《みずか》らを現します。「存在」は、現存するものすべての現状を維持し、また同時に、被造界における絶え間ない変化と進化の過程を支えています。絶対と相対は、永遠の「存在」の二つの側面です。

「存在」は絶対であると同時に相対でもあるのです。『ウパニシャッド』（ヴェーダ文献の一部門）は、このことを「プールナマダ　プールナミダム」、つまり「内に隠れた絶対も満ちており、外に現れた相対も満ちている」と表現しています。

## 存在――永遠にして究極の真実

「存在」の栄光を直接体験して、究極の真実として認識することが可能です。一つの音、すなわち一つの想念の微細な状態を体験するという方法によって、心を体験の最も微細な限界へと系統的に導いていき、そして、相対界の最も微細な体験をも超越して、「究極者」の領域に到達することができるのです。

『ウパニシャッド』では、「存在」とは永遠不滅の究極の真実であると説明しています。『ヴェーダ』や『バガヴァッド・ギーター』（五千年前から伝わる真理の書。人生の実践的な英知が包括的に説かれている）の賛歌は、不滅の「真我」「存在」「究極の真実」、最高で究極の「絶対なるもの」である「ブラフマン」の栄光を次のように歌っています。

水もて濡らすことあたわず
火もて燃やすことあたわず
風にて乾かすすべもなし
剣にて断たんとするも愚かなり
前にあり　後ろにあり
上にあり　下にあり
右にあり　左にあり
天地に限りなくあまねきかな
聖なるや　ありてあるもの

『ウパニシャッド』は、「存在」をアーナンダ、すなわち至福という言葉で説明しています。そして、「それ」は生命の超越的な領域、被造界の本源に位置しており、また、すべてのもの、すなわち過去と現在と未来のすべての時間、すべての空間、因果のすべての面に浸透していると説いています。

『ウパニシャッド』は、「存在」をブラフマンとして宇宙プラーナの領域に見いだしており、人間自体の中にも「存在」を見いだしています。『ヴェーダ』の偉大な啓明の言葉も、「存在」とは究極の真実であると表現しており、「それ」は私たち自身の内側にあって切り離すことができない「真我」であると説明しています。『ヴェーダ』はその真理を次のように明らかにしています。

我は「それ」なり
汝は「それ」なり
これすべては「それ」なり
ただ「それ」あるのみ
ほかはみなあることなし

このような表現は、太古の昔から何百万人もの人々の啓示と悟りの源でした。インドの哲学はこのような言葉によって、生命の統一を究極の真実、絶対の「存在」として説明しているのです。

究極の真実は「存在」であるという考え方は、インド思想の最も古い記録に残っています。『ウパニシャッド』の哲学について述べている『ヴェーダ』の永遠の章句は、相対界と絶対界が一つの真実、すなわちブラフマン、絶対「存在」であることを明らかにしています。「存在」の本質は内に隠れているものですが、「それ」自身が外に現れて相対界となっているのです。

生命とは「存在」にほかなりません。すなわち絶対実存面と相対実存面のすべての「存在」にほかなりません。生命の多様性は、「存在」の単一性であり、常に変化し滅んでいく宇宙も、不滅の「存在」であると言えるのです。

「存在」は生命の永遠で究極の真実であるという主張は、だれもが直接、実際に「それ」を体験できる確かな方法があることに根拠を置いています。『バガヴァッド・ギーター』は、悟りへの道、すなわち超越瞑想をきわめて明白に説いています。そして、この道を妨げる障害は何一つないと断言しています。そこには、「わずかにこれを実践すれば大いなる恐怖から解放される」と記されています。

「存在」を究極の真実として直接体験できるという、この実際的な教えによって、生命のあらゆる面が輝かしいものになります。「存在」を生命のあらゆる相対面の絶対究極の真実として確立するという点で、この教えは比類のないものです。

究極の真実としての「存在」はすべてを超越しています。したがって、「存在」の領域とは抽象的であり、具体的ではないと言うしかありません。抽象的とか具体的とかいった言葉そのものは相対的なものなので、どちらも「存在」がどのようなものかを正しく言い表してはいません。しかし、「存在」を理解するために、何らかの言葉を使って「存在」を言い表さなくてはならないとするならば、「存在」を体験することは相対生命の中のいかなるものよりもはるかに具体的ではあるのですが、「存在」自体は抽象的であって具体的ではない、と言うしかありません。

その抽象的な性質のために、「存在」の研究は今まで神秘主義のベールに覆われてきました。その結果、数え切れないほど長い年月の間、一般の人は「存在」の体験から得られる数々の大きな恩恵にあずかることができなかったのです。

けれども今や、究極の「存在」を直接に体験するための系統的な方法が提供されるようになりました。そのおかげで、「存在」に関する神秘主義の覆いが取り去られ、現代科学の光があてられるようになりました。それればかりではなく、さまざまな科学の領域で人類が増大させてきた知識が破壊という恐怖を生み出している今日、頼るべき救いの道を提供してくれることでしょう。

「存在」が永遠で究極の真実であるということが明らかになると、「絶対なるもの」の永遠の生命によって個別生命を拡大することが可能になります。個別生命の常に変化する諸局面は、永遠究極の真実である不変の「存在」の上にしっかりと打ち立てられなくてはなりません（「生きる技術」一〇九ページ参照）。プラーナ（「プラーナと存在」五四ページ参照）は、繊細なきずなによって永遠なる「存在」の変化しない領域を、相対生命の常に変化する面に結び付けます。

## 存在――宇宙法の次元

法とは物事の進行規則のことです。したがって、宇宙法とは宇宙生命の進行規則、すなわち宇宙の実存と進化の目的を支配している規則のことです。したがって、宇宙法とは、宇宙万物を創造し、維持し、解体する、宇宙的な創造的知性の進行規則です。

「宇宙的」とは「すべてを含む」という意味です。つまり、「宇宙万物の全体に関係する」という意味です。「宇宙的」というときには、静的な状態にあるもの、生命の動的な状態にあるもの、自然界に存在するものすべてがそこに含まれます。

宇宙万物に見られるのは生命の進化です。何かが創造され、成長し、その頂点にまで発達すると、今度は崩壊し始めます。しかし、崩壊するのは、また創り替えられるためにほかなりません。変化という現象が創造を生じます。生命のこのようなパターンの変化があるからこそ、宇宙万物が現在の状態にあり、進化が継続しているのです。

宇宙において万物は変化しています。しかし、一方で、変化のほかに維持という作用もあります。

生命は自《みずか》らを維持しつつ、同時に進化しています。維持の相には安定性があり、進化の相には変化があります。

創造されたものを維持しているのは、その安定面です。一方、変化する場合には、高い状態に進化するか低い状態に退化するかどちらかであり、これを可変相といいます。したがって、宇宙法について考える場合、私たちはこの二つの要素を考察しなくてはなりません。つまり、宇宙万物における安定と変化という二つの要素です。そして、この二つは同時に存在していることがわかります。

これは創造の法則、維持の法則、進化の法則です。何かが創造され、維持されます。維持されている間に進化し、進化の頂点に到達し、それから解体していきます。このように創造、維持、進化、解体というサイクルが連続しています。そしてこの連続の中に、宇宙万物の生命が流れ続けています。

宇宙法を考えるとき、私たちは被造界のさまざまな特性をすべて考察しなくてはなりません。すなわち、生命の創造、物質の創造、その維持と進化、最後に解体です。

宇宙法とはどのようなものかをはっきり理解するために、一つの例をあげましょう。水素は気体です。酸素も気体です。この二つが化合すると水 $H_2O$ になります。気体としての性質は液体の性質に変わりますが、水素Hと酸素Oは相変わらずHでありOです。今度は、水が凍って氷になります。水の性質は氷の性質に変化しましたが、その本質的な構成要素である水素と酸素はやはり同じです。それらが同じに保たれるということは、そこに水素と酸素を維持する何らかの力、法則、または秩序が作用していることを意味しています。しかし、気体の性質を水に、水を氷に変える法則も働いています。

酸素と水素の本質が変化するのを許さない、一つの法則が存在しています。その法則は、水素と酸素が宇宙万物のさまざまな段階を経ていくことは許すのですが、水素と酸素それぞれの本質は維持しているのです。

その法則は本質的な構成要素の「現状」を維持する法則です。しかしその法則は、宇宙万物のさまざまなレベルにおいていくつかの別の法則を生み出し、それらの法則が、気体の性質を液体に、液体の性質を個体にという具合に、ある次元の性質を別の次元の性質に変える働きをしているのです。

宇宙万物のさまざまなレベルは、さまざまな形態で進化し続けています。新しい性質が現れるのは、永遠の法則がその不変の状態を保っている一方で新しい法則が作用し始めるからです。あらゆる変化は、本質的要素という不変の「舞台」の上に展開されるのです。

被造界のあらゆる変化をつかさどっている無数の法則の基盤に、一つの宇宙法が存在しています。この法則は、宇宙万物の、究極の本質的な構成要素を維持しています。そして、それと同時に、自然界のさまざまな層において、次々と多くの新しい法則を生み出し続けています。被造界のさまざまな段階はこのようにして成り立っているのです。

宇宙万物の本質的で究極的要素は、「存在」の絶対状態、すなわち純粋意識の状態です。純粋意識と呼ばれているこの絶対状態は、内に隠れたものであり、宇宙法によって永遠に維持されています。純粋意識、すなわち純粋「存在」は、常に純粋意識、純粋「存在」として維持されていますが、同時に「それ」はあらゆる形態や現象となって現れています。ここに一つの宇宙法が働いています。それは、絶対「存在」が変化することを決して許さない法則です。絶対「存在」はあらゆるレベルにその形態を変化させて現れますが、絶対「存在」はどこまでも絶対「存在」であることに変わりはありません。

このように、宇宙法とは、変化することのない純粋意識の絶対状態のことです。それはすべての自然法則の基盤であり、それらの自然法則を通じて、被造界のさまざまな層の「現状」を維持すると同時に、それぞれの層を進化させ、宇宙的な目的に合致した進化の流れを保っています。被造界の維持と進化は、直接にはさまざまな法則によって行われており、これらすべての法則の基盤は、宇宙万物すべての基盤である「存在」のレベルにある永遠の宇宙法です。これで、宇宙法とはどんなものか、はっきりわかったと思います。

宇宙法は、生命の絶対領域と相対領域の間にある一つのレベルから作用しています。そして、内に隠れた永遠の「存在」と、外に現れた多様な相対実存の領域とを調和させています。永遠の「存在」を絶対状態に維持し、同時に、変化してやまない現象界を生命の相対状態に維持しているのは、まさに宇宙法の力なのです。絶対「存在」における生命の統一と宇宙万物の複雑な多様性が、ともにそれぞれの適切な領域に維持されています。「存在」の次元に永遠の地位を占めている宇宙法は、このような不思議な全能の力を備えたものなのです。

## プラーナと「存在」

プラーナは、「存在」の具象化の表現です。それは、内に隠れているものが外に現れようとする傾向です。プラーナは、抽象的で絶対的な「存在」の脈動（インパルス）であると言うことができます。「存在」は内に隠れた絶対の実在です。それが振動して具象化する傾向、それをプラーナと言うのです。「存在」

が振動し、プラーナが振動し、そして創造が始まります。「存在」は、主観的な性質を帯びるときには心になり、客観的な性質を帯びるときには物質になります。「存在」は、純粋無垢のままにとどまりながら、主観と客観を結び付ける絆となります。聖なる「存在」は、主観と客観の関係を創造することによって、複雑多様な被造界の中でその役割を演じ始めます。

このように、プラーナは「存在」の力のことであり、「存在」の隠れた状態の中に潜《ひそ》んで、存在が主観的または客観的被造界としての役割を演じるとき、その具象化のプロセスの中で、作用し始めるのです。

ここで次のような疑問が起こるかもしれません。

「いったい何がプラーナに主観的な性質や客観的な性質を持たせるのだろうか？」

まさに「存在」の本性である宇宙知性または創造力が、自分自身から、つまり絶対「存在」の内部からプラーナを生み出します。絶対「存在」がプラーナの役割を演じ始めるとき、プラーナが、内に隠れた「存在」の源泉から湧き出ます。このように、「存在」の本性が創造と進化の過程を開始するのです。

何がそうさせるのでしょうか？

「存在」の本性そのものがそうさせているのです。それはあたかも、「絶対なるもの」が創造的になりたい、相対的になりたい、と望んでいるかのようです。

「なぜか？」と質問する人もあるでしょう。

「存在」とはそのようなものだからです。あるいは、もしかすると、多様性を楽しんでいる（！）ためかもしれません。

創造の目的は幸福の拡大です。

永遠の統一状態である「存在」は、それ自体はまったく変化することなしに、被造界の複雑性、「存在」の多様性という役割を演じます。「絶対なるもの」が相対界の役割を演じること、つまり二元性が多様性として現れるのは、さまざまな形になって現れる絶対「存在」の本性にほかなりません。このようなわけで、「絶対なるもの」はその不変の地位において永遠であり、他方、被造界の相対的な多様性はその不断の変化において永遠であるのです。

これで創造の謎が解けます。

内に隠れた絶対「存在」の統一は、同時にそのまま、あらゆる相対面として現れた被造界の複雑な多様性でもあるのです。「絶対」と相対がいっしょになって、生命の真理全体を示します。「絶対」一〇〇パーセントと相対実存一〇〇パーセントとが組み合わさって、一〇〇パーセントの被造界の生命を形づくるのです。

外に現れた被造界と内に隠れた「存在」とは、互いに異なるもののように思われますが、本当はまったく同一のものである、ということはよく心に留めておくべきです。

二元性の本当の姿は統一です。絶対の「存在」と相対の被造界は、互いに異なる特徴をもちながら、共同して一つの真実を形づくっています。私たちが創造や進化として理解しているプロセス全体は、単にプラーナとなった「存在」の状態にほかなりません。そして、この変化は「存在」の本性に属しているものです。創造性は絶対「存在」の本性に含まれ、創造は「それ」の役割であり、進化は存在性の拡大です。「存在」は「存在」として変わることはありません。それだからこそ創造が可能なのです。

プラーナとは「存在」の本性に属し、創造の原動力、心の基本的力となっているのです。

## 心と「存在」

心は例えてみると、「存在」という海の表面の波のようなものです。内に隠れた絶対の「存在」は、その本性の力であるプラーナに刺激されて心として現れます。それはちょうど、海が風に刺激されて波として現れるのと似ています。

内に隠れた「存在」の海に、心の波を生み出す風の力のような作用をするのがカルマです（「カルマと存在」六三ページ参照）。ですから、プラーナにカルマの影響が加わったものが心であるといえます。

これは、もしカルマの影響がなければ心は存在しない、ということを意味します。では、心が存在するためにはカルマが先に存在する必要があるのか、という疑問が生じます。

カルマをよく調べると、心（行為者）がなければ、カルマすなわち行動は生じない、ということがわかります。したがって、心とカルマは互いに依存し合う関係にあることが明らかになります。カルマが心によって生じるのか、心がカルマによって生じるのか、どちらであるか決めるのは難しいように思われます。

この謎に対する答えは、心はカルマから生まれてカルマを創り、カルマは心から生まれて心を創る、ということです。種子は木を生じ、木は種子を生じます。いちばん初めに、どちらがどちらを生じたかは言えないことです。ただ、種子は木の原因であり、木は種子の原因であると言えるだけです。しかし、どちらがこのサイクルを始めたかは決定することができません。

形而上学もこの点については沈黙しており、ただ単に、種子と木のサイクルは今まで存在しておりこれからも存在し続ける、ということを認めているだけです。同様に、プラーナが心を生じるのか、心がプラーナを生じるのか、どちらであるかを明らかにできる証拠は何もありません。どちらであるにせよ、ただ単に、心とプラーナの相互依存の原理があるにすぎません。

このことは、カルマとの関連で理解できます。前生からのカルマが、今生における心の在り様を決定します。つまり、前生で心が到達した進化のレベルが、今生における心にその位置を与えるのです。そして、心は過去のカルマに基づいて今生の生命を始めます。

プラーナの生命力がなかったとしたら、カルマも眠ったままです。この静止しているカルマに、プラーナという生命力が加わると、心が生み出されます。このように、心はプラーナとカルマとが合成してできたものであり、プラーナを通して心は隠れた「存在」とつながっているのです。したがって、出現の過程すなわち創造の過程において心は第二段階であり、プラーナは第一段階であると言えます。

このことから、心は創造の場においてどのような位置にあるか、そして、心は「究極者」である「存在」とどのような関係にあるか、ということが明らかになります。

プラーナは宇宙知性の最初の現れです。プラーナは、カルマの影響を受けると個別性を得て、個別の心として姿を現します。したがって、個別の心は、宇宙の心すなわち純粋知性の反映であるということがわかります。隠れた「存在」の永遠の大海の現れがプラーナであるのと同じように、カルマの上に映された宇宙知性の反映が心です。

これは、心が創られる以前に、原則としてカルマという作用が存在していた、ということを示しています。したがって私たちは、創造の前にも創造があった、という結論に達します。今日の前にも日があり、今夜の前にも夜がありました。創造と解体のサイクルは、「存在」の永遠性の中の永遠のサイクルなのです。

創造の過程において心が出現するのは、それ以前にも何らかのカルマをつくった一つの心があったからです。そのカルマの影響が今の心の基盤として存在し続けています。

したがって、創造の根源に二つの真実を考えることができます。一つは絶対「存在」の永遠なる真実であり、もう一つはカルマの真実です。カルマは、相対実存の変化し続ける領域に位置しているにもかかわらず、行動、体験、印象という果てしないサイクルの中で永遠の地位を保っています。行為者の心が受ける体験の印象は、最も微細なカルマの影響です。それは、心の最も微細なレベル、ほとんど心とプラーナが出合う点とでも呼べるところに存在し続けます。創造が始まるのは、「存在」が心になることの段階においてです。そして、この最も微細なカルマの印象の力によって、プラーナは心の役割を演じるようになります。

原則的には、このように言ってもいいでしょう。創造の次のステップでは、五感の知覚するという働きによって、ほぼ同時に、心と五感を現実的に実体化し、心が機能できるようになるのです。この身体的な働きをつくり出すことによって、知覚の働きをもつ五感が自《みずか》らを現します。そして、自《みずか》らを正当化するために存在し、進化と創造のプロセスの中で、心の代理人として機能するようになるのです。この過程によって、五感、神経系、肉体がつくられるのです。

これで、創造の微妙な仕組みが明らかになりました。心、五感、神経系、肉体の創造の根底にある原理、そして、「存在」との関係性が説明されました。

「存在」は、絶対の生命の果てしない永遠の大海です。「それ」は超越的ですから、何の属性ももっていません。「それ」を体験することは確かに可能ですが、この体験は常に「それ」自身の超越的な実存の場、つまり、純粋意識の体験です。そこでは、心は相対的な体験のすべての領域を超えて、「存在」と一つになります。心は「存在」と同じ地位を得て、もはや現在意識ではなくなります。このような属性のない絶対実存の状態は、完全に想像を超えており、知的な観念や理解のかなたにあります。

人間が究極の真実を理解しようと努め、「絶対なるもの」の英知の限りない海の浜辺に立ちたいと思うのは自然なことです。底知れぬものの底を究め、「超越界」を理解しようとするとき、心は被造界のより微細な領域を理解しようという方向に進みます。それは、もし仮に最も微細なものが理解できれば、最高で究極のものの真の姿もわかるようになるのではないか、と期待できるからです。

「存在」とはどのようなものか、「それ」は主観的および客観的な被造界の微細な領域とどのような関係にあるか、といった知的な探求を助けるために、ここで私たちは「存在」の地位と、プラーナ、心、五感、神経系、肉体の連続的な創造について簡単に検討することにしましょう。

今までで明らかになったことは、外に現れるのは「存在」ではなく、カルマという手段が「存在」に反映して、またはカルマが「存在」の反映を受け入れて、創造への傾向となり、それによってプラーナという属性を帯びるようになる、ということです（「存在」は超越的で属性のないものですから、外に現れたり、または外に現れることに抵抗するといったような立場にはありません）。その点から、その反映を基にして、被造界が「存在」から分かれ始めるのですが、「存在」は変化せずに「絶対」としての永遠の地位にとどまっています。このように、絶対の「存在」には何事も起こりません。被造界は、カルマという手段を基にして、プラーナによって促され、心によって動かされながら、さまざまな形態や現象として現れ始めるのですが、「存在」は何の影響も受けないのです。

「存在」は遍在していますから、「それ」は被造界の多様性すべてに行き渡っています。「それ」なしではいかなるものも存在できず、あらゆるものが「それ」であります。このように、被造界の地位は「存在」とは異なるものですが、同時に、「存在」は被造界のすべてでもあります。心は「存在」とは別のものですが、同時に心の本質は「存在」であるのです。

カルマの車輪は、全宇宙の誕生と消滅（実存と非実存）というサイクルの中で、現象的な被造界の創造と進化と解体を続けており、個人もその一部なのです。

本質からいうと、生命は永遠で絶対のものです。現実には、「絶対」以外には何ものも存在しないのです。絶えず変化し続ける相対的な形態や現象、そして宇宙全体は、永遠の「存在」の中にその生命をもっているのですが、同時にそれらの実存の現象面は、それ自身絶対的な地位をもたないカルマのレベルを基としています。相対界の永続的な地位は創造と解体のサイクルの中に見いだされます（「存在――絶対であり相対でもある」四四ページ参照）。このことから、生命には二つの基礎、すなわち絶対「存在」とカルマがあるとわかります。しかし、ここで疑問が生じます。いったい究極の真実が二つあってもよいのでしょうか？

もし、二つあるというのであれば、究極の真実を求める努力は挫折し、真理の探求者は不確実性の中に取り残されることになります。

確かに、二つのもの、すなわち「存在」とカルマの両方が究極の真実である、ということはあり得ません。明らかに、究極の真実は一つしかないはずです。そうすると、「存在」とカルマのどちらが究極のものか、という問題が残ります。

すでに理解しましたように、「存在」はその本質において絶対の実存であり、「それ」だけが生命の究極の真実として受け入れられるものです。しかし、私たちは、この究極の真実である「存在」は絶対であるために属性をもたず、したがって創造することができない、ということも理解しました。被造界は「存在」の中に潜《ひそ》むカルマという種子から生まれ、「存在」はプラーナ、カルマ、心という三つの手段を一つにまとめているということも、前に述べました。カルマがカルマ自身の働きによって、生命と創造の活力であるプラーナの役割を演じるようになるときに、創造が始まるのです。

永遠の「存在」が遍在している中で、創造を開始するために、カルマがプラーナの役割を演じるようになるのです。この事実は、真理の探求者に希望を与え、唯一究極の真実を求める彼の探求が正しいものであることがわかります。

「存在」の遍在性は、カルマに究極的地位を与えることを許しません。カルマは「存在」の本性の中に潜《ひそ》んでおり、創造の源は「存在」の中にあります。このように、「存在」は唯一最高の真実であり、創造の目的のために、その本性の中にカルマという手段を潜在させているのです。

永遠の「存在」こそ実存の唯一、究極、最高の真実であると悟れば、創造の原因すなわち全能の創造性は、「存在」の本性に潜在しており、「存在」が自《みずか》らを被造界として現すということがわかります。ですから、絶対で属性のない永遠の「存在」が、実存の究極の真実なのです。「存在」の本性の働きによって創造、進化、解体の過程が永遠に進行していながらも、永遠の「存在」の絶対的な地位には何の影響も及ぼさないのです。

これで、絶対、永遠の「存在」がその全能の創造的知性すなわち普遍的な心に対して、また個別の心に対してどのような関係をもっているか、ということを完全に説明したことになります。

## カルマと「存在」

カルマとは行為または活動という意味です。

前の節で、「存在」とカルマの関係性が明らかとなり、カルマは、その現れた形においては、「存在」の本質に対立するということが理解できました。「存在」は絶対的な実存の状態ですが、カルマは創造、進化、解体のサイクルが進み続けるための手段です。したがって、カルマの本質は、ただ在るのみという「存在」の本性とは一致するものではない、ということは明らかです。

いかなるカルマも、「存在」の状態に達することは不可能です。カルマの過程によって、被造界のすべては、誕生と死、創造、進化、解体という永遠のサイクルを通じて、絶えず動いていかねばなりません。カルマは「存在」の状態に対立しているために、カルマを終止させる過程は、必ず「存在」の状態に通じるはずです。

私たちは、「存在」の状態が、永遠に同一の遍在、超越、絶対の実存の状態であるということも理解しました。「それ」は永遠にそこにあります。しかし、個人の生命はカルマという車輪の中で動いていますから、常に相対実存の領域にとどまり、そのために「存在」の栄光にあずかることができません。個人生命と宇宙生命はともにカルマの力により創造され、維持され、解体されるということを、すでに理解しました。ですから、この世界のあらゆる個人、すべての生き物は、カルマの力の支配下にあるのです。カルマの力は相対界の生命を維持しますので、その結果として、個人は純粋「存在」の領域の外にとどまっていることになります。

カルマの拘束力から逃れる方法があるとしたら、それは永遠の「存在」の状態に達する方法でありましょう。次の章で紹介しますが、体験の活動を最小限にしていって、最後に活動の最も微細な領域をも超越するという技術によって、永遠の生命の領域である「存在」の状態に到達することができるのです（「存在に到達する方法」六八ページ参照）。

「存在」の本質とカルマの本質は両立しないというこの真理は、カルマの力を最小限にし、その影響を超えて、「存在」の状態に至るというこの技術を知らない人たちによって、長い間、根本的な誤解を受けてきました。そのような不完全な視野をもった人たちが形而上学の本を読んで、絶対の至福意識はカルマの本質に対立するということを知ると、彼らはさっそく、この世の中における活動的な人生と絶対の至福意識の状態とは両立しない、という自分たちの信念を支えるために、さまざまな自己流の理論を展開します。このような誤解のために、精神的な価値と物質的な価値との間に大きな溝が作られ、それが何世紀も続いてきたのです。

「絶対」の本質と相対界の本質、つまり「存在」の本質とカルマの本質は両立しないものですが、「存在」の光によって、カルマの領域を輝かせる一つの技術があります（「存在を生きる方法」八〇ページ、「存在に到達する方法」六八ページ参照）。このことを、人々は数えきれないほどの世代にわたって、見落としてきました。「行動の技術がありさえすれば、カルマの栄光を成し遂げることができる」という知識が失われていたのです。生命の全領域にわたって、苦しみや悲しみや緊張が増大し否定性が拡大してきた主な理由は、誤った理解がなされていたためです。

今こそ、このような誤解を正し、だれでも超越瞑想という方法を通して、体験の相対的な状態を超えて「存在」の状態に到達できる、ということを人々が悟らなければならないときです。その状態に達しさえすれば、「存在」の価値が心に注入されます。なぜなら、カルマの領域の外側にある「超越界」の中で、心は個別性であることをやめ、絶対永遠の「存在」と一つになるからです。カルマの力によって再び活動の相対領域に引き出されるとき、限りない絶対の至福を伴う超越「存在」の状態が、活動の領域で得られるつかの間の幸福の相対的な状態よりもはるかに素晴らしい、ということを心は悟ります。

「超越界」の至福意識は、心の本質にすぐに印象を与えます。すべてのものが時間と空間と因果によって狭い境界の中に閉じ込めている相対界に心が戻った後も、心はこの拘束なき状態をいくらか保持するようになります。瞑想を繰り返していくと、心がますます超越界に馴染んでいきます。

超越瞑想を継続して行うと、「存在」が心の本質に強く浸透します。その結果、心は相対実存の領域での行動と体験を続けながらも、永遠の「存在」の本質を生き始めるようになります。日々の活動に従事している心にとって、このことは非常に大きな価値をもっています。

今まで欠如していたのは、「存在」の価値とカルマの領域における活動の価値とを調和させる技術なのです。これを理解するのは難しいことではありません。行動の技術は、心を想念の源に連れ戻し、そこから意識活動を開始することにあります。心の働きを通して、「存在」の力をカルマの領域に注入する、これが行動の技術です。この方法によって、あらゆるレベルの活動に栄光をもたらし、しかも心をカルマの束縛から自由にしておくことができます。

心がこのような自由を得るのは、それが永遠の至福意識の中に確立されるからです。明るい太陽の光の中では、ろうそくの炎は実質的な重要性を持たなくなるのと同じように、今まで心をつかまえていた人生の相対的な喜びも、絶対至福の永遠の光の中ではもはや心を堅くとらえることはなくなります。このように、心は永遠の「存在」の絶対的な至福を体験することによって、カルマの束縛力から自由になるのです。

行動の技術に必要なことは、まず活動をゼロに落として、そこから行動を起こすことです。それはちょうど、矢を前方に射るために弓につがえて後方に引き戻すのに似ています。この技術は、弓につがえた矢をできるだけ後ろへ引っ張って、無活動の状態にまでもっていく方法です。その状態にまで持っていけば、ただ指を離すだけで努力なしに矢を射ることができます。行動の技術とは、矢を引き戻して離すだけのことです。そうすれば、矢は最小の努力によって最大の力を与えられ、自然に前方へ飛んでいきます。

同様に、心の活動を静止の状態にもっていき、その点から行動を起こせば、最小のエネルギーで済みます。行動は簡単に成し遂げられ、しかも最大の結果をもたらします。行為者は、「存在」の永遠の自由の中に確立されて行動しますから、カルマの束縛力を受けることはありません。これが行動の技術です。

したがって、私たちは次のように結論できます。カルマの本質と「存在」の本質は矛盾するものですが、「存在」の至福によってカルマの栄光は可能です。人は行動の領域に生きながら、同時に絶対「存在」の至福意識の中で永遠に自由な生命を営むことができます。この世界に十分な興味をもって行動しながら、同時に神意識の中に生き、それによって、絶対実存の状態と相対実存の状態の二つの価値を統一することが可能なのです。

人々にこの真理を明らかにするのがこの本の目的です。

ここで一つ心に留めておきたいことがあります。それは、「存在」の科学は理論として完全なものですが、本来この科学は実践的な科学であって、その成果はすべて超越瞑想の実践にかかっているということです。私たちはだれでも、この「存在」の状態を体験して、自分の人生の中に永遠の自由の状態を創造し、それと同時に、活動のあらゆる領域にいっそう大きな成功をもたらすことができるのです。

# 第二章　「存在」に到達する方法

存在の科学は、被造界のすべての根底に一つの絶対的な要素があるという理論を支持するばかりでなく、どんな人でも超越的な絶対「存在」の本質を直接体験できる一つの系統的な方法を提供します。最初に、理論的な観点から「絶対」を直接体験することの可能性について考察し、次に、このような体験が日々の生活の中にどのような実際的な効果を生み出すかを、考えていくことにしましょう。

すでに理解したように、「存在」は、被造界の最も微細な層を超えた、絶対実存の超越的な領域に位置しています。この超越的な真実を体験するためには、私たちの注意を、被造界のあらゆる微細な層を通過して、その奥深くにまで導いていくことが必要です。最も微細なレベルに注意が達すると、注意は、微細なレベルの体験をも超えて、超越「存在」の領域に到達します。

被造界の粗大なレベルには、どんなものがあるでしょうか？　目に見える粗大なもの、耳に聞こえる粗大な言葉あるいは音声、鼻で嗅ぐ粗大な匂い、触覚で感じるさまざまな肌触り、舌で味わういろいろな味などがあります。私たちは思考します。一般に、思考の過程は、五感とは関係がないように思われています。しかし実際には、思考の過程は、五感のうちの一つ以上を必ず含むものです。

知覚の領域における私たちの体験からわかることですが、体験の対象には、粗大なものと微細なものとがあります。私たちは、見るためには目を、聞くためには耳を、という具合に五感を使用します。しかし、私たちは、目で見、耳で聞き、舌で味わえるものには限界があるということを知っています。粗大な被造界を体験する際の限界がそこにはあります。

目で形を見ることができるのは一定の限界までであって、その形がそれ以上に微細化されると、肉眼では見えなくなります。耳で聞くことができる音も、一定の周波数の範囲に限られています。匂いも、それが十分に粗大なものでないと、鼻でとらえることができません。五感のすべてについて、これと同じことが言えます。五感が体験できるのは粗大な対象だけなのです。

したがって、私たちの体験は通常、被造界の粗大な領域だけに限られていることがわかります。微細な領域は、普通の体験の範囲を超えたところにあります。肉眼で見るよりもさらに微細な形が存在しており、それは顕微鏡を使えば観察できます。

また、耳でとらえられない音は、増幅器の助けを借りれば聞くことができます。このように、被造界には微細な層が存在しているのですが、私たちがそれについてよく知らないのは、通常の体験能力が粗大なものだけに限定されているからなのです。それゆえに、超越「存在」を体験するためには、体験能力を開発することが必要なのです。

もし、五感のどれかによって体験する能力を開発することができるならば、あるいは、想念が心の意識的なレベルに浮かび上がってくる前にその想念を体験する能力を開発できるならば、またもし、想念を体験する能力を高めて、想念の源にまで到達することができるのであれば、その源をも超越して超越状態である純粋「存在」に到達することが可能になるでしょう。このように、五感のどれか一つを通して、被造界のより微細な状態を次々と体験していき、ついには最も微細な層をも超越するようにすれば、「存在」の状態に到達することができます。

「存在」は本来、すべてを超越していますから、五感のどの知覚範囲にも属していません。五感による知覚が停止したとき初めて、超越領域である「存在」に到達できるのです。五感を通して体験している限り、私たちは相対界の中にいます。したがって、「存在」は五感のどれかで体験できるものではありません。ですから、どの感覚器官を使って進むにせよ、私たちはその感覚による体験の極限にまず到達しなければなりません。それから、それを超越することによって、体験者がもはや何ごとをも体験しないという意識状態に到達するのです。

「体験者」という言葉は相対的な状態を示しています。それは相対的な言葉です。体験者が存在するためには、何か体験の対象がなくてはなりません。体験する人も体験の対象も、ともに相対的なものです。私たちが最も微細な対象の体験を超越したときには、体験者は、体験もなく、体験の対象もなく、体験の過程もない単独の状態になります。主体である体験者が、対象の最も微細な状態を超越して、体験の対象をもたない状態になると、体験者は体験の過程から抜け出して、「存在」の状態に到達したことになります。そのとき、心は相対界を超えた「存在」の状態にあります。

「存在」の状態は客観的な実存の状態でも、主観的な実存の状態でもありません。なぜなら、この二つの状態は、ともに生命の相対領域に属しているからです。客観的な体験のもっとも微細な状態を超越すると、その人の主観性は「超越界」の中に溶け込みます。意識のこのような状態は、純粋実存、絶対「存在」として知られています。このように、注意を「超越界」の領域に導くことによって、「存在」に接触し、それを体験することが可能になります。「存在」を思考のレベルで体験することはできません。なぜなら、思考とは本来、相対実存の領域にあるものだからです。また、五感による知覚の領域も、すべて相対実存の状態の中に位置しています。

「存在」の超越状態は、視覚、聴覚、触覚、嗅覚、味覚のすべてを超えたところ、あらゆる思考、あらゆる感情を超えたところにあります。「存在」のこのような隠れた、絶対の純粋意識の状態が、生命の究極の状態です。この状態は、超越瞑想のシステムによって簡単に体験することができます。

## 超越瞑想

注意を超越「存在」のレベルに導く過程は、超越瞑想のシステムとして知られています。

超越瞑想を行うときには、一つの適切な「想念」を選択します。そして、発達の初期段階の想念を体験するという技術によって、現在意識は系統的な方法で想念の源、すなわち「存在」の領域に到達することができます。

## 基本的な原理

私たちはこれまでに、「存在」は永遠で絶対の実存の状態であり、「存在」を体験するためには、被造界の粗大な状態から微細な状態へと体験を深めていき、ついには心が「超越界」に達するようにすればよい、ということを理解してきました。

また、どの知覚器官を通してでも「存在」に進むことができるということも述べました。例えば、視覚を通して次第に微細な形を体験していくと、最後に、肉眼ではもうそれ以上微細な形は知覚できないというところに達します。そのとき、目を閉じて、肉眼で見えなくなった時点での物体の形を内側の目、すなわち心の目で見るように訓練すれば、その物体のイメージを心に描くことができるようになるでしょう。そして、そのようなイメージのさらに微細な状態を体験する方法があって、その最も微細な状態を体験し、それを超越することができるとしたら、そのとき私たちは「存在」の状態に到達するはずです。同じように、どの知覚器官を使ったとしても、私たちはある対象を体験することから始めて、最後には超越状態である「存在」に到達することができるはずです。

私たちは、一つの想念の体験を通して、思考のより微細な状態を体験することができます。そして、それらの微細な状態を超越すれば、超越状態としての「存在」に到達するに違いありません。

思考とは本来、言葉の精妙な状態です。言葉は、口に出せば聞こえるようになりますが、口に出さなければ知覚することができません。ですから、想念は音声の精妙な形態であるとわかります。

思考の過程は、意識の最も深い最も微細なレベルから始まり、それが展開するにつれて、だんだん粗大になってきます。そして最後に、意識の表面レベル、すなわち通常の思考レベルで認知できるほどに大きくなります。この原理を例えによって説明しましょう。

想念（思い）は、意識の最も深いレベル、つまり心という海の最も深いレベルから生じます。それはちょうど、海の底から一つの泡が浮かんでくるのに似ています。泡は上昇するにつれて次第に大きくなりま

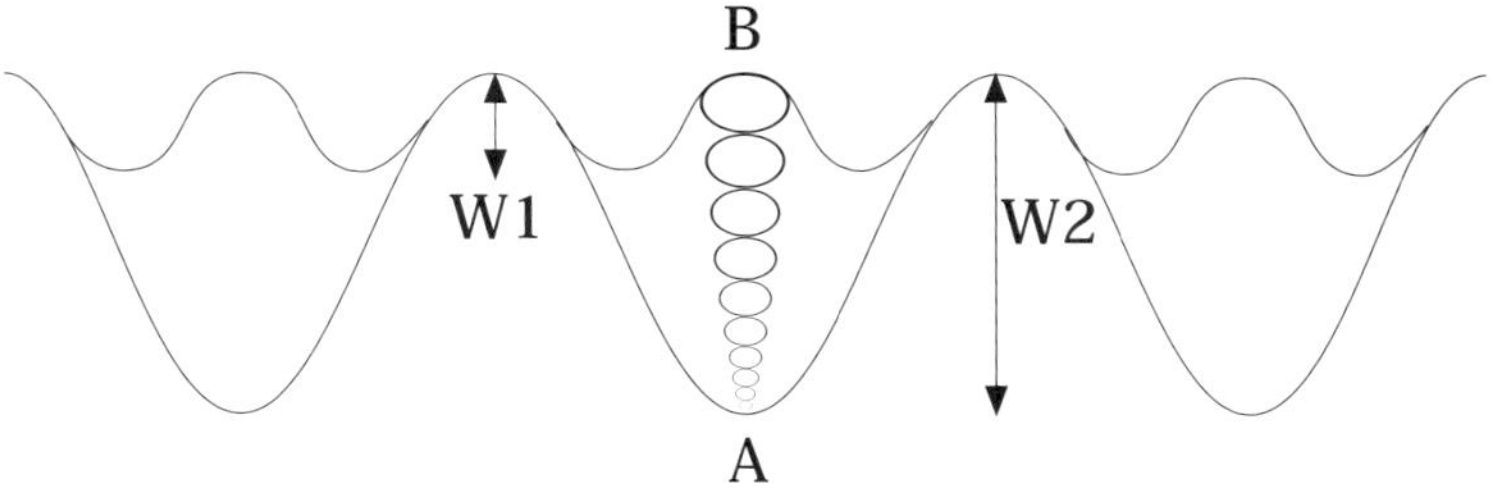


す。そして、水面までくると、それが泡であることがわかります。

心は大海のようです。心の表層は活発に動いていますが、深いレベルは静けさを保っています。心の海の機能している表面レベルを、「現在意識(顕在意識)」と呼びます。表面レベルの想念はどんなものも、意識的に認知できる想念です。つまり、このレベルで想念が想念として認識されるのです。

想念は意識の最も深いレベルから出発し、心の海のすべての層を通過して上昇してきます。そしてついには表面に達し、意識できる想念として姿を現します。これでわかるように、どんな想念でも、底から表面まで、意識のすべての層を揺り動かすのですが、意識的に認識されるのは、それが意識的なレベルに達してからなのです。想念の初期の発達段階はまったく認識されません。

このようなわけで、話をわかりやすくするために、意識の海の深いレベルは、本当は動いているのですが、静けさを保っていると言ったのです。

説明図を見ると、レベルAから上昇する想念の泡は次第に大きくなっています。表層レベルBに達したときには、泡は十分に発達していますので、想念として認識されます。ここが現在意識のレベルです。このレベルの下にある「想念の泡」の微細な状態は認識されていません。

もし、Bよりも下のレベルで、そしてBからAまでのあらゆる微細なレベルで、想念の泡を意識的に認識できるならば、レベルAを現在意識の範囲内に含めることが可能になるはずです。このようにできれば、現在意識の深さ（W1で示す）はW2のように伸びて、その力は非常に大きくなります。現在意識の範囲のこのような拡大は、「存在」へ向かって進んでいくときに自動的に起こります。それはちょうど、海の表面の波が水の深い層とつながりを持つようになり、以前よりも力強い波になるのに似ています。心の潜在力がこうして完全に開発され、心の意識容量が最大限にまで拡大します。

## 技術

想念の泡は、次から次へと一つの流れのように生じます。ですから、心を訓練すれば、浮かび上がってくる泡を、その発展のより早い段階で体験できるようになります。注意がレベルAに達したときには、心の深さを上から下へと通り抜けて、人間の創造的知性の源にまで達したことになります。

このようにして、想念の源が、現在意識の範囲内に入ってきます。現在意識が想念の最も微細な層を超越するとき、それは相対体験の最も微細な状態を超えて、超越「存在」、純粋意識の状態、真我の意識の状態に到達します。これが、現在意識を、超越的な絶対「存在」の直接体験にまで一歩一歩系統立って導いていく方法です。

## 超越の途上で増してくる魅力

より大きな幸福の場に行こうとするのは、心の自然な傾向です。超越瞑想を実践するとき、現在意識は超越的な絶対「存在」を体験する旅を始めます。そして、「存在」の本質は至福意識ですから、心は至福の方向に進むにつれて、この旅が次第に魅力を増してくることに気づきます。光源から遠ざかれば、光は次第に弱くなります。逆に、光源に近づいていくと、光の強さは増してきます。同じように、心が超越「存在」の絶対的な至福の方向に進んでいくと、一歩前進するごとに旅の魅力が増してくるのがわかります。心はこの魅力に引かれて、自然に超越「存在」の体験へと導かれていきます。この瞑想はどんな心の持ち主にとっても楽しいものです。

真理を求める人の進化の状態がどのようなものであっても、その人が情的な面で発達した人であろうと、知的な面で優れた人であろうと、その人の心は、より大きな幸福の場に赴《おもむ》こうとする心の自然な傾向に導かれて、思考の最も微細な状態を超越する道を見いだし、絶対「存在」の至福に到達します。したがって、この瞑想は簡単であるだけでなく、自動的でもあるのです。

## 正しい想念の重要性

正しい想念とは、本質的に、その想念を抱く人とその環境にとって調和的で有益な想念のことです。

口から発せられた言葉と同じように、どんな想念でも、その想念を抱いた人とその環境に対して、何らかの影響を及ぼします。小石を一つ池に投げ込むと波紋が生じて、それが池の隅々にまで届くように、どんな想念、言葉、行動でも、その周りに波動を生み出します。そして、その波はあらゆる方向に伝わっていき、周りのあらゆるものにぶつかります。その波は全宇宙のあらゆるレベルに影響を与えます。個々人の一つ一つの想念、言葉、行動が、宇宙全体に影響を及ぼしているのです。

一つの想念の影響でもこのように広範囲にわたるものですから、心に生じるどんな想念についても、その性質を注意深く検討することが必要になります。その想念を抱く人と全宇宙に対して、害を及ぼすような想念があるかもしれません。また、それを考える人と全世界に対して、好ましい有益な影響を与える想念もあるでしょう。個々人はそれぞれ独自の質をもっていますから、各人にふさわしい特別な質をもった想念を選んで、その物理的な影響がその人自身と全世界にとって有益なものとなるようにすることが、きわめて大切です。

発せられた一つの言葉が振動の波に乗って周囲に伝えられるときの影響は、その言葉の意味によって決まるのではありません。発せられた波動の質そのものが問題になるのです。調和と幸福の影響を生み出すためには、よい質の波動を発することが必要であると同時に、波動の質がその個人の質に調和するものであることも重要です。

波動の質は人によって異なっており、これが各人の個性を作り出しています。そのために、特定の個人に適合した想念を正しく選ぶということが、超越瞑想の実践にとって何よりも大切なことです。

個々人はそれぞれ異なる質をもっていますから、正しいタイプの波動、すなわち適正な質をもった想念を選ぶことは非常に難しいことです。正しい想念を選択して、その物理的な質がその想念を抱く人の物理的な質と調和するようにするという問題は、想念がその発達の初期段階で認識されると、その力が増大するという事実を考え合わせるとき、ますます重大な課題となります。

私たちは、被造界の粗大な領域の力よりも、微細な領域の力のほうが強力であることを知っています。だれかに石をぶつければ、その人はけがをします。ところが、石の微細な領域に入っていって、その一つの原子を刺激することができるとしたら、途方もないエネルギーが放出されて、はるかに大きな結果が生じます。同様に、想念の微細な領域に入っていくと、その想念のより微細なレベルが認識されますが、そこでの想念の力は通常の心の意識的なレベルにおける想念の力よりも強力になります。このことを考えると、この瞑想を始める前に、正しい質の音を選ぶということが、いかに重要なことであるかがわかるでしょう。

各々の人に合った正しい想念を選択するという問題は、一つの行為の影響は宇宙全体に及ぶということを考えると、非常に重要な問題です。ある人が、ある特定の場所で、ある特定の時刻に行う一つの行為が、行為者とその環境にとって有益な影響を生み出すかもしれません。しかし、これと同じ行為でも、別の状況でなされた場合には、異なる影響を生み出すかもしれません。

行為とその影響との考察は、非常に複雑です。ある行為が被造界のどのレベルにどんな影響を与えるのかということを知るのは、人間の心の能力以上のことです。したがって、この瞑想を実践するために一つの正しい想念を選ぶという問題は、どんな人でもなかなか解決できるものではありません。個々人の正しい言葉を楽に選択するための訓練を受けた瞑想の教師たちがいます。彼らは、個人の特質に調和する一つの音、すなわち言葉を選択する技術を習得しています。このような瞑想の教師は、世界中のほとんどの国にある、「精神復活運動」のセンター（日本ではマハリシ総合教育研究所ＴＭセンター）に待機しています。

## 個人指導の必要性

超越瞑想の実践方法は、マンツーマンの指導を通じて学ぶ必要があります。書物で学ぶことはできません。なぜなら、教師は、学ぶ人に対して、思考の微細な状態を体験する方法を示す必要があるばかりでなく、その人の瞑想が進むにつれて生じるさまざまな体験を確認する責任があるからです。

体験は人によって異なります。そのため、瞑想中に起こりうる体験を全部書き記したとしても、それは実際の役には立ちません。また、初心者がこれから体験することを前もって知っているのは、あまりよくありません。その理由は、第一に、ある特定の体験を予想すると、そのことに注意を奪われて、有意義な深い体験をする可能性を失うことになるからです。第二に、特定の体験を予想すると、自己暗示にかかって、その体験を空想するだけに終わってしまうおそれがあるからです。このどちらの場合も成功は得られません。

この瞑想では、心は実際に微細な状態を体験しますが、そのためにある特定の体験を想像したり、予想したり、目指したりする必要はまったくありません。この瞑想は、教師の個人指導どおりに行えば成功する、まったく単純な方法です。

普通の人にとって、想念そのものを体験するということはきわめて抽象的なことです。想念の微細な状態を体験するということは、抽象的な体験の微《かす》かな状態を体験するということと同じです。もし、そのように言われたら、普通の人は、そんなことはできそうもない、と思うでしょう。なぜなら、その人の心はいつも習慣的に、粗大な対象だけを、すなわち意識できる思考レベルの想念の粗大な状態だけを体験しているからです。

ところが、想念の微細な状態を体験し始めるとすぐに、ますます抽象的な体験に自分が引き寄せられていくような感じがします。初心者が想念の微細な状態の体験を理解するのには、教師の個人的な助けがある場合でも、少々時間がかかります。

このような理由のために、瞑想実践の詳細について書き記すことは、実際的に価値がないのです。超越瞑想を学ぶには、瞑想を正確に指導しその体験をチェックするための訓練を受けた、瞑想の熟練者による指導が必ず必要です。

体験の確認は瞑想を実践する際の非常に重要なポイントです。これもやはり、書物で学ぶことはできません。瞑想の実践によって、必ず人生にさまざまな恩恵が得られるようになりますが、それは教師の個人指導と、学ぶ人の従順で協力的な態度にかかっています。これは、きわめて独特でデリケートな瞑想法です。重要なことは、この瞑想法は「精神復活運動（現マハリシ国際財団）」から正式な資格を与えられた教師からのみ学ぶべきものである、ということです。

# 第三章　「存在」を生きる方法

「存在」はどこかにあるものではありませんから、どこかから持ってきてそれを生きるということはできません。「存在」は実存そのもの、万物の生命そのものです。「それ」は絶対的な意識がすべてに浸透し遍在している状態です。「それ」を生きるためには、まず現在意識が「それ」に親しみ馴染むことが必要です（「存在に到達する方法」六八ページ参照）。

瞑想中、心が思考の最も微細な状態を超越すると、心は「存在」の状態に到達します。相対界のすべてを超越しますから、これは体験のない状態です。それは純粋な超越の状態、実存の状態です。それは純粋意識であり、ただ「在る」のみという状態です。

心は、この純粋な「存在」の状態からまた相対界に戻って、想念を体験します。「超越界」の領域に入ってはまた相対界に戻るということを絶えず繰り返していると、心は「存在」の本質を次第に深く知るようになり、自分自身の本質に一層はっきりと目覚めてきます。

瞑想を続けていくと、五感を通して対象を体験している間も、心がその本質を維持するという能力が増大してきます。このようになると、心とその本質である超越「存在」は一つになり、心は思考、会話、行動に従事している間も、その本質すなわち「存在」を保つことができるようになります。

このような状態に達するためには、二つのことが必要です。その一つは、すでに見たように、超越瞑想の実践です。もう一つは、目指す目標に早く到達するために同じように重要なことですが、瞑想から出てきて、また活動の領域に従事するときに、心を緊張させないということです。活動の全領域を正しく体験し、必要な行動はすべて行わなければいけませんが、心に過度の負担をかけるべきではありません。何を行うにも、緊張せず楽に行うことです。活動する心の本質に「存在」を早く染み込ませるためには、人生を自然に、楽に受け止めることが、非常に大切です。

現在意識が超越して「存在」の状態に到達すると、心は完全に「存在」と一体になります。心はその個別性を失って、宇宙的な心となります。心は遍在するものとなり、純粋な永遠実存の状態を獲得します。「超越界」の状態においては、心は体験する能力をもちません。ここでは、心は実存しているのではなく、実存（状態）そのものになっているのです。

心は相対生活の領域に戻ると、再び個別性を取り戻しますが、瞑想中に獲得した偉大で拘束なき普遍的な地位をいくらか保持します。瞑想を続けていくと、心は日常生活の活動中にもその状態をますます維持できるようになってきます。

一般的に言って、心が活動の領域にかかわると、純粋な「存在」である心の本質にいくらかの緊張が加わります。しかし、もし心が楽にくつろいでいて、単純で自然なやり方で活動するならば、心の本質に「存在」が染み込むのがそれだけ容易になります。ところが、反対に、活動中に心が緊張すると、「存在」の注入の効果も少なくなります。

例えば、白い布を黄色い染料に浸すと、布は黄色に染まります。布を染料から外に出すと、その色の濃さは液に浸っていたほどではなくなります。布をしばらく日陰に置いておくと、色はあせていきます。布を日に当てておけば、色のあせるのはいっそう早くなります。

　これと同じように、心が「存在」の超越状態に達すると、心も純粋「存在」になります。心が「超越界」から出てきたとき、正しい自然なやり方で心を働かせるなら、「存在」の本質の注入効果はしばらく持続します。しかし、活動中に心に緊張が加えられると、注入の効果はすぐになくなります。したがって、活動が、心の中に「存在」の状態を成長させる手段として役立つようにすること、つまり自然なやり方で活動の領域に従事することが、非常に大切です。

　このように、超越瞑想を規則的に実践し、自然で緊張のない活動に従事することが、絶対「存在」と相対界の生命を同時に生きる意識状態を創り出すための近道です。この意識状態では、一方が他方の妨げになることはありません。これは、相対生命のあらゆる価値とともに絶対「存在」を生きる、宇宙意識の状態です。

　第三部「生きる技術」のところで、超越瞑想のシステムによるならば、この状態を開発することがだれにでも可能であるばかりか、たいへん簡単であることを説明します（「行動の技術」二〇〇ページ、および「人に接する技術」二三四ページ参照）。

　この瞑想を始めると、エネルギーは増大し、頭脳は明晰《めいせき》になり、健康も向上します。あらゆる活動において能率的、精力的になります。しかし、心身の能率が増してくるとき、活動を拡大しすぎて、そのために疲れてしまい、瞑想の時間がなくなるということがないように注意しなくてはなりません。根に水をやれば、木は緑になり、ますます生き生きと成長します。もしも、木がこの成長の活動に夢中になりすぎて、根から水を吸い込む暇《いとま》もないということになると、成長の基盤そのものがなくなってしまいます。

心の本質に「存在」の本質を注入していくと、心身全体の若返り、頭脳の明晰《めいせき》化、エネルギーの増大という結果が現れてきますが、これがきわめてデリケートな過程であることを知っておくのも大切なことです。この注入は、個人の実存そのものである「存在」のレベルで行われます。決して心の思考レベルで行われるものではありません。したがって、真理を求めるすべての人に対して、現在意識の思考レベルで「存在」を感じることを期待しないように注意を促しておきます。

それは、木が根から水を吸収して、その結果、木のすべての部分が自然に養分を得て繁茂する過程とよく似ています。しかし、木のどの部分も、根が水を吸い込む過程には気がついていませんし、体験もしていません。水の吸収の影響は、木のすべての部分がますます生き生きとしてくることでわかります。もしかしたら、葉の中には、「確かに元気になってきたが、でも何か養分を取り入れているという感じはしない」と文句を言う葉があるかもしれません。

木の葉はいつも根から養分をもらうようにできています。この同じ過程が以前よりも大きな規模で進行しているにすぎません。そのために、葉は、何かふだんとは違うことが自分に起こっていることに気がつかないのです。しかし、葉が以前には枯れかかっていたのに、今では生き生きとして元気になってきたのを目撃する人は皆、その葉に起こっていることの価値を認めることでしょう。

これと同じように、瞑想を行うと、エネルギーが増加し、頭脳が明晰になってくることを体験しますが、「存在」が心の本質に注入される実際の過程については何もわかりません。この過程全体は、純粋「存在」のレベルで静かに進行するからです。瞑想中、心がどのような体験をしようとも、それはただ瞑想という手段のさまざまな状態にすぎません。これらの状態がますます精妙になって、ついにはその手段すらもすっかりなくなってしまうと、心は純粋意識の状態に自《みずか》ら放置されます。心の本質に対する「存在」の本質の注入は超越界から始まるのです。

「存在」を生きるということがどのようなことかは、言葉では言い表せません。その状態を言葉で完全に説明することは不可能です。「それ」はただ生きるのみです。だれかに、いま食べた物の味はどうでしたかと尋ねた場合、その人自身は十分にその味覚を味わっているのですが、それを言葉で正確に表現することはできないでしょう。同様に、「存在」は生命の中でこれを生きることができ、体験できる状態なのですが、言葉では説明することができないのです。

瞑想を規則的に実践することによって、「存在」を生きることができます。まず、「存在」が非常に繊細に、心の本質に印象づけられます。瞑想を続けていくと、「存在」は心の中にますます深く染み込んできます。そして、最後には二十四時間、目覚め、夢、深い眠りのすべての状態の体験を通して「存在」を生きることができるほどに、深く、重大で、揺るぎないものとなります。そのとき、人は、相対体験のレベルで永遠の自由を生きているのです。

## 「存在」を生きることの利点

超越瞑想の実践によって絶対「存在」を体験することには、数えきれないほどの利点があります。「それ」は個々人の生命のあらゆるレベルに非常に大きな影響を与えるので、生命全体が人間の心では想像もつかない価値にまで変化していきます。

永遠の絶対「存在」の宇宙生命と繋がることによって、個人生命にもたらされる利点を、限りある命の人間がどうして思い描くことができるでしょうか。超越「存在」の場に見いだされる宇宙知性の偉大さを、知的な理解のレベルにある普通の人間の理知が、どうして理解することができるでしょうか。絶対「存在」の創造的知性に同調したときに開花する、自分の全潜在力の創造エネルギーの巨大な可能性を、普通の心の能力の限界内で機能している人間が、どうして理解することができるでしょうか。

心と体と環境は、生命の三つの主要な領域です。「存在」を直接体験することによって、これらの生命の領域にどんな利点が生じるか、これからの各章で取り上げていくことにします。

「存在」を体験することによって、人は生命の完全な範囲と意義を生きることができるようになり、人間としての正常な生命（「正常な生命」九九ページ参照）、すなわち宇宙意識を生きることができるようになっていきます。

体と心の若返り（「リクリエーションと速やかな若返り法」二八四ページ参照）は、「存在」を体験することによってもたらされる特別な恵みです。また、「存在」の影響力は、健康（「健康と存在の技術」一五三ページ参照）、教育（「教育」二六八ページ参照）、人間関係（「人に接する技術」一三四ページ参照）をも改善します。それは、個人のレベルにおいても社会のレベルにおいても、恐怖と緊張と苦しみを取り除き、人生に平和（「世界平和の問題」三二〇ページ参照）をもたらします。

「存在」の体験を通して、人は自分の全潜在力を活用し、環境と自然の全能の力を十分に利用できるようになります。生命の物質的な価値と精神的な価値に調和がもたらされます。つまり、「存在」を体験する技術によって、物質的な領域で最大の業績を上げながら、永遠の自由の中に生命を生きることが可能となるのです。生命のあらゆる面、すなわち、体（「身体と存在の技術」一六六ページ参照）、心（「心と存在の技術」一五四ページ参照）、神経系（「神経系と存在の技術」一六八ページ参照）、話すこと（「話すことと存在の技術」一四四ページ参照）、想念（「思考と存在の技術」一四一ページ参照）、呼吸（「呼吸と存在の技術」一四六ページ参照）、人間関係（「人に接する技術」二三四ページ参照）、環境（「環境と存在の技術」一七一ページ参照）において、存在を生きることは難しいことではありません。

個人の心のレベルにもたらされた「存在」は、明晰で、意味のある、実り多い思考への鍵を与えてくれます。このような思考に基づいて行動する人は、何を行うにしても、自信が増し、能率が向上してきます。

超越瞑想の実践は、心理学（「心理学の成就」三三六ページ参照）に、哲学（「哲学の成就」三四三ページ参照）に、また人間の宗教生活（「宗教の成就」三二六ページ参照）に成就をもたらし、神実現（「神実現への道」三四七ページ参照）への鍵を提供します。

# 第二部　生命

# 第一章　生命とは何か？

生命とは「神」の光、「神性」の現れです。それは神聖なものです。それは永遠なる「存在」の川であり、実存、知性、創造性、純粋性、至福の流れです。

生命とは統一です。その基盤には、生命の絶対で永遠の統一があります。永遠性の表面において、私たちは絶えず変化する現象的な実存の中で限りある命を生きています。

生命とは神意識の統一です。生命とは「神」の光の多様性です。生命は、至福意識においては絶対であり、現象的な喜びの多様性においては相対です。

生命の本質は「存在」です。生命はその本質において、「存在」の限りない永遠の大海です。

生命は「存在」の大海である、と表現しましたが、これは、生命はただそれだけのものである、という意味ではありません。それはまた、「存在」の川でもあり、流れでもあるのです。「存在」の流れとは、外に現れた「存在」の相対面という意味です。

生命は「存在」の大海であると述べましたから、海について考察してみましょう。海の底には冷たい水があります。水面に向かって上昇していくと、水深が浅くなるにつれて水は次第に温かくなり、海面で温度がいちばん高くなります。海の温度は、水深ごとに異なるさまざまな温度によって構成されています。水はどの深さでも本質的には同じであるのですが、深さによって温度が変わるために、密度は一定ではありません。

これと同じように、「存在」は同じであるのですが、被造界の各レベルで異なっています。被造界は、さまざまなレベルの理解力、さまざまなレベルの知性や創造性、さまざまなレベルの平和や幸福から成り立っています。

平和や幸福、創造性や知性のすべてのレベルは「存在」のさまざまなレベルにほかなりません。「存在」の一方の極は絶対であり、もう一方の極は相対実存の最も粗大な状態です。この二つの極の間にある「存在」のさまざまな状態が、外に現れた「存在」のさまざまな状態を構成しています。「存在」は永遠に絶対のままでありながら、多様な被造界のさまざまな性質や形態や現象の中に見いだされるのです。このように、生命は「存在」の大海であるとわかります。

生命とはどのようなものかを説明するのに、もう一つ例をあげてみましょう。私たちは、水素や酸素が気体であることを知っています。また、これらの気体が化合して$H_2O$となると、水ができるということもよく知っています。気体が水になったのですが、本質的な構成要素であるHとOは元と同じ水素と酸素です。

水が凍って氷になるときも、性質は変化しますが、構成要素は変化しません。液体の水が固体の氷になります。透明な水が不透明な氷になります。しかし、このような変化にもかかわらず、本質的な構成要素である水素と酸素は変化しません。同じ元素が異なる状態の中に見いだされるのですが、それらは異なる性質をもって現れ、異なる現象を生み出しています。

それはちょうど一人の人間が、舞台の上では俳優として、競技場では運動選手として、学校では学生として、マーケットでは買い物客として現れるのに似ています。

裁判官は、法廷に座るときは裁判官の服を着ますが、クラブに出かけるときはクラブ用の服を着ます。また、家にいるときには外出着とは違うものを身につけます。そして夜、就寝するときにはまた別のものに着替えます。服装はさまざまに変わりますが、人は変わりません。ほかの人たちから呼びかけられるときにも、いろいろな名前で呼ばれますが、その人はいつも同じ人です。

これと同じように、宇宙の万物のさまざまな形態や現象は、すべて異なる性質をもっています。どの二つの形態をとってみても、完全に同じということはありません。同じ形の物であっても、時間の経過とともに変わっていきます。宇宙の万物には安定したものは何もないからです。あらゆるものが変化しています。しかし、このような被造界の絶えず変化する現象の根底にある真実は、いつも同一の、永遠で不変の絶対「存在」なのです。

生命は木に例えて説明できます。一本の木の生命全体は、幹、枝、葉、花、実など木の外側にあるさまざまな部分と、根という内側の部分から構成されています。しかし、もっと詳しく見てみるとわかるのですが、確かに根は木の外側の基礎になってはいても、根そのものには絶対的、独立的な地位はないことがわかります。根は養分すなわち樹液に依存しており、その樹液は根の外側の領域から来ています。実は樹液こそが木全体のエッセンスなのです。樹液が、根に滋養を与え、根を通じて中に入り、木のすべての面を生み出しているのです。

ですから、木の本質は養分であり、木の基盤は外側の形や内側の根の境界を超えたところにあるのです。このように、木の生命の基盤は超越であり、木の内側や外側の境界を超えています。それは、木の本質的構成要素が純粋な状態で見いだされる領域です。

同様に、人間の生命、あるいは宇宙万物のどんな個別生命にも三つの面、すなわち外面と内面と超越面があります。生命の外面は肉体です。内面は人格の主観面であり、これは体験や行為の過程に関係するものです。生命の超越面は「存在」です。

生命の三つの面はココナッツの実に例えることができます。ココナッツの実の外側の部分は硬い殻からできています。その殻の下に実のもっと微妙な部分があります。つまり乳液が固まって一つの層になった胚乳があります。胚乳のそのまた奥には、ココナッツのエッセンスともいうべき純粋な乳液がありま す。このように、純粋な乳液が固まって胚乳の層に変化し、さらにその周りの硬い殻の層となって、実の貴重な内面を保護するようになっているのです。

同様に、個人の生命においても、そのエッセンス、つまり乳液にあたるのが内に隠れた絶対「存在」であるのです。そして、生命のこの超越面が形をとって外に現れているのが、自我、理知、心、五感であるのです。このような生命のさまざまな微妙な状態が、人間の内側、つまり胚乳にあたる生命の主観面を構成しています。生命の主観面は生命の客観面とは異なっています。生命の客観面とは、さまざまな部分からなる肉体、殻にあたる生命の外面のさまざまな部分のことです。

生命を全体的に理解するためには、その超越面と主観面と客観面を考察しなくてはなりません。これら三つの観点から個別実存をはっきり理解することに成功すれば、そのとき私たちは生命の全範囲を理解したことになるでしょう。

# 第二章　個別生命と宇宙生命

これまでに私たちは、生命には二つの面、すなわち絶対と相対があるということを見てきました。また、生命の絶対面は純粋意識、永遠実存の普遍で絶対の大海であり、相対面はその絶対面が外に現れたものにほかならない、ということも見てきました。この永遠実存の状態は「宇宙生命」と言われており、それが相対領域に現れたものは「個別生命」と呼ばれています。

つまり、生命の絶対状態は宇宙生命に相当し、生命の相対状態は個別生命に相当する、と理解することができます。個別生命は宇宙生命の現れです。それはちょうど、波が大海の現れであるのと同じです。大海はいつも同じ状態を維持していますが、同時に、個々の波とその活動の影響も受けています。

宇宙は個々人の行動に反応しています。

小石を池に投げ込むと、波が生じて池全体に広がります。どの波も池のあらゆる部分に何らかの影響を与えます。これと同じように、個別生命の波も、その活動によって宇宙のあらゆる領域に影響を及ぼしています。

生命とは、持続的、均質的全体です。生命の大海に個別生命の波が生じても、永遠絶対の「存在」の連続性および遍満性を損なうことはありません。宇宙のさまざまな部分で創造、進化、解体の過程を遂行している無数の自然法則のすべては、一つの永遠の宇宙生命が多様に現れたものです。被造界は宇宙生命の現れです。

被造界のさまざまな場所に個別性が実存し始めても、宇宙生命の連続性、均質性がかき乱されることはありません。生命は身体全体に浸透しており、身体のさまざまな部分はすべてその個人の生命の支配下に置かれています。しかし、例えば、一本の手それ自体も無数の細胞が集まったものであり、その細胞の一つ一つが独自の生命と果たすべき機能を備えています。細胞の生命は、それ自体が一個の生命であり、独自の活動領域と個別性をもっているのですが、同時に、その個人の生命全体の一部でもあるのです。

各細胞の生命は、人の生命全体に影響を及ぼします。身体のどの組織も、それが円滑に機能しているならば、個人の生命に力強い調和的な影響を生み出します。しかし、たった一つの細胞でも、そこに何らかの欠陥や不活発さや鈍さがあるならば、その個人の生命全体にも何らかの影響が生じるはずです。これと同じように、宇宙も個々人の行動に反応しています。

一つ一つの想念、言葉、行動を通して、私たちは周囲にさまざまな影響を及ぼしています。物理学によって明らかにされているように、私たちの行う行動のすべてが、大気中に波動を生み出します。活動の波は神経系によって作られ、身体から放出されて、大気のあらゆる層に到達します。

最近の宇宙観測ロケットに取り付けられた受信機は、毎秒数十キロメートルの速さで進みながら、遠く離れた地上からの指令を受信します。装置は命令を実行し、情報を地上に送り返します。このことも生命の連続性を示しています。私たちの行動によって、身近な環境からはるか離れた限りない宇宙空間においても反作用が生じるのです。私たちの想念、言葉、行動の一つ一つが環境に影響を生み出します。そして、この影響の質は、私たちが発する波動の質によって決まります。宇宙の中のあらゆるものは絶えず互いに影響し合っているのです。

このことは、個人の生命がいかに互いの影響に左右されるものか、またその影響力がいかに強いものか、ということを示しています。人間は自分が周囲に及ぼす影響に気づいていないかもしれません。けれども、気づいているかいないかには関係なく、影響は生み出されているのです。子供に向かって優しい愛情に満ちた言葉で話しかければ、宇宙全体に、愛に満ちた、生命を支える影響を生み出すことになります。だれかに向かって荒々しい残酷な言葉をひとこと発すれば、その荒々しく残酷な影響を宇宙全体の隅々にまで広げることになります。

植物を使った実験で報告されているところによると、園芸家が愛情や思いやりの気持ちをもって育てた植物は、憎しみの気持ちをもって育てた植物よりも、丈夫ではやく成長するということです。どちらも同じように手を抜かずに栽培していっても、そのような差が生じるというのです。

優しい眼差しを向けただけでも、子どもはあなたのところへ寄って来ます。こわい顔をしたら、子どもは泣いて逃げていくでしょう。このように、影響はきわめて静かに自然界全体に生み出されています。人は知らず知らずのうちに、他人の発する波動の犠牲になります。ほかの人たちの、口には出さない感情や想念による影響を受けてしまうのです。

動物は、自分の行動の一つ一つが遠くまで及ぶ影響を生み出していることを知りませんが、人間はその神経系が高度に発達しているのですから、自分が生み出す影響の範囲を知るべきです。

もしも、ある人が親切で情け深い性質をもっているとしたら、その人は自然に、よい影響を周囲に作り出しています。友人の家を訪れると急に精神が高揚したり、あるいは逆に気が滅入《めい》るようなことがあります。その友人が徳のある人で、よい意図と想念と行動の持ち主であれば、たいへんよい雰囲気を作り出しているに違いありません。そのような人は、どこに住み、どこへ出かけるにしても、幸福と調和の影響を身に付けて持ち歩いているようなものです。

道で知らない人とすれ違っただけでも、その人の魅力に引き付けられ、親しみを感じ始めることがあります。また別の人とすれ違うと、嫌な感じがすることもあります。こういうことはすべて、その人たちの発する波動の質と、それがあなた自身の波動に与える作用によって起こるのです。

通行人の心を引き付ける家が数多くあることも、よく知られています。こういう家は魅力的で、調和と平和の感じが伝わってきます。反対に、悲しい、潤いのない、冷たい感じ、嫌悪感を与える家もあります。これは、その家に住んでいる人たちの質や、家を建てた人の質や、その家を建てるのに使った富の質などによって決まります。

富の質と言いましたが、これは何を意味するのでしょうか。

富の質は、それが他人に及ぼす結果だけでなく、それを獲得した手段によっても決まります。

質のよい富とは、社会の向上や人々の人生の改善を助けるような手段で獲得した富のことです。そのような富で建てた家や、そのような富で行った行為は、周囲によい影響を生み出します。質のよくない富とは、非合法の手段や罪深い手段によって獲得した富のことです。あるいは社会の水準や人々の意識を下げたり、人々の道徳的、精神的、宗教的な価値を堕落させる状況を直接的に、あるいは間接的に作り出したりするような種類の事業によって獲得した富のことです。そのような富で行う仕事や、そのような富で建てた家は、全体的に気を滅入《めい》らすような影響を生じるものです（アルコールやタバコから得た富はその好例です）。

人々の意識を低下させたり、人々の生命に害を及ぼすような活動によって儲けた財産は、これを相続する人に健全な影響を与えないものです。その影響は、病気や、低い意識状態や、堕落的な生き方や、卑《いや》しい想念を伴う曇った心などとなって現れます。しかし、そのような富を受け取った人自身は、自分の苦しみが相続財産の堕落的な影響のためであることを知りません。

何も知らない基本的に罪のない人たちが、両親や祖先が社会に対して犯した罪悪の犠牲になっているのです。自分自身に及ぶ悪影響を別にしても、そのような富は、他人を助けようという気持ちを所有者に起こさせないものです。このような状態から抜け出す方法は、人々の意識を向上させることを直接の目的としている事業に、相続財産の一部を捧げることです。そのようにすれば、その富を獲得した時点において生じた悪い影響を中和できるからです。

生命の相対領域は互いに密接に結び付いており、また、宇宙における各生命の側面は互いに複雑多様に影響し合っています。したがって、世界中のあらゆる人々が、何らかの手段によって、正しい人となることが非常に大切です。そのようになれば、一人ひとりの思いは愛と親切と慈悲にあふれたものとなり、その人自身にも、その人の周囲にも、また被造界全体にも、よい影響を生み出すようになるでしょう。

これを達成する唯一の方法は、各個人が自然に正しい思いだけを起こし、それによって自然に正しい言葉を話し、正しい行動をとることができるように、自分で自分の心の性質を変えることにあります（「存在の技術」一三九ページ参照）。

一人ひとりが、自分の力でこのような状態にまで向上しなければなりません。だれも、ほかの人の意識の水準を引き上げることはできません。正しい道を知っている人の教えや導きによって、いくらか助けが得られることもあります。けれども、個人の意識を高める責任は基本的にはその人自身にあります。各人が自分自身の道を選び、自分自身の努力によって、自《みずか》らを高めなくてはいけません。ほかの人は、せいぜい、個別生命と宇宙生命に関する英知を与え、「存在」の普遍的な状態と個人の間の調和を確立するようにと励ますことができるだけです。

だれもが、自分は宇宙生命の一部であることを、また、個人と宇宙生命との関係は、一個の細胞と身体全体との関係と同じであることを、しっかり心に留めておくべきです。もしも、一つ一つの細胞が機敏でもエネルギッシュでも健康でもないとしたら、身体全体も苦しむようになります。したがって、個人の生命のためにも、また宇宙全体のあらゆる生命のためにも、各個人が想念と言葉と行為のすべてにおいて、健康であり、有徳であり、善良であることが必要なのです。

宇宙全体が個々人の行為に反応する（「世界平和の問題」三一〇ページ参照）ということはあまり知られていませんが、これは科学的な事実です。なぜなら、個人と宇宙の間には、切っても切れない密接な結び付きがあり、どちらも互いに無関係ではないからです。

個別生命の範囲は、肉体という境界の中に制限されるものではありません。また、その人の家族や家庭という狭い枠の中にとどまるものでもありません。個別生命はそのような有限の枠をはるかに越えて、宇宙生命の無限の広がりへと伸びているのです。

# 第三章　正常な生命

生命には相対と絶対という二つの面があることをすでに見てきました（「生命とは何か」八九ページ参照）。したがって、正常な生命とは、この二つの価値の両方を自然に生きて、楽しんでいる状態をさします。また、相対生命には二つの面があるということも理解しました。一つは個人の内側にある主観的生命であり、これには自我、理知、心、五感が含まれており、プラーナ、絶対「存在」が基になっています。もう一つは外側にある客観的生命であり、これは肉体と環境からなっています。

体と心は正常に機能すべきであり、「存在」は相対実存のあらゆる領域に浸透していなければなりません。また、環境は調和に満ち、有益であるべきです。自然な進化の過程のために、心と体と「存在」のあらゆる力を自然に使っている状態であれば、その人の生命は正常であると言えます。

体と心と環境に属する相対生命のあらゆる価値が、神聖な価値、すなわち絶対「存在」の至福に満ちた本質によって補われている状態が宇宙意識であり、そのとき、この地上での生命は永遠の自由に満たされます。この状態が人間の正常な生命です。

正常な生命とは、物質世界のあらゆる栄光を、神意識の中の永遠の自由によって補われて生きる生命です。宇宙意識はもともと人間の正常な意識となるべきものなのです。

人間の生命の範囲は、一般に考えられているように、仕事をしたり、眠ったり、目覚めたり、遊んだり、話をしたり、あれやこれや行動するだけのものではありません。これらはどれも、人間の価値の粗大なレベルに属するものです。人間生命の本当の、実質的な価値は至福意識にあります。至福意識によって、人は、瞬間瞬間に変わりゆく日常生活の中にいながらも、永遠の自由という大きな財産を楽しむことができるように高く成長することができるのです。

宇宙意識に達していない人は、正常な生命のレベルにまだ達していません。むしろ動物のレベルのほうに近いのです。

人間と動物の違いはどこにあるのでしょうか？　生命を維持する過程については、人間も動物も同じようなものです。どちらも食べたり、飲んだり、眠ったり、動いたりしています。人間は五感の対象を楽しみますが、動物もその点は変わりません。動物が死を恐れるのも人間と同じです。それでは、人間が動物よりも優れている点は何でしょうか？

人間のほうが優れているのは、理解力が動物よりも大きいこと、より広い生命の範囲を知覚できること、独立して行動できることなどです。人間には行動の自由がありますが、動物にはそれぞれの種に特定の行動パターンがあって、自然法則の支配を受けています。動物の心は、自然法則によって課せられた行動の筋道から逸脱できるほどには発達していません。

人間は神経系が発達しているので、進化の法則に従った行動を維持することもできるし、進化の法則に反した行動をとることもできます。人間は動物と違って、この選択ができるのです。

人間は善悪の区別ができるほどに、十分に発達した頭脳をもっています。そのため、人間には正しい行動をする大きな責任があるのです。人間は至福意識という抽象的な領域を直接体験する能力をもっています。人間の神経系は、想念のより微細な状態を体験し、最も微細な想念を超越して、純粋意識の超越状態すなわち絶対「存在」の状態に達することができます。これは動物にはない、人間の計り知れない利点です。

人は、正常な生命、すなわちその潜在力を十分に活用した生命を生きていないと、惨めな気持ちになり、緊張し、いろいろと苦しみます。しかし、無限の永遠「存在」の力の中に生き、それによって生命のあらゆる面に栄光をもたらす能力が、人間の正常な能力の範囲内に含まれているのです。

# 第四章　生命の目的

幸福の拡大が生命の目的であり、進化はこれを成就する過程です。生命は自然な過程を通じて始まり（「心と存在」五七ページ参照）、進化し、幸福が拡大していきます。幸福の拡大とともに、知性、力、創造性、その他、生命において重要とされるあらゆるものが成長します。

創造の目的は幸福の拡大であり、この目的は宇宙的な進化の過程を通して成就します。個別生命の意義と目的は、宇宙生命の意義と目的と同じです。違うところは規模の大小だけです。

個人の生命は宇宙の生命の基本単位です。個別生命の目的に適っていることは、自動的に、また同時に、宇宙生命の目的にも同じ程度に適っていることになります。

ある人が自分の生命の目的を成就したとすると、その人は宇宙の目的を助けるために最善を尽くしたことになります。なぜなら、宇宙の進化は基本的にいって、個別生命の進化によって適えられるからです。もしある人が幸福ではないとしたら、その人は生命のエッセンスを見失っています。もしその人の知性、力、創造性、平和、幸福が絶えず成長していないとしたら、その人は道に迷っています。生命は、鈍さや怠惰や苦しみの中で生きるようにはできていません。こういう生き方は生命の本質には属していないのです。

生命は躍動であって静止ではありません。生命はエネルギーに満ちており、活動を通して進歩し、進化し、発展し、自《みずか》らを拡大していきます。

活動は進化の流れを維持するものであり、この活動の媒介となるのが個人の神経系です。人間より低次の生物種では、神経系が十分に発達していないために、進化のための活動ははるかに小さい規模でしか行われていません。神経系が進化するにつれて、進化の速度も増大します。

人間の神経系は完全であって、最も高度に進化しています。したがって、一生涯における人間の進化の可能性には限界がありません。

生まれたばかりの子供は、表現の手段が限られており、その力も未発達です。しかし、成長して活動の領域に従事するようになると、その能力、強さ、知性、創造性などは限りなく発達します。自ら体験し放射する幸福の大きさにも限界がありません。

人間は神経系がこのように発達しているため、正しい活動（「カルマと存在」六三ページ、および「存在に到達する方法」六八ページ参照）を通して無限の潜在力を活用できるようになる、という事実を説き明かすことがこの本の目的なのです。

限られた枠の中に心が縛られている人、世間のことばかりに忙しい人は、生命の目的を知ることができません。このような人の心はつまらないことでいっぱいで、その創造的な活動も限られています。普通の人の現在意識はきわめて狭い範囲に限られていますので、人生を楽しむことさえできません。人は人生の多くの面で苦しむのですが、その原因は、ただその人が自分自身の潜在力を十分に活用していないからなのです。

自分の全潜在力（「人間の全潜在力」一一三ページ参照）を活用しなければ、人は生命の目的を成就することができません。いろいろなことで悩むのは、自分の心の意識の力、すなわち内側に所有している大きなエネルギーを十分に活用していないからです。生まれつきもっている豊かな絶対的至福、内側にある創造性や力の絶対領域を体験して、それを自分の人生の中に現すということをしていないからです。このような人は、ちょうど、自分に財産と地位があることを忘れてしまって、通りで物ごいをして歩いている億万長者のようなものです。

すべての苦しみは、自分自身の内側にある神聖な栄光を外に表現する方法を知らないために生じるものです。

人は神性を外に表現できる能力をもっているのですから、生命の惨めさの原因は、自分の内側にある「存在」を体験する技術を知らないということにあるのです。聖なる意識がないと、人はエネルギーや知性や明晰《めいせき》な思考に欠け、疲労、緊張、不安といった状態になります。

人間の実存と知性が、今日では、まことに嘆かわしいレベルに落ちてしまったために、心理学という心を研究する偉大な科学の領域においてさえも、創造的知性を発揮するためには緊張が必要である、などと説かれ始めました。人生を改善するためには緊張が必要であると信じ込んでいるとは、なんと悲劇的なことでしょうか！

詩人や画家は緊張のもとにあったとき、最もインスピレーションに満ちた作品を作った、と主張する人がいます。しかし、このようなことを言うのは無知のためであり、時間や状況の切迫と、緊張との区別がつかないからです。時間や状況に迫られるといい仕事ができるということがあります。しかし、そのような創作ができるのは、切迫した中でも、緊張しない自由なくつろいだ心の持ち主に限られます。

現代のような科学の時代にあっては、物質的な快適さは確かに増大しつつありますが、個人の生活は次第に緊張の度を増しているようです。その理由は単に、自分の内側にある大きなエネルギーと知性に接触して能力や効率を改善するという方法を、人々が知らないからです。ただ、内側の生命の領域に意識的に接触して、その恩恵を受けさえすればよいのです。

今日の人々は生命の目的を見失っています。人は、自分自身とほかの人々にとって有益な人生を楽しみ、創造し、生きるために生まれてきた、ということを理解できなくなっています。現代人はただやみくもに目前の活動に飛び込んで、力の限り一生懸命に働いています。それはそれとして立派なことですが、活動が増してくると、その結果として生じる忙しさと責任に十分に対処できないということに気がつくことがよくあります。仕事の量に比例して効率も増加しなければ、緊張や疲労が蓄積するばかりです。

以前よりも大きな仕事をするようになったら、仕事の増加した分をこなすために、自分自身の中から、もっと多くの、エネルギーや知性を生み出すことができるようにならなくてはなりません。その方法を知らないと、生命の目的全体を、見失ってしまうことになります。

自由な生命は全人類のためのものです。人がもし、自由の中に生きることができないのであれば、生命の目的は達成されません。人間は、相対実存の多様性の世界の限りない価値とともに、超越的な「絶対」のさまざまな価値、すなわち無限のエネルギー、知性、力、平和、至福などを含んだ、完全な生命を生きるように生まれたのです。

神聖な知性と、被造界全体とを結ぶ懸け橋になるように、人間の生命は創られているのです。生命は、神聖な力と知性、幸福と豊かさを養い、これを被造界全体に分かち与えるためにあります。これこそが、生命の崇高な目的であるのです。

人間が、このようなレベルに到達する能力を与えられているということは、幸せなことです。人は「絶対」の領域に、直接、接触することによって現在意識を拡大し、このレベルに到達することができるのです。

どんな人にも、神聖な輝きを被造界全体に広げる能力が与えられています。「絶対」のあらゆる価値を相対実存の世界に投影して、生きとし生けるものの喜びを増し、「神」が創りたもうた被造界すべてに栄光をもたらす能力が与えられています。どのような人にも、完全な価値をもった生命を生きる能力があります。もし、この能力を十分に活用しないとしたら、その人は、自分自身にとって恥ずべきことをしているのです。また、自分の内側にも周囲にも実存する、全能の「神」の栄光を汚していることになるでしょう。

地上のすべての人が、「絶対」の聖なる意識に到達し、自《みずか》らの全活動を通して、この意識を多様性の領域にもたらし、自分自身のためにそれを楽しむと同時に、ほかのすべての人たちの喜びのためにそれを放射するようになることを祈ってやみません。

# 第三部　生きる技術

## 生きる技術

「技術（art）」という言葉は、何かを成し遂げるための優雅で巧みな方法のことです。生命のあらゆる局面を生きる技術は、潜在能力と正しいテクニックを活用して、自分自身をその局面の熟達者とすることです。

生きる技術によって、人は、生命の完全な価値を生きることができます。すなわち、この世界で最大の業績を上げながら、同時に、神意識の中で永遠の自由の生命を生きる、ということです。

生け花の技術によって、一本一本の花の美しさが、他の花の美しさによって引き立てられます。それと同様に、生きる技術によって、生命の一つ一つの面が、他のすべての面の栄光によって、いっそう豊かになるのです。

生きる技術を用いれば、生命の超越面が、実存の主観面と客観面を強化し、輝かすことができます。永遠の「存在」の絶対的な力、知性、至福、創造性を、主観と客観の全領域が享受するのです。生きる技術とは、満ち満ちた生命の壮大さによって人生のあらゆる面が豊かになるように、生命の川の流れをつくる技術です。

「絶対」の力が主観性のあらゆる面を補うとき、自我は円満に、理知は深く鋭く、心は集中し強力になります。想念の力は大きくなり、五感は完全に目覚めます。自我、理知、心、五感が絶対「存在」によって完全に支えられるとき、これらの働きが効果的になるのです。そのとき、体験はますます深くなり、活動も力強さを増してきます。

このようにして、個人生命のあらゆる局面が、社会にとって、さらに宇宙全体にとって、いっそう有益なものとなります（「個別生命と宇宙生命」九三ページ参照）。

私たちは前に、根と木全体の基盤は樹液であると理解しました。この例えでは、根は木の超越領域と木の外側との中間に位置していることがわかりました。これと同じように、生命の主観面、すなわち人間の内面（自我、心、五感）は、超越「存在」（私たちの生命の基盤）と外部の客観実存の粗大な領域との中間に位置しています。

生きる技術が要求するのは、よい、効率的な生き方です。生きる技術に必要なことは、生命の主観面に「存在」を十分に注入し、その影響を客観面のあらゆる領域に及ぼすことです。生きる技術に必要なことは、心が「存在」の力に接して、その影響を体と環境に伝えることです。木が大きく成長するためには、根が効率よく機能して、養分が周囲から正しく吸収され、それが木の外側のあらゆる部分に送られなくてはなりません。これこそが生きる技術の鍵なのです。

人間の内面の働きは、生命の超越的で絶対的な状態の価値を吸収して、これを外側の粗大で相対的状態に伝達し、すべての相対面を絶対「存在」の力で豊かにするものでなくてはなりません。この技術（「超越瞑想」七一ページ参照）によって、そのように心が働きます。つまり、一つ一つの想念に宇宙知性の力が浸透し、一つ一つの行為に無限の宇宙生命の力が満ち、個人の創造エネルギーは宇宙「存在」の無限のエネルギーによって増強されるのです。

要するに、生きる技術に必要なことは、心が絶えず生命の絶対状態と親しく接しているようにすることです。心が何を考えていようとも、心がどのような行為に従事していようとも、永遠の絶対「存在」の直接的な影響から決して切り離されないようにすることです。

したがって、生きる技術とは、心がその内側に絶対「存在」の永遠の状態を養うことにあります。心の本質の中に「絶対」を絶えず連続して注ぎ込む状態が、日常生活で生きられるようになるべきです。

実業家が富を事業に投資しないとしたら、最大の利益は得られません。個人の心が絶対「存在」の至福を反映させ、この至福に浸りつつ、外側の相対生活のさまざまな体験をするというのでなければ、何を体験しても、永続的な満足は得られないのです。なぜなら心は常により大きな幸福を求めているからです。しかし、心が至福に満たされている場合には、心は満足の中に安定した状態を保ちながら、複雑な被造界の多様性の中からも喜びを引き出します。心は、そのとき初めて多様性の喜びを本当に味わうのです。

心がその内側にある統一の至福にしっかりと根ざしていなければ、心はサッカーボールのようにあちらこちらに蹴飛ばされて、落ち着くことができません。

心が絶対「存在」の至福の中に確固とした地位を占めたとき初めて、この世界の多様性を十分に楽しむことができます。そうでなければ、被造界の多様性の本当の目的、楽しく輝かしいその目的も台無しになってしまいます。もし、体験がただ一面的なものであるならば、つまり、心が生命の相対的で粗大な領域の多様性しか体験しないとすれば、相対生命のさまざまな価値が「存在」の絶対状態によって補われないことは明らかです。

このように生き方が一面に偏《かたよ》るのは、生きる技術に関して無知であるという、ただ一つの原因によるものです。この技術を身につけさえすれば、人は自分の心の全潜在力を開発して、生命のあらゆる面の栄光を自然にもたらすことができるのです。

この事実をさらに明らかにするために、私たちはまず人間の全潜在力を分析し、次に、どのようにしたら「存在」の力を生命のさまざまなレベルに注入して、生きる技術のあらゆる面を役立てることができるかを、調べてみることにしましょう。

# 第一章　人間の全潜在力

人間の神経系は被造界の中で最も高度に発達している、ということを前に述べました。人間はこのように、最も高度に発達した神経系を授かっているのですから、生命の最高の状態を生きるべきです。少なくとも苦しみのない人生を、また最上の願いとしては、神意識の中の絶対至福の生命を生きるべきです。神意識とは、実存の究極、普遍、全知、全能の真実、すなわち絶対「存在」を自覚していることです。神意識に到達した人は、絶対「存在」の至高の現れすべてに常に調和しています。

人間の全潜在力というとき、人は、体と心と精神のあらゆるレベルの能力を、最大限に活用して生きるべきだ、ということを言いたいのです。

身体面における人間の全潜在力とは、体の各部分と五感と神経系のすべてが、相互に調和して、正常に機能する健康体となる可能性を意味しています。心理面における人間の全潜在力とは、心の能力を完全に活用できる人間の能力のことです。また、精神面における人間の全潜在力とは、日常生活のあらゆる場で精神的な「存在」の価値を生きることができる人間の能力を意味します。

生命のこの三つの面における人間の全潜在力には、身体面と心理面の間に、また心理面と精神面の間に、完全な調和があるということも含まれています。

全潜在力とは、「聖なるもの」と人間生命の物質レベルとを完全に調和させること、心の全能力を機能させること、完全な健康を得ること、神聖な生命の価値すなわち神意識を人間の日常生活に注入すること、などを意味しています。

たいていの場合、人間は自分の心を完全には活用していません。現在意識は、人が所有する心全体からみると、非常に小さな部分にしかすぎないのです。通常の現在意識の心のレベルだけで機能しているのであれば、心の全潜在力を活用しているとは言えません。最大限にまで心を活用している場合にのみ、人間の心はその正常な機能を果たしていると言えるのです。

さらに、人が自分の全潜在力を活用している場合には、一つ一つの想念、言葉、行動が生命の物質面における最大の達成に結び付くようになるだけでなく、その人が常に全能の神と調和した状態を保ち、神の影響力を生命のあらゆるレベルに及ぼす手段として、その想念、言葉、行動が役立つようになります。

どのような人の心であっても、その意識の中に超越的、絶対的で神聖な「存在」を含む能力をもっています。被造界の全範囲と「存在」の領域は、人間の意識の範囲の中にあります。どのような人でも、自分の意識の中に全宇宙生命を包み込むことができるのです。したがって、人間の全潜在力は、普遍の「存在」の無限の可能性と同一のレベルにあるのです。

正常な生命を生きるということは、聖なる意識すなわち神意識の生命を生きるということです。正常な人間の心は、人間的なレベルで機能しながら、同時に普遍的な宇宙の心の地位をもっているべきです。

宇宙意識という言葉を聞くとき、それが普通の人の手には届かない、遠くかけ離れたものだと思ってはいけません。それは、正常な人間の意識となるべきものです。宇宙意識よりも低い状態は、正常以下の人間の意識としか考えられません。

人間の全潜在力があらゆる人にもたらすものは、この祝福された神聖な生命の素晴らしい状態です。それが自然に努力なく簡単にもたらされ、日常生活のあらゆる面において維持されます。

超越瞑想の実践によって、人間の内側の「聖なるもの」の全潜在力が開かれ、人間の意識は神意識のレベルにまで高められるのです。

この簡単な瞑想実践の効果は、生命に無限の創造エネルギーを行き渡らせ、聖なる「存在」の抽象的で絶対の価値を、日常生活の具体的で物質的な価値に調和させて、生命を永遠の自由の状態に導くことです。

## 自己の全潜在力をどのように活用するか

すでに理解したように（「個別生命と宇宙生命」九三ページ参照）、個別生命の境界は、肉体の範囲や自分の家族や家庭の範囲に限定されるものではありません。個別生命の境界は、こういった狭い範囲をはるかに超えて、宇宙生命の無限の広がりにまで伸びているのです。

また、人間の全潜在力を活用するならば、生命の最高の状態を生きることができると説きました（「人間の全潜在力」一一三ページ参照）。

自己の全潜在力を活用する技術に必要なことは、生命全体がしっかりした基盤をもっていることです。それがないと、生命は弱い地盤の上の建物のように不安定になります。安定を得るためには、強固な基盤がなくてはなりません。

安定性は、決して変化することのない生命の絶対状態、すなわち生命の真理である永遠「存在」に属する特質です。生命は、その絶対状態においてのみ安定しています。

生命の相対領域は絶えず変化しています。生命のこの変化面だけにとらわれていると、いつまでたっても安定性は得られません。したがって、自己の全潜在力を活用するための第一歩は、相対生命の変化面に安定性を注入することです。不変の絶対「存在」の力によって心が支えられるとき、相対実存のあらゆる変化面は、安定した力によって強められます。これによって、自己の全潜在力を活用する基盤ができます。

生命が絶対「存在」の安定性という基盤を得ることがなければ、絶え間ない変化という特性は別にしても、生命はいつまでも弱々しい状態にとどまってしまいます。

例えば、波の力を強くする技術は、その波がより深い水位とつながりをもてるようにすることにあります。海の表面の小さな波はあまり力が強くないかもしれませんが、これが深いところにある水と結び付けられれば、その波は力を増します。もしも、この波をさらに高く強力にしようと思うなら、波の上昇する垂直運動を、底部でもっと多くの水を引き寄せる水平運動によって補足しなければなりません。このようにして初めて、波は一つにまとまって、高くうねることができるのです。もし、波が上昇したときにもっと多くの水を引き寄せることができないと、その波頭は弱くなり、微《かす》かな風が吹いただけでも崩れてしまいます。

個人生命の波も、永遠の絶対「存在」という大海の表面価値だけに、限定されるべきではありません。

自己の全潜在力を活用する技術に必要なことは、相対生命の表面価値を、絶対「存在」の海の底にある力によって補うことです。そうすれば、個別生命の波も可能な限りの深さを得ることができ、相対的な体験と実存の波は、絶対的な体験と実存の範囲にまで導かれます。

このように人間の全潜在力を開発するとき、生命のあらゆる面が互いに強め合い、生命は強くたくましくなり、自分自身にとっても他の人たちにとっても、あらゆるレベルで有益で価値あるものになります。

海面上のどんな波も、海底における望む限りの水を引き寄せて、無限の力を得る機会をもっています。同じように、どの人も、無限の永遠「存在」の力を自分のために獲得して、人間として最大限にまで強くなる機会があるのです。

一つの波が大海の無限の力を享受する可能性をもっているというのに、もしその波がそよ風で崩れるようなものであったとしたら、それはじつに無駄なことではないでしょうか。一人ひとりの人間に無限の力と知性、無限の平和と幸福を手に入れる機会が与えられているというとき、いつまでも有限で無力のままでいるとしたら、それは生命の浪費ではないでしょうか。

自己の全潜在力を活用する技術は、矢を射る技術と同じです。まず、矢を弓につがえて後ろに引きます。引き切ったときに、前方へ飛ぶための最大のエネルギーが得られます。矢を十分に引き絞らずに矢を放っても、的を射ることはできません。

自己の全潜在力を活用する技術は、心を絶対「存在」の領域に引き絞っておいてから、生命の相対領域に出ていって粗大な生活面に対処することにあります。

幸いなことに、この生きる技術は、人生に最も有効な効果を生じるように開発されています。その素晴らしさは、心を簡単で効果的な方法によって「存在」の領域に導く一つの技術に集約されます。

生命の安定要素である絶対「存在」は、絶えず変化する現象界と現象の体験の領域を超えたところにあります。

相対実存の常に変化する面は、永遠に変化し続けてやみません。これを変化しない面に変えることは不可能です。これは相対生命です。ところが、内側の主体、人間の内面は、同時に永遠の絶対「存在」の中にその地位を得ることができるのです。

このようなやり方で、永遠不変の「絶対」が生命の絶えず変化する現象面を補うことができ、この二つが一つになって生命を完全なものとするのです。

人間には右と左の両側があります。そして、この両方を十分に活かして使うことが必要です。もしも、左側だけを使えば、右側は使われないままに弱くなり、左側は使いすぎで過度の緊張が生じます。右側もまた、いつまでも無活動の状態にあると、緊張を感じるかもしれません。したがって、生命を完全に生きるためには、右側と左側がいっしょに調和して働くことが必要です。

「絶対」と「相対」は実存の二つの面です。これらをいっしょに合わせることがないならば、絶対は超越の状態にとどまり、活動の場から離れた見えないところにあって、何も実際的な価値がないように思われます。また、相対生命の領域も、やむことのない活動のために過度に緊張し、絶えず変化する不安定な状態の中で弱々しいままとなります。

超越的な不変の「絶対」を、相対実存の変化の領域に結び付け、生命のあらゆる価値を完全な調和の中に生きることを可能にするのが、生きる技術です。この二つを心によって結び付けるのは、ちょうど、肥沃な土壌と木を、根によって結び付けるのと同じです。根（心）は土壌（絶対「存在」）から養分を吸収して、それを木（相対生命）に供給するのです。

心が想念のより微細な状態を次々と体験していき、超越「存在」に到達すると、心の全潜在力（「超越瞑想」七一ページ参照）が開花して、自動的に日常生活に活用できるようになります。この過程によって、人は五感と体と環境の領域において自己の全潜在力を活用し始め、完全な生命を生きるようになります。

## 環境を最大限に活用する方法

環境を最大限に活用する技術を理解するためにまず必要なことは、環境がどのように構成されているかを理解することです。環境はいつも同じではありません。ある人が家庭にいるときの環境は、その人が職場にいるときの環境とは異なっています。

環境には二つの種類があります。すなわち、意識的につくられた環境と、意識的にではなく個人が知らない間につくられた環境です。例えば、ある人が新しい家を建てる場合には、意識的、意図的に行います。その人が友人を新居に招いたとします。その友人が、この招待には何か思惑があるな、と思ったとすれば、その友人は敵になるかもしれません。この友人を敵にしようという意図はなかったとしても、その敵意は、招いた人がつくったものであり、その人の責任です。

この問題をさらに深く検討すると、自分の意図に関係なく環境がつくられるのは、カルマの法則によるものだとわかります。私たちの現在の意図と努力は、過去の影響から生じています。しかし、現在の環境は過去の結果ばかりとは限らない、ということも覚えておくべきです。なぜかというと、私たちの過去の行動の結果は、現在の意図によって補足されるからです。したがって、私たちの環境は、過去の結果だけではなく、過去と現在が組み合わされた結果なのです。

他人との関係がよくないという人の場合を例にとりましょう。その人はだれも傷つけた覚えがないのに、交際した多くの人から悪口を言われたり、行動を誤解されたりします。そのようなことは、過去の行動の結果として理解しなければなりません。その人が自分でつくりだしたものが、今、自分の身に戻ってきているのです。人は、いかなる状況がやってきても、それは自分がつくったものだと認めて、そのまま受け入れなくてはなりません。

なにか楽しいことがある場合、それは自分の過去の行動の結果です。なにか苦しいことがある場合、それもやはり、自分の行動に原因があります。ですから、私たちが楽しいことや苦しいことを体験するとき、どちらにしても、環境そのものに責任を負わせることはできません。

家を建てるとき、もし庭もいっしょに造ればそれを楽しむことができます。しかし、庭を造らなくても、居間の温かさを楽しんでいれば、庭がないということは苦しみにはなりません。環境を上手に利用するというのは、このようなことを言うのです。

私たちは自分で環境をつくるのですから、当然、自分の望むものが獲得できるように、その環境が自分の助けになることを期待します。環境から援助を得る技術は、「与える」という私たちの姿勢にあります。もし、いつも最大の援助を受けたいと思うなら、与える態度をもっていなくてはなりません。受けたいと思うなら与えよ、というのが自然の法則です。

木の生命において、根は周りの土壌から養分を受け取って、木の地上部分全体に樹液として送り届ける義務をもっています。この義務を果たす用意ができている場合にだけ、根は養分を吸収することができます。

工場の営業部長が販売を続けていれば、生産部長は製造を続行します。製品が売れなければ、製造もストップします。生産は消費に依存しているのです。

人は与えようとする姿勢に比例して受け取る、というのが自然の仕組みです。親はその愛情と富と力と心のすべてを子供に与え、そのお返しに子どもから信頼される喜びや、愛や幸福を受け取ります。

あなたがある人に対して心を開けば、その人もあなたに心を開きます。だれかの愛を得たいと思ったら、その人に愛を与えることです。だれかから親切で同情的な態度を得たいと思ったら、その人に親切にして同情することです。だれかに慰められたかったら、自分から慰めることが必要です。他人から称賛されたかったら、人々に対する称賛の気持ちを表すようにするべきです。真心で人に与えるなら、何倍もの報いを得ることでしょう。

教師は教えることによって自分も学びます。生徒は先生に従うことによって、先生から信頼を受けるようになります。もし、あなたの息子があなたに素直であるなら、その自然な結果として、息子はあなたの心を虜《とりこ》にするでしょう。小さい子にやさしくしてやれば、その子はあなたの言うことを聞くようになります。逆に、厳しくすれば、その子はあなたに反抗するでしょう。これは作用と反作用の関係です。

作用と反作用が等しいということは、科学的に立証された真理です。あなたがだれかにある仕方で働きかければ、その人も同じような仕方であなたに反応します。

もし、その人が直接あなたに反応しない場合には、自然が間接的にあなたに反応を届けます。あなたがだれかを傷つけた場合、その人自身が黙っていたとしても、自然が何か他の手段を通して、あなたに返報をもってきます。蒔いた通りに刈りとらねばならぬ、これが自然の法則なのです。

環境からどのような反応を得たいと願っているにせよ、あなたの環境に対する態度は、あなたの願いと一致していなければなりません。これが環境を最大に活用する方法の基本原則です。

自然法則を欺《あざむ》くことはできません。反作用は必ずやってきます。もし、だれかがあなたを妬《ねた》んでいるとしたら、自分自身の心によく尋ねてみるべきです。すると、自分も以前に、その人かあるいは別の人に対して妬みを抱いたことがあるのを思い出すはずです。その人にも他の人たちにも親切にしてあげるのがよいでしょう。そうすれば、あなたの周りの人たちは、皆あなたに親切にしてくれるでしょう。人を愛せば、愛されるようになります。疑いをもてば疑いをかけられ、憎めば憎まれます。周りの人があなたを憎み始めたからといって、周りの人たちを責めてはいけません。自らの良心を見つめるべきです。

良心にやましいところがないように、心をいつも清浄にしておくことが必要です。思いやりをもって、真心のこもった態度で人に接しなさい。外側のよい行動も確かに人生において大きな価値をもっていますが、きれいな良心はさらに大きな価値をもっています。もし、あなたの良心に曇りがなく、同胞に対し愛と親切と徳をもって接するならば、すべての人から自然に気持ちよく迎えられ、環境からも大きな喜びを与えられるようになるでしょう。

このような美徳を身につけ、良心にもやましいことがないのに、それでも、周囲とうまくいかないという場合には、そのままその状況を受け入れることです。過去の何らかの行動の結果がそのように現れているからです。

報復すると、自分を悪のレベルに低めることになります。それよりも、人の悪をあなたの徳の海の中のひとしずくに変えたほうがよいのです。悪に抗するなかれ、というのはよく知られた格言です。悪に対抗すると、その悪のレベルにまで身をかがめなくてはなりません。そればかりか、報復行為によって新たに生じた悪影響の責任を、また背負わねばならなくなります。

周りに不純なものがあったとしても、それをそのまま、あなたの心の純粋性の海に、あなたの内側の純粋な良心の限りない喜びの中に、受け入れてやりなさい。あなたが許しを与えれば、自然のすべてがあなたの輝きをたたえ、喜びを返してくれます。寛大さ、寛容さ、心の純粋性、誠実、愛、親切は、環境を楽しみ、十分に活用するための基本です。これが基本的な「与える」原則です。

環境には、生物と無生物の二通りがあります。宇宙には生きていないものは何もない、と言うこともできるかもしれません。物理学が教えるところによると、無活動のものは一つもなく、万物は振動と活動です。それなのに、相対実存の領域においては、人間と家は違い、犬と庭とは違うものとして区別されます。家や庭は動かない無生物、犬や人間は生物と考えるのが普通です。私たちの目的は、生物と無生物の両方からなるすべての環境を最高度に活用することです。このための基本原則も前と同じで、「与えること」です。

したがって、どのような人生を送っていようとも、また、生物、無生物の別を問わずどのような環境にあっても、愛に満ちた親切な思いやりのある心をもつことが必要です。私たちの外側への行動や態度は、この原則の上に築かれなくてはなりません。

自分にとって最も有益な環境が欲しいと思うならば、まずあなた自身が環境にとって最も役に立つ存在になるべきです。あなたの家があなたに喜びと安らぎを与えるものであってほしいなら、その家の中で喜びに満ちた生活をし、美しいものを家にもってくればいいのです。

自分の家の庭の草木に愛を注げば、草木も美しい花であなたの愛にこたえ、あなたを喜ばせてくれるでしょう。あなたが自分の心を耕して、親切、思いやり、愛、寛大さなどの自然な状態を養うならば、環境から千倍ものよい報いがあるでしょう。あなたの内部でこのような質を最高度に発達させてください。生命が完全な価値をもつようになるこのようなレベルまで、向上することができれば、環境を完全に活用して、最大の恵みを受けるようになるのです。

また、環境には別の分け方で二通りあります。すなわち、あらゆるレベルにおいて、身近な環境と遠く離れた環境とが存在しています。私たちに近い環境は、環境に対する態度、話し方、行動の仕方によって影響を受けています。花を水の入った瓶に入れておけば、蕾《つぼみ》が開き、いつまでも生き生きとしています。反対に、花を地面に放っておけば、その無頓着《むとんちゃく》な行為をそのまま反映して、花はしおれてしまいます。このように身近な環境は、私たちの振る舞いによって、直接の影響を受けています。

ところが、遠く離れた環境も、やはり、私たちの感情や想念に反応しています。例えば、いま私たちがインドに住んでいて、アメリカに一人の友人がいるとします。その友人の心の状態は、私たちの心の状態とともに変化しているのです。

想念の波は言葉や行動の波よりもはるかに強力です。一つ一つの想念や言葉や行動によって、環境に何らかの波を生み出しますが、想念の波は特に浸透力が強いのです。心が喜びに満たされ、全世界に対する親切と愛を抱いていれば、私たちは至るところから愛を受けることでしょう。

前に詳しく検討したことですが（「カルマと存在」六三ページ参照）、想念と行動は全宇宙のすべてに影響を及ぼします。また、宇宙が想念や行動の一つ一つにどのように反応するかということも見てきました。私たちは自分の心の質に応じた質を環境につくり出すのです。遠近を問わず、あらゆる種類の環境を、自分にとって最も役に立つように活用する技術は、すべての環境に対して、愛と寛大さと思いやりの想念を抱くようにすることです。

受けるためにはまず与えるという、この原則によって導かれるならば、受けるものは、与えたものに等しいか、あるいはそれ以上になります。なぜなら、与えたものは、環境の多くの部分から私たちのところへ返ってくるからです。

自分自身の人間としての潜在力を開発し、これを十分に活用するためには、規則正しく超越瞑想を実践しさえすればよい、ということも前に説明しました。至福意識を直接体験することから、満ち足りた人生が得られます。このような人生には、あらゆる種類の環境が最も好意的な仕方で反応するものです。

自分の環境を本当に完全に活用するには、正常な人間、すなわち完全に発達した人格をもった成熟した人間、宇宙意識をもった人間であることが必要です。このような状態になって初めて、環境から完全な利益を受けることができます。なぜなら、この状態にある人の心は、「存在」のレベルにしっかり確立されており、そのレベルから自然の諸法則があらゆるものの進化を支持しているからです。宇宙意識のレベルから、人は初めて本当に与えることができます。この最高の「与える」レベルに生きるとき、人は同じように最高に受けることができる立場に立つのです。

宇宙意識とは、人間が「聖なるもの」に奉仕して生きる状態です。その人の想念、言葉、行動はおのずから聖なる意志に導かれます（「存在──宇宙法の次元」五一ページ参照）。その人は個人でありながら、同時に神の「生ける道具」なのです。

このような人は、何をしても宇宙生命に役立ちます。本質において、「聖なるもの」の最も従順な召し使いなのです。

宇宙意識に達すると、環境から最大のものを引き出すために何かをする必要がなくなります。環境はおのずから、その人のために最大の用をなし、他の人々にとっても最大の価値をもつように変わってきます。宇宙意識に達した人の環境に含まれているすべてのものは、お互いから最大の利益を引き出し合うような関係になるのです。

超越瞑想の実践によって、人は自動的にその環境を完全に活用するようになります。そんなことが本当に可能なのだろうかと思うかもしれませんが、これは生命の真の原理なのです。他のいかなる方法によっても、環境を、自分にとって最大の利益を与えるものに変えることはできません。力ずくで環境を変化させ、自分に有利なものに変えようと試みた人たちは、歴史に記録されているように、その企《くわだ》てのごく一部しか成功しませんでした。史上最大の帝王や独裁者でさえも、環境を最高に利用することはできなかったのです。このような人たちが環境のすべてを自分の願望どおりにつくり変えることができなかったのは、自然の諸法則の恵みを受けられるほどに、生命のあらゆるレベルで自分自身を発達させていなかったからです（「存在──宇宙法の次元」五一ページ参照）。

自然と調和し、意識のレベルを高めて、絶対超越の純粋意識の永遠の状態に存在する調和と平和の領域に入ることが必要です。力ずくで、または道徳的な強制や暗示では、環境を変えることも、それを自分のためにに十分に活用することも不可能です。

現代の心理学は、暗示力や心理学的な訓練によって、人間関係を改善する方法をとり、人間を環境に調和させようと試みていますが、このような試みは、生命の根本に関係のないことですから、失敗に帰するのは必然です。それはあたかも、砂浜に城を建てるような試みです。心理学的な暗示によって、人生を形づくろうとしたり、改善しようとすることは、現在意識の中にある材料だけを使う方法ですから、底の浅い限られた方法にとどまり、人生の真の目的に役立つことはありません。

花がしぼみかけた場合、熟練した園芸家は根に水をやります。花びらに直接水をかけることはしません。人間関係に緊張が生じた場合、暗示のレベルでその人たちを仲良くさせようとしても、効果は薄いのです。人間関係の悪化を救う効果的な唯一の方法は、心の質を改善することです。

心の意識能力をどのように早く改善できるか、ということも前に述べました。ある人が何か悲劇的な出来事によって意気消沈したような場合、他の人々が慰めようとしてどんなことを言っても、どんな善意を注いでも、なかなか容易には立ち直れないものです。しかし、この人が超越瞑想を始めれば、その乱れた心もすぐに落ち着き、疑いも内部から消え始め、緊張も解けて、再び憐《あわ》れみの心が輝きます。瞑想によって意識が広がるために、もっと大きな見地から自分の状況を見ることができるようになり、それとともにすべてを許す気持ちが生まれ、わずか数分前までは困難だった状況もそのまま受け入れられるようになります。悲劇そのものには変化はなく、状況も今まで通りです。

一時は、環境から利益を引き出せず、ただ惨めな気持ちに打ちひしがれていたのに、今では、自分の意識のレベルを上げたおかげで、たちまち周囲の物事が楽しくなり、自分自身にも他の人たちにとっても、最大の利益を環境から引き出せるようになったのです。

環境を十分に活用するためには、まず意識レベルを上げることが必要です。これは超越瞑想の規則的な実践によって成し遂げることができます。そうすれば、環境のすべてが自然に有益なものとなり、遠近の差、生物、無生物の別を問わず、被造界のすべてが最大限に活用できるようになります。

## 自然の全能の力を完全に活用する方法

人間の全潜在力がどのようなものであるかを前に考えたときに、個人の生命は時間と空間と因果関係によって限定されているように見えるが、その境界は永遠の生命の無限の広がりにまで伸びている、ということを明らかにしました。また、人間は神聖な知性の一部分であり、その個別の生命は永遠の生命の海の表面に浮かぶ一つの波であるということ、さらに、人間は宇宙生命の限りない領域に到達し、「存在」の絶対の力から最大の恵みを引き出す能力をもっている、ということも述べました。

絶対「存在」を体験して、日々の生活の中で「存在」を生きることは、個人の能力の範囲内に含まれているだけでなく、その実践は簡単で容易である、ということも明らかにしました（「存在に到達する方法」六八ページ参照）。また、だれでもすべての自然法則を制御し、自分の願望と必要と便宜に合わせて自然の全能の力を活用することが容易にできるようになる、ということも述べました（「存在――宇宙法の次元」

五一ページ参照)。

超越「存在」の価値が心の本質に注入され、目覚めているときも、夢を見ているときも、また深い睡眠中にも「存在」が維持されるようになると、人はあらゆる自然法則の源である「存在」のレベルを獲得したことになります。そのとき、その人は自然の全能の力を自然に利用できるようになるのです。

宇宙法のことをよく理解していない人や、「存在」の体験がない人には、このことは奇妙に聞こえるかもしれません。なぜなら、毎日の生活の緊張の虜《とりこ》になり、いつも目の前にたくさんの複雑な未解決の問題を抱えている人にとっては、自然の全能の力を利用できるなどという話はとても想像の及ばないことだからです。そういう人はたいてい、そんな話は根拠のない空想で、現実生活には何の関係もないことだ、と考えることでしょう。

しかし、人生で多くの辛酸をなめてきたにもかかわらず、今ではあらゆる悲惨と緊張を克服して、環境を自分にとって好ましい状態に変えることができた、というのが世界中の多くの人の体験なのです。

自然の全能の力を活用するためには、自分自身をその全能の力の手に委《ゆだ》ねることが必要です。億万長者の息子が、人生において父親の地位を利用するためには、父親に喜んで従うという態度を明らかにするだけで十分です。その息子が父親に対して抱いている愛と共感、父親の地位に対する敬意とが、父親の影響力や財力を息子のものにするのです。自然の全能の力も、これと同じ方法で活用することができます。

人間が自然に身を任せることができれば、自然はその人の必要にこたえてくれるでしょう。全能の自然は、全自然法則のため力と愛に満ち満ちており、宇宙万物の全存在の創造と進化のためにあるのです。

自然の親切ほど大きな親切はどこにもありません。

人が何か間違った行動をしたために、自然の罰を受け、その結果苦しんでいるように見えるときでも、それはやはり、自然の親切と援助の現れなのです。もし、子供が自分の体を泥だらけにしたら、母親がその泥をぬぐい去ってくれます。子供がきれいにされるのを嫌がっても、放っておけば泥が皮膚を傷める恐れがあるのですから、きれいにするのは子供のためなのです。しかし、子供は泥の害など知りませんから、母親が一生懸命きれいにしようとするのに反抗します。

外科医が手術をするときにも、まったくの親切心からメスをとるのですが、患者が完全に医師を信頼して身を任せるのでなければ、患者のためになることがわかっていても、手術を始めるわけにはいきません。同様に、人間が自然の意志に完全に身を任せたとき初めて、自然はその人を助けてくれるのです。人間はこのような仕方で、自然の全能の力を活用し始めるのです。

人間がすべての自然法則を知的に理解しようとしても、それは到底不可能なことです。また、ある特定の個人のために、ある場所、ある時刻に、自然がどんな意図をもっているのかを理解しようとしても、それはとてもできることではありません。ですから、自然の諸法則を知的に理解することによって、進化の自然な流れに調和しようと試みるのは、まったく不可能です。多様な生命の創造と進化の永遠の過程は、あまりにも複雑で多面的ですから、無限の宇宙を創造し、動かし、維持するのは、全能の知性だけにできることです。しかし、宇宙に関する一つの事実があります。それは、どのような人でも自然と完全に調和して生きることができるという事実です。自然の法則はすべて進化の方向に働いているのです。

人は、この永遠に進化する自然の流れに、意識的に身を委《ゆだ》ねることが可能であり、そうすることによって、宇宙的な進化の自然の流れに乗って前進できるようになるのです。個人がこの逆らい難い自然の流れに意識的に身を任せれば、自然は宇宙的な進化の流れに沿って、その人の進化を助けるように働きかけてくれるのです。

インドのヨーギー（〝ヨーガ＝合一〟を極めた真理の体得者）たちの偉大な伝統と、シュリー・グル・デーヴの祝福のおかげで、このような可能性が私たちに与えられています。超越瞑想の簡単なシステムは、個人の意識を進化の自然な流れの中に維持し、個人の進化を加速することさえも可能にする一つの技術を人類に提供しています。

これが、自然の全能の力を活用する簡単な方法です。小さな自分を捨て、「全能者」の力を得ることによって、人生が成就するのです。このことから、献身とか帰依といった生き方が生まれてきます。その根拠は、個人の生命は相対的であると同時に、絶対的なものでもあるという事実にあります。個人はすでに絶対「存在」とつながっているのですから、この体験を意識的なレベルにもっていきさえすればよいのです。

すでに考察したように（「超越瞑想」七一ページ参照）、超越瞑想の実践に必要なことは、無邪気さと単純さだけです。知的な操作やムード作りをしてはいけません。単純さと無邪気さは、すでに一人ひとりの個人の本質の奥深くに備わっています。この瞑想は、自然の全能の力にすべてを委ねて、「神」の知性の絶対永遠の領域に到達する技術です。この次元に到達すると、その人はまったく自動的に自分のために自然の力を利用することができるようになります。このようなことは、宇宙法のレベルにおいてのみ可能であり、人間の知的な理解のレベルでは不可能です。

すべてを委《ゆだ》ねることは、決して思考のレベルではありません。神の意志にすべてを委ねることは「存在」のレベルでのみ可能です。神、または自然にすべてを委ねようとする多くの人たちは、思考のレベルでそれを行おうとしています。そのような人たちは、神にすべてを委ねているというムードを作るのですが、ムード作りは常に意識的思考のレベルにとどまるものです。

その人の現在意識が「存在」のレベルにまで拡大しない限り、「全能者」の力を享受することはできません。「私はすべてを神に委ねた」と考えて、ムードをつくるだけでは、その人の心は鈍くなるだけで、進歩する機会もなくなってしまいます。真の意味で神にすべてを委ねることは、決して想念のレベルにあるのではありません。本当の意味で、神にすべてを委ねる行為は、常に「存在」のレベルにあります。ムードとして神にすべてを委ねるというあらゆる試みは、空想的な受け身の態度に終わるだけで、「存在」のレベルが意識的にとらえられない限り、自然の全能の力に本当に調和することはできないのです。

現在意識がまず思考と感情を超越しなければ、「存在」の次元に到達することはできません。個人の意識に聖なる「存在」の状態が染み込まない限り、すべてを委ねることは可能ではありません。

すべてを委ねるという生き方を、知的に理解することは容易ではありません。神の全能の意志にすべてを委ねること、全能の自然に帰依することは、人生の最も進歩した生き方です。真に神にすべてを委ねれば、時間や空間や因果関係で縛られている心からなる小さな個別性はなくなり、その代わりに絶対「存在」の無限で永遠の地位が得られます。これは、超越意識の状態においてのみ可能なことです。「神の意志にすべてを委ねる」という言葉は、きわめて深い意味をもっており、個人が全能の力を得る直接的な方法を提供しています。

ところが、今までは、相対実存の限界を超越する簡単な技術がなかったために、このような言葉は過去何世紀もの間、実際的な意味をまったく失ってしまっていたのです。それはただ、抽象的で形而上学的な人生観や神秘的な人生観を表すだけの言葉になっていました。しかし、超越瞑想の実践とともに、このような言葉が再び実際的な深い意味を取り戻しつつあります。この言葉を覆っていた神秘主義のベールも取り払われました。「神にすべてを委《ゆだ》ねる」という言葉は、今では日常に体験される真理となり、そのような体験を通して「全能者」の力を活用する能力が得られるようになってきました。

超越瞑想の実践を知らない人たちにとっては、自然の全能の力を活用するという考えは、心を楽しませるだけの非現実的な空想としか思えないでしょう。しかし、この瞑想を実際に行うようになれば、全能の力を活用することが、現実に可能であることがわかってきます。

億万長者の息子にとって、父親の富の力を利用することは、自然で当たり前のことです。これと同じように、全能の神の息子である人間にとって、「父」である神の力を利用することは、自然で当たり前のことであるはずです。これは、一人ひとりの個人の能力の範囲内にあることなのです。

だれでも、超越瞑想の規則的な実践を続けていきさえすれば、自然の全能の力が自分のために働いてくれるといった次元に自分が置かれていることに気がつきます。全能の力を利用しなければならないのではなく、全能の力のすべての恩恵を受けられるのです。宇宙意識の状態に高まるか、あるいは少なくともその道を歩き始めるということがなければ、全能の力どころか、自然の力の一部さえも使うことができません。

宇宙「存在」との自然な調和の中に、しっかりと身を据えた人は幸いです。自然界全体がその人の必要を満たすように働いてくれます。その人のあらゆる願望は、宇宙の目的に一致するようになり、人生は宇宙の進化という大きな目的に奉仕するようになります。そのような人は神の目的のために神の手の中で働き、神はその人とその人の目的のために働きます。その人は自然の全能の力を利用し、自然は創造と進化の輝かしい目的のためにその人の生命を利用するのです。

世の中には、霊媒を通じて霊界に接触したり、あるいは直接霊に呼びかけたりして、被造界の超自然的な力を得ようと試みる人たちもいます。しかし、こういったやり方では、きわめて限られたレベルの力しか得られません。なぜなら、どのような霊も自然のすべての力はもっていないからです。人間よりも強力な霊があるかもしれませんが、このような霊を呼び出したり、その霊媒になろうとするのは、勧められない方法です。

これには二つの理由があります。第一に、このような霊を通して得られる力は、全能の自然の力の中の取るに足らないきわめて小さな部分でしかないからです。第二に、このような自然のわずかな力を手に入れるために、人はその霊の影響力に身を任せてしまわなければならないからです。霊の媒体となるには、自分を完全にそれに委《ゆだ》ねなければなりません。そうしなければ霊は協力しないからです。霊にすべてを委ねてわずかな力を得るのではなく、超越瞑想によって、聖なる「存在」にすべてを委ねて自然の無限で全能の力を得るべきです。

ある事業にあなたが投資しようとする場合、最短の時間で最大の利潤をもたらす事業に投資するのが当然でしょう。神に接触できるかもしれないと期待して霊に接触するのは間違ったやり方です。いかなる人も、霊の仲介で神に帰依することはできません。このようなやり方で超自然力あるいは心霊力を得ようとする人は間違っています。と言っても、その人自身が間違っているというのではありません。そのような人たちも、やはり、普通の人生が提供するものよりも、もっと高い次元のものを探求しているのです。間違っている点は、正しい指導がそこに欠けているということだけなのです。より高い力に接触して人生において偉大なことを成し遂げようという望みは正しいのですが、霊に接触しようとするのは、非常に低いレベルの試みであり、その成果もたいしたものではありません。

今までは、超越瞑想の教師の数が不足していたために、心霊主義やこれに類似した教えが、特に西洋の諸国でかなりの人気を博していました。

多くの人は、正しい指導が得られなかったために、より高い力を得たいという思いのあまり、何か普通と違った異常なことを試みたのです。自然の全能の力を完全に活用する正しい技術を人々が学べるようにするためには、超越瞑想の教師を各地に多数養成することが必要です。そうすれば、あらゆる人の人生が自然に堅実な基礎の上に置かれることになるでしょう。

また、別のタイプの人たちは、自分の中に高い力を開発しようとする熱意のあまり、心を集中させる方法や心を制御する方法を始めます。このような方法を長い期間続けると、自分の望んでいたようなことがいくらかできるようになりますが、それに投じる努力の大きさに比べると、達成される結果は実に小さいと言わざるを得ません。こういったことはすべて、高次の力を得たいという人間の願望の実現を目指しているのですが、方法が間違っているために、結局、その願望を無駄にしてしまい、人間に与えられている偉大な可能性を浪費することになってしまうのです。

ある地域全体を見晴らすことができる砦《とりで》があったとすれば、まっすぐその砦に行って、これを占領するのが賢明なやり方です。そうすれば、周囲の土地に含まれているすべてのもの、例えば、金やダイヤモンドの鉱山やその他の富が自然に手に入ります。

しかし、もし一つ一つの鉱山を別々に占領するというやり方をとったとしたら、たった一つの鉱山を手に入れるだけでも、自分の時間と力をすべて使い尽くしてしまうかもしれません。

すべての心霊力も、当然、「存在」の領域に属しています。「存在」の領域に直接接触し、これと親密になる方法があるのですから、全能で永遠の「存在」に属するあらゆる心霊力やあらゆる自然の力もそのまま手に入れることができます。

したがって、だれでも容易に「存在」に接触する機会があるのですから、どんな方法にせよ、集中や心の制御を含む方法を行うことは賢明ではなく、ただ時間の浪費になるだけです。

より高い力を探求するすべての人たちにとって、超越瞑想の実践を始めて、自分の意識を宇宙意識の次元にまで高めるということは、魅力ある誘いではないでしょうか。特に意図したり努力したりしなくとも、自然の全能の力を自由に利用することができ、その無限の力を自然に人生の目的に役立てることができる、といった有利な地位に身を置くことができるようになるのです。

そのときには、その人自身の必要だけでなく、親しい人たちや周りの人たちの必要も、最も寛大な輝かしい形で満たされるようになります。

また、積極的な思考（ポジティブシンキング）の力が、自然界で最も大きな力であると信じるようになった人たちもいます。彼らは、積極的な考え方を人生の根本にせよと、教えられています。しかし、思考のレベルに自分の人生の基礎を置くのは愚かなことです。思考は決して人生の深い基盤にはなり得ません。「存在」が本来の基盤となるべきです。積極的な考え方をして、その積極的な想念が現実化するのを待って時間を浪費するよりも、「存在」することのほうがどれだけよいかわかりません。

超越瞑想の実践によって実現する「存在」の状態は、全能の自然の力の可能性を日常の実際生活にもたらすことによって、人生に最大の地位を与えます。ところが、考えることは想像にしかすぎません。思考を強力にするには「存在」しなければならない、ということをもっと先の章（「考える技術」一八四ページ参照）で論じるつもりです。「存在」の状態を達成する技術は、想念を強化する技術でもあるのです。

積極的な想念は消極的な想念よりはよいのですが、もし積極的な思考の上に人生を築くならば、それはただ想像に基づくだけのことになります。積極的な思考は、否定的な思考と比較したら価値がありますが、「存在」の力と比較したらほとんど価値がありません。思考を基盤にして自然の力を得ようと努めることは、自分を欺《あざむ》くことになります。今、だれかが「自分は王である」と考え始めたとします。自分が王であるという感じがするまで、その考えで自分自身を欺くことができるかもしれませんが、王であるというその感じは、実際に王であるという状態からは程遠いものです。

積極思考の哲学は、「存在」の哲学に置き替えられなくてはなりません。人生で最高の最も有益な科学は、心の科学ではなくて、「存在」の科学であるのです。「存在」の科学こそ、生命や人生の諸科学の中で、最高の地位を占めるものです。積極的な思考によって生命の豊かさや成就を手に入れようとするのは、結局、蜃気楼《しんきろう》を追い求めたり、空中に楼閣《ろうかく》を建てようとするのと同じです。

心は「存在」の力によって補足されなくてはなりません。生命の真の基盤は「存在」の力であって、心ではありません。すべての物質科学は相対界に属するものです。心もまた実存の相対領域にあります。心の科学は、他のすべての科学と同じように、生命の相対領域に関する科学にしかすぎません。絶対、永遠の実存に関する科学は、「存在」の科学です。

日常生活の相対領域に、安定と知性、自然の全能の力、「絶対」の永遠の至福をもたらすのは、「存在」の科学です。獲得しなければならないのは「存在」の力です。あたふたと忙しい現代生活の中におかれていたとしても、世界中のすべての人が、容易にこの力を得ることができます。

このように、自然の全能の力を完全に活用する原則は、「存在」の科学において見いだされ、そのための技術は超越瞑想の規則的な実践にあります。

# 第二章「存在」の技術

生命のあらゆる領域は、個人と宇宙にとって最大の利益が得られるような仕方で取り扱い、それを生きるべきです。この章では、生命のさまざまな領域を考察し、それぞれの領域の最高度の活用を可能にする技術を発見することにしましょう。

「存在」はすでに理解したように（「存在――被造界の究極的真実」三六ページ参照）、生命の根本要素です。「存在」は超越的であり、その価値は通常、日常生活に属する明らかな特性を超えた領域にあります。存在の技術とは、個人と宇宙の利益のために「存在」の価値をもっと徹底的に活用することを意味しています。

存在の技術とは、「存在」の価値を複雑な人生の中で見失わないようにするだけでなく、あらゆる領域、あらゆる状況、あらゆる意識状態において、「存在」を自然に、また完全に維持し、「それ」を活用することによって、生命のさまざまな面を輝かせ、成就に導くことを意味しています。

生命のさまざまな面とは、神経系、体、心、五感、環境、カルマ、呼吸、思考、言葉、体験、行動などのことです。あらゆる意識状態とは、目覚めているとき、夢を見ているとき、眠っているときの三つの意識状態のことです。

「存在」を生きる技術がなくても、「存在」は実存しています。なぜなら、「存在」なしに実存するものは何一つありえないからです。「存在」を抜きにして、いったい何が存在し得るでしょうか。「存在」は目に見えるものの背後に隠れていますが、実存するものすべての基礎なのです。

「存在」の本質は至福意識です。それは、絶対の本質と永遠の地位をもった集中した幸福です。したがって、存在の技術とは、幸福の集中的な状態を絶えず、いかなる状況にあっても生きるべきであることを意味しています。存在の技術が要求することは、少なくとも「存在」を見失ってはならないということと、本来なら「存在」が生命を支配していなければならないということです。

つまり、生命とは本来、至福に満ちているものであり、苦悩、悲惨、緊張、混乱、不調和とは関係のないものです。生命のさまざまな領域、すなわち思考、言葉、行動、対人関係などに、自然に「存在」を自覚している状態が浸透し続け、生命は「存在」の完全な価値において生きられるようになります。

したがって、存在の技術とは、人間の生命の最も内側のレベルにある「存在」に到達し、隠れた超越領域から「存在」を引き出して、相対生活の中に取り入れる技術のことです。

このように、存在の技術には二つの面があります。まず、現在意識を体験の粗大な相対領域から内に隠れた「存在」の領域に移して、その「存在」の領域を探求し、次に、「存在」の価値を染み込ませた心を外に引き出すことです。つまり、存在の技術、すなわち「存在」の状態を獲得する技術は、「存在」に接触して自然にそれを生きることにあります。テクニックあるいは技術（art）とは、当然、過程が無理なく簡単に達成されることを意味しています。超越瞑想は、存在の技術のための実際的な技術です。

存在の技術の範囲を考察するに当たり、生命のさまざまな領域を取り上げ、それを一つ一つ詳しく検討していくことにしましょう。

## 思考と「存在」の技術

「存在」が自然に心の中に維持されるなら、あらゆる想念は「存在」のレベルにあるということを前に論じました。これは、思考中における存在の技術であり、この場合には、思考と「存在」が共存します。

思考が「存在」のレベルに確立されると、想念の過程のすべてに自然に「存在」が維持されるようになります。ですから、思考に関する存在の技術に必要なことは、超越「存在」の価値を心の本質に注入することです。

「存在」は思考の源です。思考の過程は、心を心の本質である「存在」から引き離します。ですから、思考の過程は「存在」の状態に対立するものであるということがわかります。心が「存在」の状態に到達できるのは、超越瞑想中に思考の最も微細な段階を超越したときに限られている、という理由もここにあります。心が再び考え始めると、心は「存在」の超越領域から出てこなければなりません。

このように、現在意識は、思考の過程にかかわっているか、それとも純粋「存在」の超越状態にあるかの、どちらかになります。したがって、思考は「存在」に対する挑戦のようなものです。しかしこれは、単に心が「存在」の状態と思考の過程を同時に維持するように訓練されていないという理由によるのです。一般的にいうと、いつも思考の領域にとどまっている習慣が心に染み付いているために、思考の過程は「存在」の状態に対立しているように思われるのです。

超越瞑想の実践によって、現在意識が想念の源に到達し、「存在」の状態に親しむようになると、純粋「存在」の状態があまりに至福で調和的なので、心はいかなる状態であっても「存在」と離れないようになります。このとき初めて、心の本質は「存在」の本質と一致するようになり、何を考えているときでも、心は自然に「存在」の領域に確立されているようになるのです。これが思考の領域における存在の技術です。

心が「存在」の状態に確立されていないならば、思考の過程は、いわば死んだように元気がありません。心が「存在」に親しんでいないときには、想念の力が非常に弱いのです。したがって、そこから生じる活動も弱く、満足できるような達成は得られず、生命の目的も成就されません。ですから、考えを抱いている時の存在の技術は、人生におけるあらゆる達成と成就の基礎であるといえます。

思考中における存在の技術について明確にしなければならないことは、心の中に「存在」の状態をつくることが存在の技術だということです。そして、このことは、「存在」の超越領域に注意を向けることによって達成されるのです。ほかの方法では成功しません。

現在意識を超越「存在」の領域にもっていくことをせずに、「存在」を自覚しようという試みは、単に現在意識が「存在」についての想念を心に抱いているという結果になるだけです。現在意識が「存在」についての想念を心に抱いているとき、そこに「存在」の状態はありません。なぜなら、「存在」についての想念は、「存在」の状態とは異なるものであるからです。

意識的なレベルに「存在」を維持しようと思って、「存在」についての想念を保とうとする試みは、「存在」についての想念と、ほかの想念との間で心を分裂させてしまうだけです。「存在」についての想念を心から離さないようにするという方法では、心の中に「存在」の状態を養うことはできません。また、そのような方法を行っている間は、心はほかのどんな想念にも専念することができません。つまり、「存在」の影響力も深くないし、思考そのものにも力強さがない、ということになってしまうのです。

考えたり、話をしたり、行動している間にも、「存在」を意識的なレベルから離さないように努力することを、真理の探求者に勧める思想の流派もいくつかありますが、このような方法は間違っています。まず、心を超越させるのが正しい方法なのですが、それをしないで「存在」を維持しようと試みても、意識的な思考のレベルで「存在」を維持しようと試みても、結果的には無駄に終わってしまいます。このような方法では、考えたり行動している間に「存在」を実現している、という幻想を作り出すだけです。

真理を目指している人たちや、「存在」の力によって思考力を強くしたいと願っている人たちは、「存在」のことを考えるだけの訓練が心にどんな結果をもたらすか知っておくべきです。「存在」について単に考えるだけでは生きることができない、生命の状態です。「存在」はそれについて考えていなくても、自然に生きられるものです。「存在」の自然な状態をなぜ生きられないかというと、私たちが生命の超越領域のことをよく知らず、その領域に慣れていないからです。超越領域に親しむ唯一の方法は、注意を想念の粗大な状態から微細な状態に移していって、「存在」の領域に到達することです（「超越瞑想」七一ページ参照）。これを規則的に行うことによって、思考の領域で存在の技術を習得することができます。

## 話すことと「存在」の技術

話すことは、思考の粗大な面、表現された側面です。話すことは、考えることよりも多くのエネルギーを必要とします。そのために、話す過程は、考える過程よりも、心によりいっそう関与しています。したがって、必然的に、話すレベルでの存在の技術は、思考のレベルでの存在の技術よりも、より高度な技術ということになるでしょう。

心の意識能力を拡大する基本原理を説明したときに、想念は意識の最も微細なレベルに始まり、意識の水面に上昇していく間にしだいに大きくなり、最後に意識的なレベルに達して、はっきりした想念として認識されるということを述べました（基本原理の説明図、七三ページ参照）。想念を言葉として話す場合も、想念の泡が次第に大きくなり、意識されるレベルに達し、そこで想念として認識される、という同じ過程が生じています。

基本的には、話す過程と考える過程に違いはありません。考えるより話すエネルギー消費のほうが大きいという、スケールの大小の相違があるだけです。話すレベルに「存在」を維持する技術は、思考のレベルに「存在」を維持する技術よりも要求するところが大きいのです。

したがって、話すレベルに「存在」を維持する技術は、思考のレベルに「存在」を維持する技術と、根本的には同一のものであることが明らかです。違うところは強さの差だけです。つまり、話すレベルに「存在」を維持するには、思考の場合以上に超越瞑想をしっかり実践しないといけないのです。

瞑想の実践を続け、「存在」の状態が話すレベルにも維持され始めると、すべての言葉が自然に「存在」から流れ出るようになり、したがって、自然に宇宙法に即したものとなってきます。話すことが生み出す影響は、そのとき初めて、すべての自然法則に調和するようになります。このようにして、話すレベルに「存在」が自然に維持され始めるのですが、話すことが自然の諸法則の働きを補い強めるとき、それは、個別生命の幸福と進化を助けるばかりでなく、自然界の調和とリズムを維持することによって、宇宙生命をも助けることになるのです。このようにして、話すレベルでの存在の技術は、至るところに偉大な調和を生み出す結果を生じます。

ここでも言えることですが、話している間に「存在」の想念を保とうとする意識的な試みは、やはり、「存在」の想念と話す過程とに心を分裂させる結果に終わります。心の一部が「存在」についての想念を維持することにかかわり、また別の一部が話すことにかかわるのですから、心は分裂し、話し方も遅くなります。

話している間も意識し続けるように教える哲学者もいます。話しているときも心の意識的なレベルで内側の「存在」を自覚しようと努めるこの方法では、考える過程も話す過程も両方が障害を受けます。その結果、行動はのろくなり、人生に鈍さをもたらします。これは、話すときの存在の技術とは別の方法です。話すレベルにおける存在の技術は、超越瞑想の規則的な実践にあります。超越瞑想の規則的な実践によって、いかなるときでも、心のレベルに「存在」の完全な状態を自然に維持することができるようになるのです。

## 呼吸と「存在」の技術

個別実存と宇宙生命との間、つまり生命の個別的な流れと永遠の宇宙生命との間にあるのが呼吸です。呼吸は「存在」の宇宙的な海から流れ出る個別の流れとして始まる、と言ってもいいでしょう。呼吸の最も微妙な面はプラーナと呼ばれています。プラーナとは「存在」の振動する本性であり、これが内に隠れた「存在」の海から、外に現れた個別生命の流れをつくり出すのです。超越、遍在、絶対の宇宙「存在」が、プラーナの力で振動して外に現れた生命の流れになるとき、「存在」自身の本性であるプラーナが呼吸の役割を演じるようになり、個別生命の流れを維持し、また、個別生命をその源である「絶対」の宇宙生命に結び付けるのです。

息を吸い込むたびに、宇宙プラーナは個別生命の力に同化し、息を吐くたびに、個別生命の流れは宇宙「存在」に接触し、呼気と吸気の間に、個別生命は宇宙「存在」と交わります。このように、呼吸は一方において宇宙生命から個別生命を生み出し、他方において個人と宇宙「存在」との間の調和を維持します。呼吸に存在の技術を適用するということは、呼吸の過程においても、個別生命の流れと宇宙「存在」の永遠の生命との接触が中断されないようにする、という意味です。

それはどのようにしたら達成できるでしょうか？

呼吸の過程の間に「存在」の状態を維持する方法を発見するためには、どのように呼吸が始まるかということと、呼吸つまりプラーナを「存在」から出現させるのは何かということを、最初に理解しておく必要があります。プラーナは「存在」の振動する本性であると言いました。しかし、どのようにして、またなぜ、「存在」の振動性が特定のパターンをとって、呼吸による個別生命の特定の流れを生み出すのでしょうか？

特定の個人の生命を生み出すには、プラーナ以上の何かが必要です。呼吸の一定のパターンをつくるのに、プラーナ以外のいったい何が関係しているのでしょうか？

木を維持しているのは大地の養分です。しかし、木の種子がそこになかったならば、どれほど養分が豊富にあっても木は生まれません。木のパターンを決めるのは種子なのです。種子がなければ、養分がそれ自身を現そうとしても、その手段がないのです。

この大地の養分を超越「存在」に、木を個別生命の流れに当てはめて考えてみましょう。「存在」は永遠にそこにあるのですが、しかし、「存在」が個別生命の特定なパターンを生み出すためには、そのパターンである種子が必要です。特定の種子がないと、内に隠れた遍在する「存在」から特定の個別生命を現すことができないのです。それでは、本質として「遍在するもの」がプラーナによって個別生命の流れとして現れるのに必要な「個人の種子」とは何でしょうか。

個別生命の種子は木の種子に似ています。木の種子とは、大地の養分が最も微妙に進化し現れたものにほかなりません。この養分は、進化のあらゆるサイクル（循環の過程）を通過した後、完全に成長した木という最高に進化した状態に到達し、そこで一個の種子として現れます。ですから、種子は木が最も微妙に発展した状態であり、養分の最も集中した状態であるといえます。その種子は大地からさらに養分を吸収して、再び一本の木に成長していきます。

「存在」が自分自身を外に現してプラーナとなり、プラーナを基盤として想念が成長し、次に想念が願望に発達し、願望がさらに行動に変わります。そして、行動が完了したとき、その行動の結果は、想念または願望の木が完全に成長したことを示します。ある行動の結果を体験すると一つの印象が残ります。その印象は、養分が濃縮された種子のように、未来の願望や行動を生み出す力をもっています。このことから、種子と木のサイクルは、想念、願望、行動、行動の結果、その印象というサイクルに似ていることがわかります。

この例えでは、種子は一つの想念に相当し、種子が養分を吸収する大地は想念の根底にある「存在」に相当しています。わかりやすくするために、次のような言い方もできるでしょう。つまり、「存在」が成長し、外に現れて一つの想念となり、進化して行動となり、さらに進化して行動の結果となった後、濃縮されて印象となり、再び外に現れるための状態をとるのです。この例えで、プラーナの力によって個別生命の流れが宇宙生命から出現してくる様子がはっきりしたと思います。

内に隠れた遍在する「存在」が、最初に想念となって出現し、さまざまな進化の段階を経たのちに、行動の結果という頂点に達し、それがさらに将来の想念の種子になっていきます。「存在」は、想念という種子の力によって、個別生命の流れの中にそれ自身を現し始めます。

これまで見てきたことは、「存在」が、さまざまな発現の段階に自分自身を現し、さまざまな進化の段階を経たのち、未来の生命を生み出す種子となるところまでどのように到達するか、ということです。

プラーナは「存在」の振動する本性であると述べました。内に隠れた「存在」が振動するのに、外側からの助けはまったく必要ありません。「存在」はそれ自体の本性によって振動するのです。実際、自《みずか》ら振動して、生死を繰り返す実存の無常の状態を支えながら、永遠で絶対の「存在」としてそれ自身を維持するのが「存在」の真の本性なのです。「存在」の真の本性は、絶対「存在」としての永遠の地位を維持することであり、また生命の一元性という理由によって、外に現れた相対実存の絶えず変化する面の基盤となることです。したがって、プラーナが現れるとき、「存在」は振動し、振動することによって、特定の呼吸パターンの役割を演じるようになり、個別生命の特定のパターンを生み出すのです。

個別生命の種子とは、人が過去生から持ち越した未実現のカルマです（「カルマと存在」六三ページ参照）。

過去生で満たされなかった願望の総計が種子となって、振動する「存在」から個人の特定の生命の流れを形づくるのです。このように、プラーナが願望と結び付くときに、心が形成されます。プラーナが心と関係しないときには、物質が形成されます。

このようにして、個別生命の主観面と客観面が存在するようになります。個別生命の本質は「存在」です。木の生命においては、樹液がそれ自身を木のさまざまな面に現しますが、これと同じように、個人の生命においては、「存在」がそれ自身を人生や生活のさまざまな面に現します。木のパターンを形づくるのは種子であるように、個別生命において「存在」を個別生命の力、すなわちプラーナの特定のパターンに形づくるのは、過去生における体験の印象なのです。

このように、プラーナまたはその粗大な面である呼吸は、個別生命の基本的な一面であり、個別生命の流れを宇宙生命のエネルギーの海に結び付ける絆です。心がプラーナと結び付くことによって、個別生命の流れ全体が特定のパターンをとるようになるのです。

存在の技術を呼吸に適用するためには、心の本質の中に「存在」の価値を維持することです。なぜなら、呼吸はプラーナと心の結合の結果であり、プラーナと心はまったく別々のものとは言えないからです。心の中にはプラーナが存在しています。プラーナがなければ、心も存在できないことになります。反対に、心がなければ、プラーナは「存在」の本性にとどまり、相対生活を超えた絶対の価値をもつだけのものとなります。したがって、呼吸のレベルに「存在」を維持するためには、まず「存在」を心のレベルにもってくることが必要です。超越瞑想の実践によって、心に「存在」が満たされるようになるとき、呼吸は「存在」のレベルに高められます。

呼吸はおのずから自然のリズムと調和するようになります。呼吸が「存在」のレベルにまで高められた人は、宇宙生命の調和とリズムに一致した呼吸をします。そのとき、呼吸は振動するプラーナの微妙な状態になるのです。

個人の呼吸はこのようにして、宇宙「存在」の本性、すなわちプラーナのレベルと調和します。呼吸に適用された存在の技術とは、個人の地位を永遠の宇宙「存在」のレベルに高める技術なのです。

## 体験と「存在」の技術

人が対象を体験するのは、その対象が五感を通して心と結び付けられたときです。対象が五感を通して体験されると、心にその印象が残り、心の本質は影を投げかけられた状態になります。

このように、体験の過程とは、「存在」に影を落とす過程のことです。これは「存在」と対象の同一化と呼ばれています。この過程は、「私」が外側の対象と同一化して、その本質を失う過程である、と言うことができます。ですから、人は何かを体験することによって、自分自身である「存在」の状態から引き離される、ということがわかります。体験のレベルにおける存在の技術とは、ある対象を体験しても、それによって心の中の「存在」の地位が覆《くつがえ》らないようにする、つまり、対象を体験している間でも、心が「存在」の状態を維持できる技術です。

　どのようにして心が対象の体験とともに「存在」の純粋状態を維持し始めるか、という問題は前の章ですでに検討しました（「心と存在」五七ページ参照）。また、「存在」が体験や知覚のレベルに維持されるようになると、体験者が体験の影響に拘束されなくなる、ということも見てきました。体験者は、満ち満ちた「存在」の完全な自由の中に生きながら、同時に周りの外部世界を体験することができるのです。

　「存在」が完全に維持されている状態では、体験の過程が強力になり、対象の体験は以前よりも深く完全になります。体験レベルの存在の技術は、完全に統合された生命において自然に実現されます。完全に統合された生命とは、すべての価値を生きること、つまり、相対界のさまざまな面を体験しながら、超越的な「存在」の絶対的至福意識をともに生きることができる生命のことです。

　個人の生命を宇宙生命と統合された状態に保つこと、これが体験のレベルにおける存在の技術です。個別生命の目的は、体験のレベルにおける存在の技術によって成就するのです。この技術なしでは、体験の過程が体験の主体を対象に接触させるとき、主体は完全に対象と同一化してしまうために、対象の価値の印象が心の中で非常に強くなります。この体験の印象が、心の中に堅く保持されて、同じような体験をしたいという将来の願望を生み出す種子となります。このようにして、体験と印象と願望のサイクルが続き、その結果、生と死の循環が起こるのです。

体験の印象によって生じる生死のサイクルを理解するためには、まず、生まれ変わりの原因が過去生における未成就の願望であることを理解すべきです。ある人が、あれこれ成し遂げたいと思い、肉体の機能が停止する前にその願望を果たさなかったとすれば、その人は満たされないままに死ななければなりません。その結果、人の内側、すなわち心は、また別の肉体をつくって、過去生からの願望を成就しようとするのです。

このように、生まれ変わりの原因はその人自身の願望にあります。生まれるとき、人は心の奥深くに刻まれた過去の体験の印象をもって生まれてきます。これらの印象が願望の種子の働きをするのです。体験、印象、願望という循環過程が、人を転生させ、体験と印象のサイクルが壊されるまで、生と死の繰り返しが続きます。

「存在」が体験のレベルに維持されると、対象が心に深い印象を与えることがなくなります。印象は体験に必要なだけ、知覚するのに必要なだけの強さになります。心は「存在」の価値に満たされており、「存在」はその本質において至福意識ですから、移り変わる体験の印象は自然に心に深い印象を与えなくなるのです。その印象は、将来の行動の種子になるほど深くはありません。

舌が蜜の強い甘味に満たされると、ほかの甘いものに触れても、その甘さが蜜ほどではないために、甘さの印象が残りません。同じように、心も「存在」の至福に満たされると、すっかり満足するために、対象をいろいろと体験したとしても、その対象の価値が深い印象にならなくなるのです。

「存在」が維持されている場合、対象が心に与える印象は、体験を与えるだけの強さしかもっていません。それは、水の上に線を書いたときの印象のように、書くと同時に消えていきます。「存在」が心の中に確立されていない場合には、対象によって与えられる印象は、石に刻まれた線のようになかなか消えません。

「存在」の価値をもたない心は、常に体験に拘束されて、印象、願望、行動のサイクルから抜けられない状態にあります。心の中に「存在」を確立し、体験のレベルで存在の技術を成就させるのは、超越瞑想の技術です。

## 健康と「存在」の技術

健康とは、進化と調和して実存していることを指します。「存在」は決して変化しない永遠の局面であり、それが現象界の多様な形態に行き渡っています。この単純な事実は、私たちに希望を与えてくれます。つまり、人生の多様化した局面がもつ価値と、絶対「存在」の価値とを結び付けることによって、あらゆる生活面に調和をもたらすことができるのです。

不調和と不統一が支配的になっている生命の意識的なレベルに「存在」が確立されるならば、人生のあらゆる苦しみが取り除かれるでしょう。心と体と環境のレベルに「存在」を確立する方法があるのですから、あらゆるレベルで完全な健康を実現することが可能です。

遍在する永遠の「存在」が個人の心、体、環境の基盤であることは、樹液が木の幹、枝、葉、果実の基盤であるのと同じです。しかし、樹液が木の表面レベルにまで届かなければ、木の外面は苦しみ始め、枯れてきます。同じように、「存在」が生命の表面レベルにもたらされなければ、生命の外面が苦しみ始めます。

健康と調和を楽しもうとするならば、「存在」の超越的な価値を取り出して、生命のあらゆる面、すなわち心と体と環境に注入しなければなりません。またこれら三つの面の間に健康的な調和を確立することも必要です。

この生命のすべての面に共通するものが「存在」です。ですから、ここで考察すべきは、「存在」と結びついた心、体、環境間の調和確立のために、「存在」の価値をこれら三つの表面レベルにもたらすのか、あるいは、三つの価値を「存在」のレベルへもっていくのか、ということです。どちらの方法でも、健康の目的は達成され、あらゆるレベルに調和が確立されて、生命の統合が成就されることになるでしょう。

## 心と「存在」の技術

心に適用された存在の技術とは、心がいかなる状況においても「存在」の価値を維持しているという意味です。心が考えたり体験したりするときも、その想念や体験が心の本質に影を投げかけることがありません。心は思考や体験にかかわっている間も、自然に「存在」を維持します。このように、どんな想念や体験によっても心に影が落ちないようにすることが、心のレベルにおける存在の技術と言えるでしょう。

心が目一杯活動していても、想念や体験が影を投げかける影響は最小限になります。心が思考や体験に深くかかわっているのですが、その体験や想念が心の本質に影を投じることはありません。このような心の状態が人生に永遠の自由をもたらすのです。

「存在」と心についてもう一つ大切な要素があります。それは、「存在」が心のレベルにあるときには、その心の想念や体験の流れが自然の法則に調和する、ということです。前の章で、思考や体験において心の自然な流れを自然の諸法則に調和させる方法を述べました（「存在――宇宙法の次元」五一ページ参照）。想念が力強く、体験が深く完全なとき、その想念と体験が個人とその環境に及ぼす影響は進化の自然な流れに沿っており、個人も宇宙もともに利益を得るのです。

心のレベルにおける存在の技術とは、いかなる意識状態においても心の中に「存在」が維持される、という意味です。心が目覚めている状態にあるときには、「存在」はさまざまな体験とともに生きられます。心が夢を見ている状態にあるときにも、「存在」に影が落ちることはありません。心が深い眠りの状態にあるときにも、「存在」が失われることはありません。どの状態においても、「存在」が心に染み渡っています。このような状態は、「存在」を心のレベルにもってくることによって達成されます。

日々の活動の最中にも心が「存在」を維持するためには、まず、心が「存在」の純粋状態に親しむことが必要です。「存在」とは超越的な絶対の意識です。超越瞑想の実践によって、現在意識は想念の過程のより深いレベルを探っていき、最後に最も微細な想念をも超越して、「存在」の状態に到達し、これを獲得します。

このように超越瞑想は、現在意識を「存在」のレベルにもっていく技術、あるいは「存在」を現在意識の範囲内にもってくる技術なのです。瞑想の実践を続けていくと、心がますます「存在」に親しむようになり、ついには「存在」が心の本質に確立されます。すると、心が外側の環境にかかわっている間も、現在意識のレベルに「存在」が永遠にとどまっているようになります。

心のレベルに「存在」をもたらすこの技術は、心の意識する能力を拡大すると同時に、心がその全機能を果たすことを可能にします。この技術には、心のあらゆる潜在力を活性化するという利点があるのです。隠れているものは何もなくなり、潜在意識すらなく、すべてが顕在意識となります。その結果、一つ一つの想念が非常に強くなります。宇宙法について考察したときに説明したように、心が「存在」の領域に到達すると、心は自然にすべての自然法則のリズムに調和し、宇宙的な進化の過程に合流するのです。

「存在」の本質は絶対の至福意識ですから、心は「それ」に満たされ、現在意識のレベルに永遠の幸福が訪れます。「存在」は永遠不滅であり、恒久不変です。そのため、「存在」の不滅、永遠、不変の質が心の本質に注入されます。そのような心は安定しており、動揺せず堅固であり、それと同時に、至福に満ち、満足しており、自己充足的で機敏です。

絶対「存在」は、あらゆる想念とあらゆる創造の源ですから、現在意識がこのレベルに到達すると、心は宇宙生命の無限の創造的知性に親しむようになります。

心が「存在」の領域に調和するようになると、心は無限のエネルギーの源を手に入れます。そのようなエネルギーに満ちた強力な心は、当然、非常に力強い想念を抱くようになります。想念の一つ一つが活力をもって神経系を刺激し、神経系の持続的で力強い活動を引き起こします。そして神経系は大きな力と安定した目的をもってさらにその末端器官である体を刺激しますから、想念は直ちに、努力なしに、積極的な行動に変換されます。このように想念を具体化する力が非常に強くなるために、一つ一つの行動も強力になってきます。心のレベルに「存在」をもたらす技術は、このようにして、個人の実際的な日常生活に影響を及ぼすのです。

超越瞑想の全過程は思考の微細な状態を体験することにあります。また、思考は主に神経系の物質的状態（生理状態）に依存しているために、神経系の生理状態に影響する要因はすべて、瞑想の過程に直接的な影響を及ぼすことを知っておく必要があります。

神経系の生理状態は、飲食や呼吸の過程によって養われ維持されています。活動や休息の影響もあります。したがって、神経系の理想的な生理状態が維持されるように、すべての要素を正しく調整すれば、超越瞑想の実践は理想的な成功を収めるようになるでしょう。

不適当な食物を食べたり、汚れた空気を呼吸したりして（例えば、ロンドンやロサンゼルスのスモッグを呼吸すること）、神経系を鈍くするなら、また、疲労や緊張をもたらすような活動に従事するなら、その必然的な結果として、心は思考の過程の深いレベルを究めることができなくなり、瞑想の効果は少なくなり、心の本質への「存在」の注入も不当に遅れることになるでしょう。したがって、食物や空気の選択に注意を払うことはきわめて重要です。

食物の選択についてですが、この問題を研究した人たちには明白であるように、賢明でない食事や飲酒は人間の全体的な幸福に非常に有害です。だからといって、今すぐ食習慣を根本的に変えよ、というのではありません。徐々に変えていけばそれで十分です。

## 食物の影響

食物は心にきわめて大きな影響を及ぼします。なぜなら、食べたり飲んだりするものはすべて血液中に吸収されて循環し、それによって神経系が養われているからです。したがって、食物の質は、心の質に大きな関係があります。

食物そのものの質とは別に、その食物をどのように得たかということも重要です。正当な手段で生計を立てている場合には、食物はよい影響をその人の心に与えますが、不正な利益から購入した食物は、その人の心にゆがんだ影響をもたらします。

また、食物はこれを調理する人の質によっても、さらに、それを食べる人のそのときの心の状態や想念の質によっても影響されます。したがって、食事をするときの雰囲気、食事をともにする人、食事中の会話などもきわめて重要です。食事の前に、感謝の祈りを口に出して言う本当の意味は、ここにあるのです。

主なる神よ
あなたの豊かさの中で
あなたの恩寵《おんちょう》に包まれ
あなたと一体になるために

また、あなたの創り給うた世界を満たし栄光を讃えるために
心からの感謝と愛を捧げ
あなたの祝福を賛美し
ここにあなたの賜物を受けます
食物はあなたの祝福
神よ、あなたに仕える者として
感謝をこめてこの食事をいただきます

神への思いと、神に奉仕する心と、感謝の気持ちによって高められたこのような雰囲気で食事をするならば、間違いなくよい影響が得られるでしょう。

## 活動の影響

活動と無活動は、神経系の状態に重大な影響を与えます。過度の活動は神経系を疲れさせ、無活動は神経系を鈍くします。活動と無活動の間にバランスがとれていれば、神経系はいつも機敏な状態に維持されます。このことは、心のレベルにおける存在の技術が成功するための欠かせない条件です。体が疲れると神経系は鈍くなり、心も眠くなって、体験するためのあらゆる能力が失われます。そのような状

態では、思考の微細なレベルを体験し「存在」の状態に到達する能力は望めません。

「存在」の状態は、最も正常で自己充足的な心の状態です。瞑想中、心が最も微細な思考の状態を超越すると、心は独りきりになります。これが自己意識の状態、あるいは純粋「存在」の状態なのです。したがって、「存在」の状態に到達するためには、心から対象のあらゆる体験がなくなることが必要ですが、熟睡時のように、体験する能力を失ってしまってはなりません。

このような「存在」の状態をもたらすには、神経系を活動の状態でもなく無活動の状態でもないといった中間的な状態に置かなければなりません。「存在」の状態とはそのような状態なのです。

神経系が機能するときには、感覚の器官を通じて対象の体験を伝達し、行動の器官によって活動に従事します。このように機能していると、神経系は疲労してきます。わずかでも疲労してくると、知覚が鈍くなり、その人は眠気を感じ始めます。疲労がもっと大きくなってくると、心は体験できなくなって知覚が停止します。これでわかるように、心の状態は神経系の生理状態に依存しており、疲労は体験する能力を減少させます。このことから、神経系が疲労してしまうと、心は「存在」の状態を得られなくなる、と結論することができます。したがって、存在の技術を考察する場合、疲労は一つの重要な要素になります。一日の活動は、体や神経系を過度に疲れさせるようなものであってはなりません。

過度の活動のほかに、無分別な飲食も神経系を鈍くします。これもまた「存在」の状態にとって害になります。したがって、正しい食事と活動の規則的な習慣を養うようにするのが望ましいのです。

心を超越「存在」のレベルにまでもっていくと、心はおのずから自然法則と調和し、無限のエネルギーの源と一致します。これによって、行動の領域は円滑になり、神経系も緊張に陥らないようになります。

しかし、得たエネルギーを使いすぎないように気を付けなくてはなりません。さもないと、神経系が効率を失って、再び緊張したり疲労したりしてしまうからです。

神経系に休息と活動と栄養の正しい条件を与えるためには、バランスのとれた心の状態を養う必要があります。このような状態をつくり出す唯一の方法は、至福意識を体験することです。それは、超越瞑想のシステムによって自動的に達せられます。

## 五感と「存在」の技術

知覚には五つの感覚、行動には五つの器官があります。五つの感覚とは、視覚、嗅覚、聴覚、味覚、触覚です。行動の器官とは、手、足、舌、生殖器官、排泄器官です。心は五感によって知覚し、五つの行動の器官によって行動します。知覚するためには、五感を通して、行動するためには行動の器官を通して、心は外界と関係をもつのです。

五感のレベルにおける存在の技術は、五感と行動の器官があらゆる状況において「存在」を維持することにあります。わかりやすく言うと、五感は五感として、器官は器官として、どちらもそれぞれの価値を完全に維持していなければなりません。つまり、五感も器官も常に、活動し始める準備ができており、活動するときにはそれぞれの能力を完全に活用して機能することができる、という状態が望ましいのです。

五感と器官の完全な価値が活用され、対象が完全に知覚され、行動が完全に達成されるようになったとき、五感のレベルにおける存在の技術が達成されるのです。

五感は常に強く、機敏で、緊張や妄想や悪意や狭い視野から解放されているべきです。そうすれば、五感は自然に対象を完全に知覚するようになります。行動器官もエネルギーに満ち、強く、五感とよく調和していなくてはなりません。そうすれば、行動器官は的確に首尾よく機能し、いかなる行動も成就へと結びつきます。

五感に関する存在の技術とは、五感が「存在」の本質、すなわち「存在」の至福に満たされたまま対象を体験するということです。その結果、対象は完全に知覚されるようになるのですが、対象が五感を征服して奴隷にしてしまうということはなくなります。

舌が純粋な蜂蜜の強い甘味を味わっているときには、ほかの甘いものの味は印象に残りません。これと同じように、五感が「存在」の至福に浸されているときには、一時的な小さな喜びが五感を束縛することはなくなり、印象を与えてもそれはすぐに消えてしまいます。

五感のレベルに「存在」を維持するということの意味は、五感が至福意識に包まれて完全な満足を得ることです。五感は対象に接してさまざまな喜びを体験するのですが、その喜びに束縛されることはありません。なぜなら、五感は「絶対」の無限の至福の永遠の価値の中にあるからです。

五感はこのような満足に浸っていますので、心を誘惑してもっと大きな幸福を求めてさまよわせるというようなことはしません。これは、心に「存在」が染み渡っているために、至福がすでに五感のレベルに満ちているからなのです。五感が外部の対象を体験するとき、個人の心身と環境の間の完全な調和が知覚されます。目が美しいものを見るとき、その視界は純粋であり、視覚は完全で悪意や罪深い知覚はまったくありません。知覚のレベルにおいて、すべてが正しく道徳的で、進化の自然な流れに沿うようになるのです。

「存在」の至福が五感のレベルに行き渡っていないならば、五感が満足の状態にあることは不可能です。五感の本質として、できるだけ多くの喜びを楽しみたいのです。これは正当な願望です。五感を揺るぎない、抵抗しがたい満足のレベルに確立するためには、「存在」の至福を五感のレベルにもたらすことによってのみ可能となります。満足の中に維持されていれば、五感は体験の印象に束縛されることはありません。これが、五感のレベルにおける存在の技術の実践がもたらす結果です。

このように五感のレベルに「存在」を注入するにはどうしたらよいのでしょうか。

第一に五感の全範囲を認識していることが必要です。普通、私たちが物を見るときは、目が開いており、心はその目と結び付いて、目の前の対象と接触します。認識とはこのようにして行われるのです。しかし、知覚とは目を開いて物を見ることだけに限られてはいない、ということを私たちは知っています。目を閉じたままでも対象を知覚することができます。このように、心の目で対象を知覚したり認識したりする働きも、やはり視覚を通して行われているのです。このことから明らかなように、視覚は知覚の粗大なレベルから微細なレベルまで、つまり、外側の視覚レベルから内側の視覚レベルまで認識することができるのです。

例えば、図の中のA、A1、A2は五感と対象の粗大レベルと微細レベルを表しています。

心は五感の粗大レベルAと結び付いて、これに対応する対象の粗大レベルAを知覚します。心は五感の微細レベルA1と結び付いて、これに対応する対象の微細レベルA1を知覚します。同じく、心は五感の

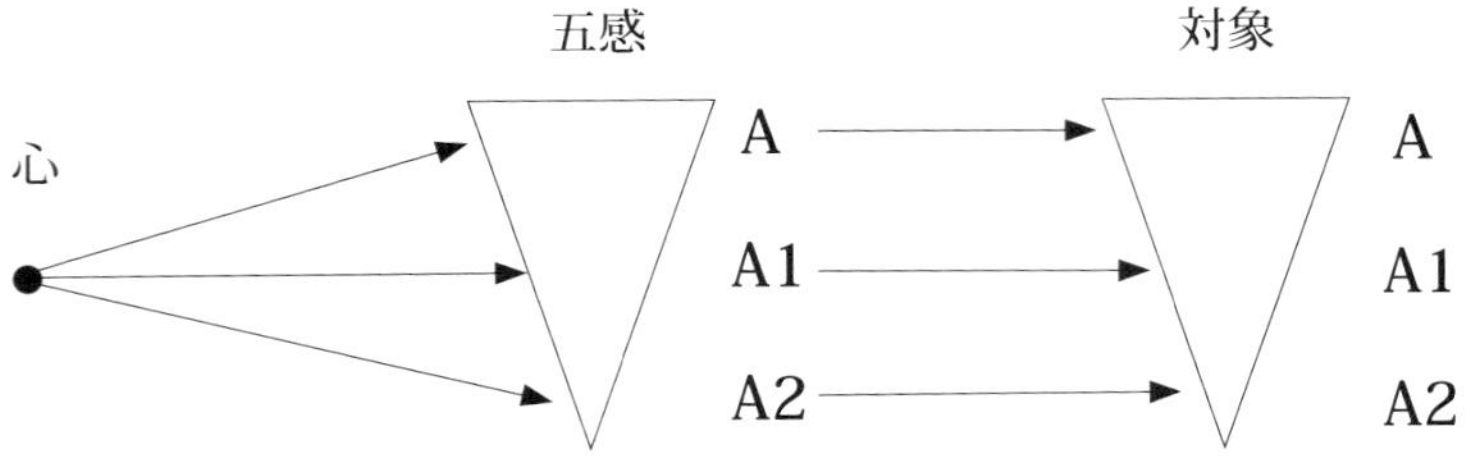


最微細レベルA2と結び付いて、これに対応する対象の最微細レベルA2を知覚します。

開いている目は視覚の粗大レベルを表しています。同じように、ある言葉が耳に聞こえるとき、心が聴覚の粗大レベルと結び付く結果として、粗大な音が知覚されます。

心の中で語り、心がその言葉を聞くのは、心が聴覚の微細レベルと結び付くからです。超越瞑想の実習中に、心が想念の非常に微細な状態を知覚するのは、心が聴覚の非常に微細な状態と結び付くからです。

このように、超越瞑想中には最も精妙な知覚が働いていますが、普通の日常生活では五感の粗大レベルだけが働いている、ということがわかります。

心が五感の最も精妙なレベルを使用するとき、五感の全範囲が目覚めてきます。このようにして、心は瞑想中、超越への途上で通過していく感覚のあらゆるレベルを活性化するのです。五感の全範囲が活性化されると、「存在」が五感のレベルにやってきます。そして、その結果、五感の知覚能力が増大します。五感はますます大きな幸福を体験できるようになります。いつも感覚のわずかな部分だけを使用して客観世界を体験しているとしたら、体験のための感覚能力は決して完全に活用されるようにはなりません。そのような状態では、五感は対象の小さな喜びに捕らえられてしまいます。

被造界の粗大レベルにおいては、五感が対象と接触しても、大きな喜びを生むことはありません。喜びの度合いは、感覚が被造界のより微細な部分を認識するにつれて増大します。超越瞑想の実習中、心は話す器官から、やがて想念の微細な状態を体験して行きます。微細さのレベルが深まるにつれて、魅力が増大します。そして、魅力の増大にしたがって、器官はますます微細な状態を体験できるようになり、心に与えられる幸福はますます大きくなります。そして、ついには、想念の最も微細な状態を直接に知覚できるようになり、心は相対界における最高の幸福を体験できるようになります。

心がこの幸福をも超越して、感覚による知覚の領域を完全に超えてしまうと、「絶対」の至福が直接の体験となり、心は完全にこの至福と一体になります。心が「存在」によって完全に満たされてから対象体験の領域に戻ってくると、「存在」が五感のレベルに反映するようになります。

「存在」を五感のレベルにもたらす技術は、超越瞑想の技術にあります。これは、五感が対象をその粗大、微細のあらゆる状態において体験することができるようにする技術です。

心は深い海に例えられますが、五感もやはり海に似ています。超越瞑想によって、心は五感のいちばん深いレベルを活動させ始めます。この方法によって、五感の全範囲が生き生きとしてきます。

最後に、五感はその源に到達し、ここで超越的な絶対「存在」の価値という、いわば最高のご馳走《ちそう》にあずかるのです。このようにして、「存在」が五感の領域に移され、五感は最大の能力で活動することができるようになり、また同時に、体験の拘束力から解放されます。これが五感のレベルにおける存在の技術です。

## 身体と「存在」の技術

身体は神経系の末端器官あるいは外部表現です。したがって、体に関する存在の技術とは、神経系に適用された存在の技術のことなのですが、単にこの技術をさらに拡充して、身体が「存在」のレベルを失うことなく、その能力の最大限にまで機能できるようにするものです。

身体に関する存在の技術は、「存在」の本質が身体の本質に注入されるように、身体を維持する技術でもあります。すなわち、永遠、不変、不滅といった「存在」の本質が、無常、変化、死滅といった身体の本質に注入されるのです。

前の章で説明したように、超越瞑想の実践によって、神経系全体に活動でも無活動でもない、その中間的な状態が作り出されます（進化している人の生理状態を研究することは、生理学者に多大な関心を与えるでしょう。今では、超越瞑想を実践している人たちを研究対象にしてこのような研究を行うことが可能となりました）。神経系がこの状態になると、「存在」が身体のレベルにやってきます。神経系全体と身体がこの中間的な状態に達すると、そこには何も変化がなく、身体は満ち満ちた生命の中にただ在るという状態になります。身体の本質的な構成部分である神経系、五感、プラーナに関する存在の技術を明らかにすれば、身体に関する存在の技術の研究は完全なものとなるでしょう。

この問題を詳しく研究するに当たって、はっきり心に留めておきたいことがあります。それはすなわち、「存在」はその本質において純粋な至福意識であり、内に隠れた「絶対」である、ということです。

絶対的な見地から「存在」を見るならば、それはいかなる属性によっても説明できないものだとわかります。つまり、「存在」は無属性であるのです。また、相対的な見地から「存在」を見るならば、相対生命のあらゆる属性と、相対界のさまざまな現象のあらゆる属性は、すべて「存在」の中にその基盤をもっていることがわかります。

身体のさまざまな面に関して存在の技術を考察するとき、身体のどの面に関する存在の技術も、より大きな永遠性、安定、健康、喜び、創造性、生命エネルギーをもたらすものである、ということをしっかり理解する必要があります。

存在の技術は、自然法則にますます調和することを基本としなくてはなりません。そうすれば個別生命が環境に及ぼす影響は自然法則の目的を強化し、宇宙により大きな調和をつくり出します。したがって、存在の技術とは、身体のどの特定の面に適用されるものであったとしても、その特定の面自体を強化すると同時に、個人と宇宙全体に対するその特定の面の価値をも高める、というものなのです。

存在の技術によって、身体の各部分は互いに調和して活動するようになり、神経系を通じた身体と心との調和も常に強力になります。また、身体と環境との関係も安定し、身体にとっても環境にとっても有益なものとなります。

このような身体の状態をつくるには、心を「存在」のレベルにもってくることが必要です。そうすれば、神経系もその末端器官である身体も同時に「存在」のレベルに確立されます。超越瞑想によって、身体が活動と無活動の中間状態、すなわち「存在」のレベルにもたらされることとは、すでに述べた通りです。

## 神経系と「存在」の技術

神経系に関する存在の技術とは、神経系がいかなる状態においても「存在」とのつながりを失うことなく、その能力を最大限に発揮するというものです。

先に進む前に、注意すべき重要な点があります。それは、どのような体験も、それが起こるためには、神経系がある特定の状態におかれていなければならない、ということです。目覚め、夢、眠りのどの意識状態におけるどんな体験も、それに対応した神経系の特定の状態があるからこそ可能なのです。

花が見えるのは、目が開いていて、花の像が目の網膜に映り、必要な刺激が大脳皮質に到達できるような、特定の状態に神経系が調節されているからこそ可能であるのです。もし、神経系が必要な状態に調節されていなければ、花を見るという体験は起こりません。神経系のこのような状態の調整は、あらゆる体験に当てはまることです。

神経系に関する存在の技術とは、神経系が、目覚め、夢、深い眠りのどの状態にあろうと、純粋「存在」を体験したときに得た状態を決して失わないようにするということです。

ちょっと考えただけでは、純粋「存在」をこのように維持するのは不可能なように思われます。通常の体験では、二つの異なる意識状態を維持すること、神経系を同時に二つの状態におくことは不可能です。目覚めか夢か深い眠りか、あるいは超越状態か、いずれにせよ、一時には一つの状態しか維持できないのです。

しかし、もっと詳しく調べてみると明らかになるのですが、「存在」のレベルが永遠に維持されており、それが目覚め、夢、深い眠りのそれぞれの状態の体験を生み出す神経系の状態すべての基盤になっている、といった神経系の状態をつくり出すことも人間の能力の範囲内に含まれているのです。人間の神経系は被造界すべての中で最も完全なものなのです。

このような永遠の状態、『存在』のレベルが維持されていると同時に体験が生じることも受け入れる状態」を神経系の中につくり出すことが、神経系に関する存在の技術なのです。

この技術は、実際にはどのようにするのでしょうか？

目覚めの状態の体験が生じるためには、心が神経系の働きを通して外界と接触する必要があります。神経系は五感と身体を刺激し、心が周囲の世界と接触できるようにして、特定の体験を生み出します。活動を続けたために、五感とそれにつながる神経系全体が疲労すると、心は五感と外界との接触を失い、目覚めの状態の体験は停止します。

心は満足しない限り引き続き活動しようとします。神経系が五感のレベルで疲労すると、目覚めの状態の外界の体験はできなくなります。けれども、心のほうは活動したいと思っていますから、神経系の別の部分が心の命令を受けることになります。それによって、神経系のその部分が活動を始め、目覚めの状態の体験中には通常使用されない五感の精妙な領域を刺激します。このようにして夢の中の幻想的な体験が起こるのです。このレベルでしばらく活動が続くと、神経系のこの精妙領域も疲れてきて、夢の体験を知覚する能力もなくなります。ここで、体験のない状態である深い眠りが始まります。

ところが超越瞑想中には、神経系は、目覚めや夢や眠りの体験を生じる状態とはまた違った状態に自然になります。この状態にあるとき、神経系は純粋「存在」を体験することができます。つまり、超越意識を体験し、超越意識の状態そのものになるのです。

このように超越瞑想の実践によって、普通の生活では目覚め、夢、深い眠りの間だけを行き来しているにすぎない神経系が新しい状態を得るのです。この新しい状態は、目覚め、夢、眠りの意識状態のうち、どの二つの間にもある接合点に位置していると言えます。* この点こそ、神経系のレベルにおける存在の技術を達成する要なのです。

＊「超越瞑想の基本原理」七一ページを参照してください。そこでは、現在意識が想念をその初期の段階へとたどっていって、超越意識に到達することを詳しく説明しました。超越「存在」がその純粋な状態で見いだされるのは、二つの想念が浮かび上がってくる間においてです。これと同様に考えると、純粋「存在」の超越状態は、目覚めの状態の最も精妙な面の終わりと夢の状態の最も精妙な面の始まりの間にあるということが容易にわかります。つまり、純粋意識の状態は、目覚めの状態の意識と夢の状態の意識の間に位置しているのです。

「存在」の体験を生み出す神経系の状態は、目覚め、夢、眠りの状態の体験を生み出す状態とは異なっています。これは、三つの状態のどの二つの間にもある状態であり、神経系全体が活動と無活動の中間におかれている状態です。これは、神経系全体が目覚め、夢、眠りのどの状態にも属していない状態です。このような理由から、神経系の一定部分を活動させたり休止させたりして通常の目覚め、夢、眠りの状態の体験を交互に生み出すと同時に、「存在」の体験のために必要な状態を永遠に維持することも可能であるのです。これが神経系に関する存在の技術です。これは超越瞑想を続けて実践することによって成就されます。

## 環境と「存在」の技術

環境を完全に活用する方法について考察したときに説明したことですが（「環境を最大限に活用する方法」一一九ページ参照）、超越瞑想によって人は周りに「存在」の価値を放射するようになります。それは、瞑想中に「存在」のレベルに到達した心が、瞑想後、また外側の世界に戻ってきて機能するからです。

環境に関する存在の技術とは、いかなる環境においても「存在」を維持することです。環境が良くても悪くても、有利でも不利でも、有益でも有害でも、有徳でも罪深くても、そういったこととは無関係に生命の完全さを維持することです。どんな環境にあっても、「存在」の満ち満ちた生命、知性、愛、喜び、エネルギーを維持するのです。「存在」の維持の結果として、あらゆる面で環境の改善が起こります。環境は個人にとっても、宇宙的な進化の目的にとっても、被造界にとっても、有益なものになります。このようにして、環境の質と状況が存在の技術によって改善されるのです。

個人がいかなる環境においても「存在」を維持するならば、環境に何らかの点で改善を要するところがあれば、その人の行動は間違いなく環境を改善します。なぜなら、「存在」の中に確立されるということは、自然法則に調和しながら、満足と知性と創造性の中に確立されることだからです。

## カルマと「存在」の技術

カルマ*の哲学とは、作用と反作用についての簡単な哲学であり、蒔いたものは刈り取らなければならないというものです。エネルギー保存の法則は、カルマの理論を支持します。いかなる行為でも、それを行った人とその環境に対して、何らかの結果すなわち反作用を生み出すのです。

＊カルマ…文脈によって異なる意味をもつ言葉です。例えば、行為、行為の力、行為の結果、行為の体験が残す印象などといった意味に使われます。西洋における一般的な受け取り方では、カルマというとかく悪い行為とその結果が連想されます。しかし、カルマという言葉自体には善悪の区別はなく、ただ行為に関する意味をもつだけです。よいカルマとはよい行為であり、悪いカルマとは悪い行為であって、カルマというだけでは単に行為を意味するにとどまります。

何かを考えるとき、思考の過程とは、考えるという行為を行うことにほかなりません。同じように、話すこと、行動すること、体験することも、すべて異なったレベルにおける行為です。

池に石を投げ込むと、その石は沈みますが、水面には波が生じます。この波は広がっていって池の岸に達し、岸辺の砂粒に突き当たって影響を与えます。波は砂粒を押しやったり、池の中に引き寄せたりします。水面にも岸辺にも、波の影響は至るところに及びます。行為が行為者とその環境に及ぼす影響もこれと同じです。

一つ一つの想念、言葉、行動を通じて、人はその環境に影響の波を生み出します。この影響の質は、行為の質によって決まり、環境に広がる反作用の程度は行為の強さによるのです。このように、人生のどの瞬間をとってみても、人はその呼吸、思考、言葉、行動などの行為によって、環境に何らかの影響を生み出していることがわかります。

　ある行為の影響がどこまで広がるかということもわかります。池の例でいうと、一つの波の影響は、その波がどれほど小さなものであっても、池全体に広がります。同じように、ある行為によって生じた波動は、近いものにも遠いものにも、周りのあらゆるものに突き当たります。地球上のあらゆるもの、そして月、太陽、星などに突き当たりながら、宇宙全体に広がっていき、出合うものすべてに影響を及ぼします。そして、この影響はもとの行為の質と力によって決まります。

　このような波動が宇宙の万物に衝突することによって生じる反作用は、ちょうど、壁に当たったゴム製のボールが投げた人のところに戻ってくるのと同じように、その行為をした人のところに戻ってきます。言うまでもなく、近いところから返ってくる反作用のほうが、遠方からのものよりも、速やかに行為者のところに届きます。

　例えば、ある人が一つの言葉を話すとします。その人はその言葉を話すことによって波動を生み出します。その波動は広がっていって、一本の木にぶつかり、その木に影響を与えてから、話した人に返ってきます。もっと先に行った波動は、山に突き当たります。その場合は返ってくるのにさらに多くの時間がかかります。月に当たって返ってくるときには、さらに多くの時間がかかります。太陽まで行って元の人に戻るのには、またさらに長い時間が必要です。宇宙には光が地球に届くのに何百万年もかかる遠い星もあります。そのような星に行為の影響が届いて、また元の人に返ってくるのには何百万年もかかるでしょう。

ある行為の影響が全宇宙に広がり、最後に反作用として行為者に返ってくる経緯は、このようなものなのです。

ここで次のような疑問が生じるでしょう。ある行為の結果が、何万年も何百万年も後で、その行為をした人に戻ってくるなどということが、どうして可能なのでしょうか。

ある人が遠くに住んでいる父親に手紙を出したとします。手紙が宛名の場所に着いたときに、その父親が別の町に引っ越していたとしても、手紙は転送されて届きます。必要なら、何回でも転送の手続きが繰り返されて、手紙は宛名の人のところに届くのです。千年後に戻ってくることになっている行為の結果は、そのとき、行為者が宇宙のどこにいようとも、間違いなくその人のところに戻ってくるのです。

転生と死後の生命存続に関する哲学を理解しない人には、このカルマの哲学は納得しがたいでしょう。自分の行為の結果を何百万年にもわたって受け取り続けるということがどうして可能なのでしょうか。

魂が解放されて、宇宙実存に溶け込んでしまわない限り、個々の魂はどこかの世界で何らかの肉体をまとって、その個別性を保存するからです。個人はどこまでも個人として存在し続け、過去からのカルマの結果を受け取るのです。

人が解放されて、その個別性が宇宙実存に溶け込むと、その人の過去のカルマの影響はその人の息子か孫か、あるいは血縁者が受け取ることになります。反作用はどこまでも続きますから、その人の家系が絶えてしまったとしても、血縁者にいちばん近い人か、友だちか、または何かの縁でつながっている人のところに届くのです。

カルマ、すなわち行為の反作用または結果は、必ず行為者のところに返ってきます。たくさんの牛の群れの中から、子牛が母親を見つけだすように、また、手紙が必ず宛名の人に配達されるように、行為の結果もその行為者のところに必ず返ってきます。

カルマの哲学によれば、今ここでだれかが幸福であるとしたら、それはその人の過去のよい行為の結果であるということになります。つまり、有徳な行為によって周りに幸福と調和に満ちたよい波動を生み出した結果が戻ってきているのです。いま苦しんでいる人があるとすれば、それはその人が過去において周りに苦しみと不健康と悲惨さの影響をまき散らした結果であるのです。

幸福にせよ、苦しみにせよ、すべてその人自身の責任です。楽しんでいるのは、その人自身の行為が原因で楽しんでいるのです。苦しんでいるのも、その人自身の行為が原因で苦しんでいるのです。

だれかが大きな喜びを私たちのところに持ってきたとすると、私たちは、その人自身が本来幸福に満ちあふれた人だ、というふうに思います。しかし、カルマの哲学によるならば、その人は私たち自身が以前に世界中に広めた幸福を返しにきたために、私たちの目には幸福いっぱいの人に見えた、ということになります。つまり、よいカルマの反作用がその人を通して返ってきたのです。郵便配達人が手紙を配達してくれるのと同じように、その人も私たちのよい行為の結果を配達してくれたのです。もしも、その人が本当に幸福に満ちあふれた人であったとしたら、その人はどんなときにも、だれに対しても、不幸をもたらすことは絶対にないということになります。

もし、一人の人がある人たちには善く、別の人たちには悪いように見えるとしたら、その人は完全な善人であるとはいえません。本当に善人であるなら、だれにも善く見えるはずです。あらゆる点で悪い人なら、だれにも悪く見えるはずです。実際には、完全な善人とか完全な悪人という人はいません。だれでもあるときは善く、あるときは悪い、といった具合です。このようなわけで、だれもがほかの人たちの善いカルマの配達人になったり、悪いカルマの配達人になったりしているのです。ある人があなたの悪い行為の結果を配達する役目をしているとき、その人はあなたに不幸をもたらします。善い行為の結果を戻してくれるときには、喜びを持ってきます。ですから、不幸がきたときに他人を責めてはいけませんし、幸福がきたときも静かな心で受け取りましょう。人間の神聖な本質にはそのようなバランスの状態が備わっています。

カルマの哲学を知っていると、当然、努めて善いことをしようという気持ちになるはずです。しかし、何が善いか、何が悪いか、ということをどうやって決めたらいいのでしょうか。社会には善悪のおよその基準があり、善悪の区別について人々の間に共通理解があります。国を支配する法律もさまざまな基準を示しています。少なくとも、私たちは自分の住んでいる国の法律を守るべきです。

善悪の基準についてもっと深く研究したいという人は、宗教の聖典を調べるべきです。ヒンズー教徒でもキリスト教徒でも仏教徒でもかまいませんが、自分の信仰する宗教の聖典が善悪とは何かという問題を明らかにしてくれるでしょう。

宗教によって、その聖典に説かれていることが違っているかもしれませんが、なぜ違うのかは分析しないで、自分の属する宗教の教えに満足すべきです。真理はあらゆる宗教の聖典の中にあります。ですから、一つの宗教の信者が別の宗教の聖典を読んでもかまわないのですが、比較宗教学などに頭を突っ込んで混乱を招くのは避けたほうが賢明です。自分の宗教の聖典に従うのがよいのです。

このように聖典を善悪の基準とすることができるのですが、時として聖典内に述べられていることが互いに矛盾しているように思われることがあります。この理由は、生命の相対領域においては、物事の価値が時や状況や環境に応じて変化していくからです。私たちが善悪と言うとき、ある状況では善と思われることでも､別の状況では悪になることもあります。同様に､聖典における善悪の解釈の場合であっても、時や状況や環境の変化によって善悪の基準が変化することがあるのです。しかし、聖典に対する理解が不十分であったとしても、とにかく聖典の教えに従っていれば、多くの間違った行いを避けることができるでしょう。理解が限られていても､聖典にまったく従わないよりは従ったほうがいいのです。

私たちは自《みずか》らの人生において絶対的な善を生きるべきです。しかし、絶対的な善の基準はどこに発見できるのでしょうか。絶対的な善の人生を生きるために、どのように自分自身と環境を形づくったらよいのでしょうか。その方法を教えてくれるのは一体だれなのでしょうか。

善悪の絶対の基準を手に入れたいと思うならば、それは私たちの手の届くところにあります。どのようにして絶対的な善を基にしたカルマ、すなわち行為が可能となるのかを、カルマの哲学に従って見ていきましょう。しかし、まず、善悪とか有徳背徳ということは、いったいどのような意味なのかをはっきりさせましょう。

善い行為とは、その行為をする人にとって、現在にも善い影響を生み出し、未来にも善を約束し、環境のあらゆるレベルにも善い影響を及ぼすものです。行為者とその環境にとって生命を支える影響を生じる行為が、善い行為、有徳の行為であるのです。

現在あるいは未来において、行為者あるいは環境のどこかあるレベルにおいて、生命を害する影響を生じるような行為はすべて、悪い行為、間違った行為、罪深い行為、背徳の行為と呼ぶことができます。

これが善い行為と悪い行為の基準です。行為は、現在においても、あらゆる時を通じても、行為者に対しても、宇宙の万物に対しても、すべてに善い結果を生じるものでなければなりません。これが絶対的な善の定義です。

それでは、ある特定の時に、ある人の行為がどんな種類の影響を生み出すのか、だれがそれを決めることができるのでしょうか。現在あるいは将来において、ある行為が宇宙の特定のレベルにどのような影響を及ぼすのか、だれがそれを知ることができるのでしょうか。ある行為の影響の範囲というものは計り知れないものです。それはあらゆる時間、空間、原因、結果にわたっており、人間の理解力を超えています。

そうであるとしたら、いったいだれが善悪の区別や、ある行為をなすべきかどうかという決定を下すことができるのでしょうか。

知的なレベルから善悪を定めることは不可能なように思われます。それをしようと試みても非常に複雑なことになるでしょう。

しかし、あらゆる行為が自然に正しく善いものになるように、生命の流れ全体を調整することは可能です。この可能性を分析して、一つ一つの想念や言葉や行動を、個人と全宇宙の生命にとって善なる方向へ向かわせる方法を発見することにしましょう。

宇宙の生命とは、宇宙生命の維持と進化という意味です。被造界の無数のレベルにおける無数の実存の維持と進化は、自然法則に支配された自然で自動的な過程を通して行われています。

永遠不変の宇宙法を基盤にして、すべての自然法則がその性質を変えることなく、さまざまな次元で働き続け、生命を維持し進化させているのは前に述べた通りです（「存在――宇宙法の次元」五一ページ参照）。全宇宙の進化の過程は自然法則によって行われ、その自然法則の究極の基盤は宇宙法であります。

個別生命の流れを宇宙法の次元に向ける方法があるのですから、個別生命の維持と進歩と進化の全過程を自然に自動的に行うことができるはずです。自然法則によって人生を管理する方法があるのですから、すべての想念や言葉や行動が、万物の維持と進化のために働くこれらの法則に調和した影響を生み出すようにすることができるはずです。

前に宇宙法について考察したとき、だれでも、どこでも、いつでもできる簡単な方法で、個人の心を超越絶対の純粋意識に調和させることができる、ということを述べました。

ですから、いかなる人であっても自信をもって、生命と進化を支える自然法則に自分の生命を調和させることを始めるべきです。この方法によれば、だれでも想念や言葉や行動を通して、自分自身にもほかの人たちにも、また現在においても、未来においても、永遠によい影響を生み出すことができるのです。

これがカルマの哲学です。カルマの哲学によって、カルマの範囲は無限であり、その行為者に対する影響は常に増大している、ということがわかります。また、これもカルマの哲学から明らかになるのですが、行為の影響範囲が人間の理解力をはるかに超えたものであっても、超越瞑想という行為（カルマ）を行うことによって、すべての行為が自然に宇宙生命のリズムと調和し、被造界の進化を維持し助けるという生命の次元に到達できるのです。完全な善であることによって完全な善をなすようになるのです。

「存在」が心の本質に注入され、相対生活の領域に行き渡るようになると、あらゆるカルマが絶対の正しさをもったカルマになります。

これが、あらゆる実存に対して、あらゆる時に、あらゆる善を行いながら、しかもカルマの束縛を受けずに絶対の自由の中に生きる、直接的で実際的な方法です。行為者はどうしてカルマの束縛から解放された状態で行動できるのでしょうか。この問題を論じる前に、まず束縛と自由の意味をはっきりさせなくてはなりません。

「存在」の本質は内に隠れたものです。「それ」を外に現すのがカルマです。カルマは一時的なもので、やがては滅びるものですが、「存在」は永遠で絶対です。「存在」が絶対性をもつ純粋意識であるのに対し、カルマは現在意識に基礎をおいています。カルマの力によって、「存在」の純粋意識が現在意識に転換されるのです。その本質において「存在」は永遠の統一ですが、カルマは統一の中に多様性をつくります。このように、「存在」はカルマの源であるのですが、カルマの本質は「存在」の本質とは正反対であることがわかります。これが「存在」とカルマの間の基本的な関係です。

心の本質は一つ一つの体験によって影を投げかけられるということ、また、行為者はその行為によって、思考者はその思考によって、影を投げかけられるということを、前の章で論じました。心の本質に対するこのような投影のことを、行為またはカルマの束縛と呼ぶのです。

ところが超越瞑想を実習すると、「存在」の価値が十分に行為者の心に染み渡り、行為が行為者の本質に影を投じることがなくなります。行為者の本質である「存在」が維持されるので、行為を行ってもそれが行為者の本質に影を投げかけなくなるのです。このとき、行為者は行為によって束縛されない状態です。このように「存在」が維持されているときには、カルマは拘束することができないのです。

カルマを取り除いてしまうことは不可能です。生命は活動であり、その本質は躍動ですから、行為は必然的に継続します。そのために、物理的にカルマから逃げようとしたり、行為を避けることはできません。ですから、「存在」が心の本質の中に行き渡るまでは、行為の束縛を避けることは不可能であるとわかります。

カルマからの自由を得るためには、永遠「存在」の地位に到達することが必要です。心を「存在」に到達させるという行為によって、私たち自身にも全宇宙にとっても常に善い影響を生み出すような状況を、私たち自身の中につくり出すことが可能です。また、それと同時に、私たちは行為の拘束力を超えて、永遠の自由の生命を生きるのです。

これがカルマの哲学です。この哲学は、善悪の問題と行為の遠大な影響を論じるだけでなく、行為の拘束力を超える技術を示すものでもあります。さらに、この哲学は、カルマの構造を分析し、いっそう強力な成功を収める結果を生み出すように、行為を強化する技術をも提供します。このことをもう少し考察してみましょう。

当然のことですが、弱い行動は弱い結果を生じ、強い行動は強い結果を生じます。行動の強さは、主として、その行動の背後にある想念の強さによって決まります。

強い想念に基づいた行動は、強い影響と強い結果を生み出します。したがって、強い結果を生み出して、その結果を楽しみたいなら、まず心を「存在」の領域に連れていって、「存在」が心の本質に注入されるようにすることが必要です。そうすれば、現在意識が絶えず「存在」の価値によって満たされているようになります。心が「存在」の力に満ちているとき、心の創造性は無限に大きくなり、力強い行動が最小のエネルギー消費で望みどおりの結果を生み出すようになります。

「存在」のレベルから行うカルマすなわち行為は、無限の価値をもっています。このような行為は、最小のエネルギーで行われ、行為者と世界全体にとって最大の善を生み出すのです。行為者は結果を楽しみながら「存在」の次元に生き、カルマの拘束力から永遠に解放されている状態を保ちます。

カルマの哲学が教えているのは、行動におけるこの技術です。この行動の技術は、私たちの注意を「存在」のレベルに向ける超越瞑想の簡単な実践によって、自然に個人の中に養われていきます。このように、行動が「存在」のレベルから行われるときには、カルマは生命の目的、すなわち最高度の進化を成就するのに役立つのです。

生命の目的は、至福意識を楽しみ、永遠の自由の状態に進化していくと同時に、人生において最大のことを達成し、最大の喜びを得て、自分自身にもほかの人たちにも最大の善を行うことです。カルマの哲学の教えるところによると、超越「存在」の領域に注意を向けるこの行為によって、私たちは生命の目的を果たし、宇宙的な進化の中で自分の役割を果たすことができるのです。

「存在」のレベルで機能していない心が行う行為は、その人にとって正しいこともありますが、正しくないこともあります。そのような行為は、全宇宙にとっても正しい場合もあり、間違っている場合もあります。間違った行為は万物の進化の過程を支配している自然法則の働きに緊張を与えます。そのような行動は力が弱いために、その達成に大きな努力が必要ですし、個人にも環境にも大きな緊張を生じます。そして何よりも、こういった行動は心を束縛します。

したがって、カルマの目的が何であるにせよ、最も効果的で強力で最高の結果を生み出すことができる技術は一つだけです。それは、心を内側に引き込み、超越「存在」の領域に到達させ、また活動に戻って行動することで、あらゆるレベルに強さと満足をもたらす技術です。

どのような活動であっても、また、心、五感、体、環境でなされる行動がどのようなものであっても、「存在」が永遠に維持されるべきです。カルマはその本質からして「存在」に対立するものですが、カルマそのものを「存在」のレベルに引き上げるのが、カルマの領域における存在の技術であるのです。

「存在」がその本来の地位に維持されるならば、カルマが「存在」の力に対立することはなくなります。カルマと「存在」がともに心のレベルに維持されるとき、これは、カルマの技術であると同時に、存在の技術でもあるのです。

# 第三章　考える技術

考える技術とは、心のエネルギーの消費量を最小限にとどめながら、最も強力な想念（考え、想い）を生み出すことにあります。想念は楽に無理なく表現されるべきです。これが考える技術です。最小の努力で最大の効果をあげるのです。

想念は力強いだけでなく、正しいものでなければなりません。考える技術は、間違った想念や無益な想念が心を占領することを許しません。進化を助ける有徳で道徳的な想念だけが自然に心を満たします。考える技術のもう一つの面は、浮かんでくる想念が、考える人に最大の利益をもたらすと同時に、周囲にも調和の波を広げるということです。

考える技術がなければ、いついかなる時にどのような想念が浮かんでくるかわかりません。無益な想念、間違った想念、弱い想念、人を迷わせる想念、堕落させる想念は、進化の妨げになります。考える技術が確立されてまとまりのない思考がなくなったとき、初めて進化が保証されます。思考はそのとき、宇宙法、自然の諸法則、進化の目的に調和するのです。

考える技術とは、相対界における活動に専念している間も、束縛や執着なく、自由に考えられるというものです（「体験と存在の技術」一五〇ページ参照）。心は想念にかかわっているときも自由を保ち、神意識における永遠の自由に至る手段として活用されなければなりません。

考える技術を養うには、心を想念の源に導き、そこで意識的に想念の種子を拾って、それを超越「存在」の領域から無限のエネルギーとともに外側に持ってくるという方法をとります。想念は「存在」に満たされ、多様な現象界の相対領域の中に超越「存在」を注入する手段になります。

弓を射る技術は、まず矢を弓につがえて、できるだけ後ろに引き絞り、そこで矢を放して強い力で的を射る、というものです。これと同じように、考える技術も、心を想念の源に引き寄せて、そこで放して、「存在」の力を伴った強力な想念を生み出すのです。

考える技術によって、思考と行動の領域の能率が高まります。生命に力と成功をもたらします。「存在」を外側の活動に注入し、超越的な自己意識が、人間の意識の最も進化した状態である宇宙意識へと成長していく手段となります（「存在を生きる方法」八〇ページ参照）。このように、考える技術は生命の最も重要な一面であるのです。

考える技術には、はっきりと考えることも含まれています。想念の明瞭さは、心と神経系の状態によって決まります。神経系が疲れた状態にあってはいけません。また、心全体が機能して神経系に働きかけ、外界にそれ自身を表現できるようでなくてはいけません。心全体が強力な神経系と調和しているとき、そこからはっきりした思考が生まれます。想念は明瞭になり、思考は効果的になります。効率的な行動は、効率的な思考から生まれます。そして、効率的な思考は、想念をその最も微細なレベルでとらえる心の能力によるのです。想念を源でとらえるなら、その想念は最も強力で活気に満ちています。

したがって、考える技術とは、次のような想念をもつことに帰着します。⑴正しい思考。⑵有益で創造的な思考。(3)力強い思考。(4)考える人が想念によって束縛されず、「存在」の自由の中に安住できる想念。この四つの要点を一つ一つ考察していくことにしましょう。

## (1) 正しい思考

心が正しい想念（考え、想い）だけを抱くことはきわめて必要なことです。正しい想念とは、考える人にとっても全宇宙にとっても、現在そして未来永劫にわたって、調和的で有益なよい影響、生命を支持する影響を生じるような想念のことです。

正しい想念とは、進化の自然な過程に合致し、考える人に対してもほかのどんな人に対しても、有害な結果を生じない想念のことです。

どのようにしたら、心が建設的な想念だけを抱くことができるのでしょうか。

宇宙法を論じたときに述べたことですが（「存在――宇宙法の次元」五一ページ参照）、超越「存在」の状態にあるとき、心はすべての自然法則の基盤である意識レベルを得ています。この状態にあるとき、心は自然に建設的な想念だけを抱きます。

単に正しい考え方をしようと努力するだけでは、いつも正しい想念を抱くことはできないようです。正しい想念だけを抱こうと意識的に努力すると、心が緊張してきます。心が常に正しい想念だけを抱くためには、心が自然に正しい想念だけを取り上げるように心を養うことが必要です。心が宇宙法の次元に確立されていない場合には、心は満足していませんから、正しい想念だけを抱こうとしてもうまくいきません。

どのような想念が絶対的に正しいかということを知的に確かめる方法はありません。仮に、ある想念の正しさが知的に判断できるとしても、そのように判断できるのは、すでに生じた想念を正しいかどうかよく調べた後のことです。しかし、そのときにはすでに考える人もその環境も、その想念の質によって影響を受けてしまっています。

ですから、正しい想念だけを抱くということは、間違った想念が絶対に生じないという状態を心の中に開発しない限り、可能ではありません。前に述べたように（「思考と存在の技術」一四一ページ参照）、だれでもそのような心の状態を容易に開発することができるのです。

## (2) 有益で創造的な思考

どんな想念も、それが発達する過程で生命エネルギーを消費します。ある想念が有益でないとしたら、この想念に使用されたエネルギーは無駄であったということになります。有益でない想念が環境に及ぼす影響は、何の役にも立たないか、あるいははっきりと有害なものです。ですから、心が有益で創造的な想念だけを抱くことが大切なのです。

白昼夢を見る人は空想で心を消耗させます。そのような実際的でない思考は生命エネルギーのたいへんな浪費であり、考える人から正確に考える能力や決断を下す能力を奪い取ってしまいます。

有益な想念とは、創造的であり、生命にとって建設的な目的をもつものです。心が想念を抱くのは、それを発展させて、ある願望の実現に役立てるためです。想念は行動の基盤であるのです。その想念が有益で創造的であるとしたら、行動も有益であり、よい結果を生み出します。そのような有益な想念を一つ抱くことは、役に立たない想念を次から次へと限りなく思い浮かべて心のエネルギーを浪費するよりも、はるかに価値のあることです。

有益で創造的に考える技術は、超越瞑想の規則的な実践にあります。この瞑想は心の本質に「存在」の状態を育てますから、心はいつも絶対「存在」の至福意識に包まれて満足しているようになります。このように満ち足りている心は、有益な想念だけを抱きます。それは、その想念を抱く人とその環境にとって、その時必要なことを成就するための想念であり、その人と全宇宙生命の進化の目的に役立つ想念であるのです。

## (3) 力強い思考

ある想念が力に満たされるために必要なことが二つあります。一つは、想念をつくり出し、発展させるために、心の全潜在力が活用されること、もう一つは、自然の力がその想念を支えることです。考える人と周りの世界が想念に最大の力を与えるときにのみ、その想念は最も強力になるのです。ある想念を心の全潜在力で支えても、その想念が周囲に喜ばれず自然界に歓迎されないものであれば、その想念は最後の成就まで力を保ち続けることができません。

超越瞑想によれば、あらゆる想念が心の全潜在力によって支えられ、すべての自然法則の好意的状態をつくり出すことができます。

## (4) 考える人を解放する思考

考える技術とは、想念が考える人に対して拘束力を生じないだけでなく、想念がその人を束縛から解放する手段になるべきであることも求めています。

何かを考えるとき、心はその想念と同一化します（「思考と存在の技術」一四一ページ参照）。心が想念と同一化すると、それによって「存在」の力に影が落とされます。心の本質、すなわち「存在」に影が落とされると、心は想念の束縛を受けるのです。

したがって、想念の拘束力から心を自由にする技術は、考えながら「存在」の状態を維持する能力にあります。

考える人が想念をその源においてとらえられるなら、その想念は心に見守られて成長しますから、心を束縛するのではなく、むしろ解放の手段となります。しかし、考える人が想念を無視し放っておくとしたら、想念は知らない間に成長して大きくなり、もはや無視できなくなります。そのような想念は、心を虜《とりこ》にし、支配し、束縛します。

幼児期に母親によく面倒をみてもらった子供は、成長してから自然に母親に尽くし、母親を尊敬するようになります。しかし、もし、幼児期に無視されて育ったとしたら、その子供は傲慢な大人になって、母親はその子供に束縛されてしまうことになるでしょう。考える技術に熟達するためには、「存在」が常に維持されるように、心を訓練しなければなりません。「存在」を体験する超越瞑想の実践によれば、これはだれにでも可能なことです。

# 第四章　話す技術

話す技術は次の項目に分かれます。
(1)最小のエネルギー消費で話す
(2)正しく話す
(3)調和的に話す
(4)相手に気持ちよく話す
(5)力強く話す
(6)役に立つように話す
(7)話す人が話の拘束力から自由であるように話す

## (1)最小のエネルギー消費で話す

これができるのは、心が明晰《めいせき》で、自然な方法でその全潜在力を活用できるときです。また同時に、心と発声器官との間に効果的な調和があり、環境がその想念の質に対して好意的である場合にだけ可能です。

思考が明晰で力強いときには、想念が抵抗なく楽に自然に流れ出て言葉になります。反対に、想念が弱いときには、それを力で押し出して言葉にするのにさらなるエネルギーが必要です。

心が澄んでいれば、当然、明確な想念が生まれ、それが明確な話し方となります（「心と存在の技術」一五四ページ参照）。そのような話し方は、エネルギーの消費がはるかに少なくて済むばかりか、相手によい印象を与え、話し手の目的を成就します。他方、あいまいで長々とした話し方は、話し手と聞き手の両方を疲れさせ、いらいらさせます。

心と発声器官が互いに調和するためには、明瞭で力強い心と、心の全潜在力を外界とかかわらせることができる、強力で正しく機能する神経系が必要です。このような心と神経系を得るための方法は、前の章で、心と存在の技術、および、神経系と存在の技術を論じたときに明らかにしました。

環境の影響もまた重要な要素です。もし、環境が想念の質に対して好意的でないならば、その想念を口に出すのに相当な努力を要します。想念が言葉になって飛び出そうとするのを抑えるには、もっと大きな努力が必要になります。例えば、子供は花瓶から花を取りたいと思っていて、母親はそれに反対しているといった場合、子供が自分の考えを口に出すにはかなり努力が必要です。考えを言わないで抑えておくには、もっと大きな努力をしなければなりません。

しかし、環境が想念に好意的である場合には、その想念を言葉に言い表す過程は、生命エネルギーと喜びと創造的知性の高まりを伴いますので、エネルギーを浪費するどころか、反対にエネルギーを増す結果になります。

したがって、最小のエネルギー消費で話す技術は、環境に調和する想念を表現することにあります。実際には次のようにすればよいでしょう。

・その時に合った話し方をする。
・環境に合った話し方をする。
・周囲の人の意識の受容力のレベルに合った話し方をする。
・自分自身の状況に合った話し方をする。
・衝動に駆られて話さない。

環境が初めのうち、ある特定の想念に合わないように思われる場合、あるいは、自分自身の周りの人たちがその想念に好意的でないような場合は、聞く人たちに合わせた言葉で話し始めて、その後、しだいに自分の目的を表現していくのが話す技術です。このようにすれば、余分なエネルギーをそれほど使わずに、優雅に話す目的を達成することができるでしょう。

しかし、このような話し方を知的なレベルで養おうとしても、それは不可能です。一語一語の重さを計りながら自分の話し方を調節しようとすれば、絶えず内面が緊張していることになり、外からも不自然に見えます。これもやはり大量のエネルギーの浪費に終わり、話す目的全体が損なわれてしまいます。

話す目的は、超越瞑想の規則的な実践によって成就します。この瞑想は、心に「存在」の価値を注入すると同時に、環境を好意的なものに変えていくからです。

## (2) 正しく話す

前の章で説明しましたが、善悪の正しい評価は「存在」の次元に立つときに初めて可能です（「カルマと存在の技術」一七二ページ参照）。したがって、正しく話す技術は必然的に、「存在」の状態をその基盤としています。

話すことは想念が外に表れたものにほかなりません。ですから、考える技術に当てはまることは、すべて話す技術にも当てはまります。正しく話す基盤は、正しい思考にあるのです。

話すことは理性の表現であるとともに感情の表現でもあります。したがって、正しく話すためには、理性と感情が正しくなければなりません（「心と存在の技術」一五四ページ参照）。

ある人が口に出す一つの言葉からでも、その人の内面性がわかります。柔らかい言葉はその人の心情も柔らかいことを示しています。また、言葉のもつ論理性や想像力や独創性の度合いで、その人の心がどの程度にまで開発されているかがわかります。ある人の進化の程度は、その口から出るたった一つの言葉からでも判断がつくのです。

話すことは、人をその環境に結び付けるデリケートな媒体です。すべての人が話す技術に熟達していることは、人間とその環境の幸福にとって非常に大切なことです。なぜなら、間違った言葉を一つ口に出しただけでも、環境に悪い影響が生み出されるからです。自分の態度や行動の仕方を変えることはできても、一度口から出した言葉を引っ込めることはできません。その言葉を聞いた人と環境にいったんつくり出した影響は、取り返しがつきません。したがって、正しく話す技術をもっていることがきわめて重要なのです。

話すことは想念が外に表れたものですが、考える技術よりも話す技術の方がもっと大きな選択力を要します。なぜなら、心に浮かんだ想念を全部言葉に表す必要はないからです。

例えば、ある実業家が、夜、友人とくつろいで座っていたとします。この人が急に自分の部下に話しておかなければならないことを思い付いたとしても、その考えをそのとき、その場で話し始めるのはまったく場違いなことでしょう。話す技術の方が大きな選択力を要するといったのは、こういった意味です。したがって、話す技術は考える技術よりも高度な技術なのです。

言葉は、その場の雰囲気に合ったものでなくてはなりません（「考える技術」一八四ページ参照）。想念とその表現である話すことは、ともに周囲に歓迎されるものであるべきです。その場の雰囲気に不適当な言葉をいくらたくさん並べても無駄ですが、正しい言葉なら二言でも目的を達することができるでしょう。

したがって、正しく話す技術は、正しく考える技術を含むばかりでなく、その場の雰囲気に合った表現を使用する技術をも含んでいます。

### (3) 調和的に話す

調和的で適切に話すためには、想念が明晰《めいせき》であり、しかも環境全体にとって無害であるばかりか、むしろ生命を支えるような影響をもっていなければなりません。

話す技術は、はっきり考えることと、その考えを無邪気に気取らずに表現することにあります。想念がその時と場合に適したものであれば、感じたままに話すべきです。もし、感じたままを言い表すと、周りの人たちが傷つくようなときには、話さないほうがよいでしょう。自分の感情を抑えないほうがよいと思われる場合でも、だれかを不機嫌にしたり、周囲に不調和の波を起こすと思われるような言葉は、口に出さないというのが、話す技術です。

ある点で「だめだ」と言わなければならないときでさえ、ののしるような厳しい感じを与える言葉では表現しないというのが、話す技術の教えるところです。話す技術は真実を話すことにありますが、同時にまた、どれほど真実を語る言葉であっても、その表現がだれかを傷つけるものであってはなりません。

生まれつきの性格として、ありのままに考えるという人がたくさんいます。こういう人たちは、考えた通り正確に言うのが正直だと考えています。それは正直な話し方かもしれませんが、もしかすると、あまりにも率直すぎて聞く人に不快感を与えるかもしれません。その結果、不調和を招いて、話す目的自体を損なってしまうかもしれません。何かあることについて判定を下さなければならないときも、相手が受け入れやすい言葉で話すべきです。このようないたわりの心と細やかな思いやりは、心が至福を体験し、超越「存在」の大きな幸福によって柔らかく溶け始めるにつれて発達します。心が柔らかくなると、だれに対しても、荒い言葉や不快な言葉は自然に出てこなくなります。大きな調和の中で言葉が自然に流れるようになるのです。

## ⑷ 相手に気持ちよく話す

話す技術とは、ありのままに考え話していても、口に出た言葉は、気持ちよく、柔らかで、正しい性質になる技術です。

相手に気持ちよく話す習慣は、どんなときでも辛らつな話し方をしない性質、すなわち丁寧さ、柔らかさ、親切さなどを心に養うことにあります。言葉は自然に真実に満ちており、それを耳にする人たちにとって快いものでなくてはなりません。そのためには、純真で情愛に満ちた性質を養う必要がありま す。ただ単に、礼儀正しくしよう、親切にしようと心がけるだけでは何の役にも立ちません。そのような努力をいくらしても、気持ちよく話す技術を習得することはできないのです。

気持ちよく聞こえるように話し方を整えようとすると、かえってぎごちなくなり、相手の耳に滑らかに調和的には響きません。うわべだけ整えようとすると、話す人も聞く人も心が緊張してきます。

話し方の指導をする人たちがたくさんいます。このような人たちが教える方法は、確かに声の質をいくらかよくしたりしますが、こういった人たち自身も心と筋肉の緊張が解けない限り話し方はよくならない、ということをよく知っています。

気持ちよく話す技術は、話しすぎたり、話し足りなかったりせず、気取らず自然に話すことです。政治家の場合は、まったくの政治的な理由から、わざと言葉を少なくしたり多くしたりすることがよくあるようです。しかし、政治の世界であっても、相手に気持ちよく話すには、ありのままの気取らない表現をするのがよく、そのほうがかえって望ましい結果を生むものです。

話の長さと良い印象を生み出すことは、ほとんど関係ありません。印象を与え、話の目的を果たすのは、言葉のもつ誠実さや真実性、話を支えている知性などです。

もし、言葉が気持ちよく、目的にも適っているなら、それが話す技術です。相手を喜ばす話し方をすれば、敵を味方にすることも可能になるでしょう。優しい言葉で話す人には祝福があります。

気持ちよく話す技術は、理性と感情を愛で満たすことから生まれます。愛は幸福な心に自然に備わっている性質です。幸福で満ち足りた心は、至福意識の中で自然に維持されます。「存在」を体験することが、その直接的な方法です。

## (5) 力強く話す

話す力は想念の力から生まれます。また、話す内容を熟知していること、理性と感情が純粋であることから、生まれます。前にも述べましたが（「考える技術」一八四ページ参照）、超越瞑想を規則的に実践して意識の純粋さを高めることによって、理性と感情の純粋さを得ることができます。また、理知も向上しますから、話す内容を熟知することもできるようになります。

### ⑹役に立つように話す

役に立つように話す技術は、満足した理性と感情に自然に備わります。至福意識を開発すれば、容易にこのような心が得られます。

### ⑺話の拘束力から自由であるように話す

真我の意識を獲得して宇宙意識の状態に高まる技術は、話の拘束力からの自由を維持する技術と同じです（「存在を生きる方法」八〇ページ参照）。

# 第五章　行動の技術

インドにサンスクリット語で表現された次のようなことわざがあります。

「偉大な人物の行動の成功は、行動の手段によるよりも、その心の純粋さによる」

この格言は、私たちが何かを行って成功するために、どうしたら自然の力の支援を受けることができるか、ということを示しています。

宇宙法を論じたときに明らかにしたことですが、心が「存在」の領域で絶対の純粋性を獲得すると、心は自然法則と完全に調和して、環境の好意的な影響を受けるようになります。したがって、行動の技術の基本は超越瞑想の技術にあります。なぜなら、この瞑想は心の不純物をすべて洗い流し、心を清らかにして、自然法則と調和させるようにするからです。

行動の哲学を説明したときに、存在の技術が行動の技術の基盤であることを示しました（「カルマと存在の技術」一七二ページ参照）。より効果的な行動には、より効果的な思考が必要です。より効果的な思考のためには、より多くの「存在」を心の本質に注入する必要があります。ですから、行動の技術の基本は存在の技術であるのです。

いかなる行動でも、その質は行動する人の質と環境の影響とによって決まります。行為者の質もよく、習慣も秩序立っており、生き方も純粋で、心も強く思考も明確であったとしても、環境がその人の行動に対して好意的でないとしたら、その行動は成就しないでしょう。

超越瞑想の実践によって、環境が調和的になり、願望と行動の成就に役立つようになるということを、前に詳しく述べました（「環境を最大限に活用する方法」一一九ページ参照）。

行動の技術のもう一つの面は、何をするにも最小のエネルギー消費で最大量の仕事を達成し、それと同時に、仕事の質もよくなるというものです。ですから、行動の技術によって、ほとんど緊張せずに最大の利益が得られます。個人と宇宙の両方が十分な報酬を受けるようになります。

行動の技術の、さらにもう一つの面は、行動の熟練です。ここに熟練というのは、行為者が行動から大きな楽しみを得ながら、同時に行動の束縛からも、行動の結果の束縛からも解放されていることを意味します。

行動の熟練とは、行為者がその行動の考え、行動の過程、行動の成果からくる喜びに十分にかかわっていながら、永遠の自由の状態を維持し、絶対「存在」の至福意識に満たされている、ということを意味します。行動の技術のためには、形態や現象の外部世界に「存在」が自由に表現されるように、心が「存在」で満たされていなくてはなりません。

したがって、行動の技術とは、まず、心の海のより深いレベルを通過していって、想念の源である「存在」の領域に注意を向けることです。このような過程を通して、心の全潜在力が機能し始めます。

このようにして、思考と行動の全領域を手段として、超越的な絶対「存在」が相対界に入り、行動を通して振動するのです。想念、行動、行動の結果といったすべての領域が喜びとなります。なぜなら、あらゆる自然法則と環境のすべてが、願望の成就を助けるようになるからです。それはちょうど、被造界すべてがその人の想念と行動を引き受けて、代わりにやってくれるようなものです。

想念は神の想念になります。このとき行動は、神の目的を成就する手段となり、同時にその個人の目的のためにも最高度に役立つようになります。個人生命の目的が神の目的を成就するという輝かしい局面へと変わっていくのです。

これが行動の技術です。つまり、行動を始める前に、自分自身の内側に深く飛び込んでいきさえすればよいのです。そのあとは、思考と行動の全過程が自動的に行動の技術を形づくってくれます。

どんな行動でも、その行動をする人に最大の利益をもたらすように行われるべきです。これに関連して、行為者は自分自身の安全をまず第一に考えるべきです。つまり、自分の行動によって自分が束縛されないようにしなくてはなりません。行動そのものの拘束力も行動の結果の拘束力も、ともに行為者を束縛してはなりません。

今日の世界では、ほとんどの人が行動の拘束力について理解していません。行動は、感覚レベルにおいて人生を満足させるためだけに行われています。ほとんどの人が「存在」のことを忘れてしまったために、こういうことになってしまったのです。

今の人は「存在」のレベルとの関連で行動を考えるということはまったくなく、行動というものは心、五感、体、環境のレベルだけにあるものだ、と考えています。今日では、このようにきわめて表面的なレベルに生命の全領域があると思われているのです。

私たちが生きる技術を考察するときには、生命の領域の全体、すなわち「存在」、思考、行動、そして全宇宙すべてを考えに入れなければなりません。したがって、行動も完成や成果という観点から考えるだけでなく、行動が行為者やその環境につくり出す印象や影響という観点からも考えなくてはならないのです。

行動の技術の主要点を次に掲げましょう。

(1)行動を正しく計画する技術
(2)最小のエネルギー消費で行動する技術
(3)最短の時間内で行動する技術
(4)有益な行動だけを行う技術
(5)最も効果的で望ましい結果を生み出すように行動する技術
(6)行動を行うときの目的の固定
(7)だれも傷つけないで行動する技術
(8)最大の結果を生み出すように行動する技術
(9)常に喜びであるように行動する技術

以上の要点を一つずつ十分に検討する必要があります。なぜなら、行動の技術は、生きる技術の中でも最も重要な要素だからです。

## (1) 行動を正しく計画する技術

生命のあらゆる領域で無駄なく事を成し遂げることが、計画の主要な目的です。行動を正しく計画するには、心が澄んでいなくてはなりません。行動をあらかじめ正しく考えて、その手順を正しく計画しないと、行動のどの段階もあいまいになり、行動をする人も、その他の関係者も、みんなが満足できなくなってしまいます。

効果的な計画の第一要件はその人の心の状態であり、第二要件は環境と手持ちの資金です。資金をよく調べ、あとから追加の資金を獲得できる可能性や、手持ちの資金だけで仕事を完成する可能性をあらかじめ検討することは、どれも計画に必要な部分です。

純粋な拡大した意識から、ある計画に着手するならば、必要に応じて資金が手に入ってきます。高度に進化した意識の持ち主の場合には、計画の必要はほとんどなくなります。心に浮かんでくる通りにやっていれば、おのずから行動の筋道が整い、自然がその成就のために資源を提供してくれます。

進化した人は、事前に考えることなく、感じたままを自然に話します。こういう人の場合は、なんとなく感じたことでも具体的な結果となって実り、志をたてれば成功がおのずからついてきます。自然が願望を実現するのに必要なものを提供してくれます。計画は立てません。こういう人は仕事を始めさえすればよく、あとは仕事がひとりでにまとまっていきます。自然のすべての力がこの人の計画を支援してくれるからです。

このような自動的な計画の城に達するには、自分の意識を宇宙意識のレベルにまで高める必要があります。そうすれば、全能の自然がもつあらゆる力が、その人の願望を成就するように働いてくれます。しかし、実際に意識がそこまで十分に高められていないときには、仕事を開始する前に環境をよく調べ、手持ちの資金も考慮して、仕事がうまくいく可能性を前もって見積もることが必要です。自分の今の意識レベルで現実的に振る舞い、分相応に生きる必要があります。

計画の重要性について考察する場合、オートメーションの機械はばらつきのない完全な製品を作る、ということを考えてみるといいでしょう。機械が自動でないと、製品の仕上がりが均一でなくなる恐れがあります。仕事の計画と実行が同時に起こる状態まで私たちの意識を高めることによって、自動計画のシステムを導入できるとしたら、出来映えのふぞろいや失敗の可能性がずっと小さくなるに違いありません。しかし、そのような心の状態にまだ達していなければ、少し時間をかけて正しい計画を練るほうが有利です。

計画が優れたものであれば、行動に要する時間は少なくて済み、最小のエネルギー消費で最大の結果を環境にもたらすことができるでしょう。しかし、仕事の進行に照らして、ときどき計画を見直すことも必要です。

計画は正しく立てるべきですが、それにもおのずから限度があります。生命の最も大切な要素である時間という要素を見落としてはなりません。また、高い意識を開発して、広い視野、先見の明、はっきりした思考、直観、想像力、緻密な思考などを育てるべきです。こういったものは、すべて正しい計画の基盤になるからです。計画の主な目的は生命のあらゆる領域において無駄なく事を成し遂げることですが、以上述べたことがその技術です。
いったん、行動の計画ができたら、それを最も効率的な方法で実行することが非常に大切になります。

## (2) 最小のエネルギー消費で行動する技術

この技術にとってまず必要なのは、行動の背後にある想念が強力であることです。想念が弱いと、望む結果を実現するのに多くの努力を要しますが、強い想念に支えられると、目的の達成が容易になります。高度に発達した想念の力は、超越瞑想の過程を通して得ることができます（「思考と存在の技術」一四一ページ参照）。

行動を成し遂げるには、環境が好意的であることも必要です。環境がある行動の必要を感じ、その行動から何か有益なものを受け取りたいと望むならば、環境の雰囲気は好意的であり、その行動は容易に調和的に進みます。

行動は無害でなければなりません。だれかを傷つけるつもりであれば、環境からその行動を抑えようとする動きが起こり、その抵抗に対抗するために多くのエネルギーを使わなければならなくなります。

行動する人は、力に満ち、エネルギーにあふれていなくてはなりません。エネルギーが不足していると、行動に自信が伴わず、いつもおそるおそる足を踏み出すような結果になってしまいます。「存在」の状態に達すると、意識的な心が無限の生命エネルギーの領域に調和し、大きな活力を得るので、何を行うにしても容易に、敏速に、しかも最小のエネルギー消費で行動することが可能になります。

## ⑶ 最短の時間で行動する技術

敏速な仕事をするためには、確信と、決断力のある思考が必要です。よく考えもしないで行動を起こし、あとで何度もやり直して改善しようとするやり方では、多くの時間が無駄になります。このような確信の欠如は、最短の時間で行動することを妨げる大きな障害です。

現代生活は日増しにテンポが速くなってきているので、安定した心と発達した理知、さらに精力的で活気にあふれた性格が要求されています。のろのろした行動は今日の状況にはふさわしくありません。スピードが現代の趨勢《すうせい》です。現代生活の速いテンポについていけない人たちは、自分の中に緊張をつくり出します。行動の迅速さは、現代の世界で喜びに満ちた生命を営むための必須条件であるのです。

現代人の望みを端的にいうならば、昼間日が照っている間は地球上で暮らし、夜になったらロケットで月に遊びに飛んでいく、といったものです。行動において成功を収めたいなら、エネルギッシュで知性に富み、機敏で自信にあふれていなければなりません。こういった資質がないとしたら、その人は現代にはそぐわない人です。

時間は、生命において一つの大切な要素です。この世界で偉大な事業を成し遂げた人たちは、みな時間を大切にした人たちでした。この人生における時間は限られています。しかも、大きな進化を達成して、成就を獲得しなくてはなりません。したがって、時間という要素は何よりも大切にすべき要素です。歳月は人を待たず、と言われています。しかし、体験からわかるように、時間を超えた絶対「存在」

の永遠性の中に確固とした足場を得たときには、時間もまた私たちに最大の奉仕をするようになります。なぜなら、無限で永遠の絶対存在は、過去、現在、未来を貫くすべての時間の源であり、基盤であるからです。

「存在」によって補正されるとき、個人の生命は、内側と外側のどんな形態の抵抗も受けなくなります（「存在――宇宙法の次元」五一ページ参照）。大きな自信、心の明晰さと力が個人に現れ、環境にはあらゆる調和と好意的な影響が現れます。そして、どんな行動も最短の時間で達成できるような快適な雰囲気が自然につくり出されます。

## (4) 有益な行動だけを行う技術

正しい行動を選択する能力を身につけることが必要です。

ある行動が有益かどうかは、その人の意識状態に応じて異なります。人生におけるいかなる行動も、絶対の意識レベルから行われない限り、絶対的に有益であるとは言いきれません。この世界のいかなる行動でも、ある角度から見れば有益だが、別の角度から見ればまったく無益である、ということがあるものです。

ある行動がその行為者と環境に対して有益であるかどうかという問題をもっと深く考察していくと、次のような結論に達します。すなわち、行動がその人にとって気に入ったものであって、その行動の結果もその人に望ましいという場合であっても、その人のすぐ近く、あるいは遠くにいる人たちに、害を及ぼすものであるかもしれません。行動が部分的にのみ有益であるときには、本当の意味で有益な行動とは言えないのです。

例えば、盗人は大きな財を速やかに集めます。この行動は、盗人が喜ぶような結果を伴っていますが、周囲の人たちには喜ばれません。このような行動は、罪深い、間違った行動と呼ばれます。行為者にとって有益であるように見えても、それはごく粗雑な限られた視野から有益に見えるだけで、本当は、その盗人にとっても有益な行動ではないのです。

もし、ある人が深い洞察力をもっていて、善悪を見分け、自分の行動の結果も見通すことができるとすれば、そのような人だけが、自分自身と他の人たち両方に有益な行動を選ぶことができます。このような能力は、人が高い意識レベルに達したときに、その結果として得られるものです。

知的なレベルでは行動が絶対的に有益かどうか判断できない、ということはすでに述べました。個人の心が宇宙法に調和したとき、行動もまた進化の流れに調和してきます。そのとき初めて、個人は本当の意味で有益な行動ができるようになるのです。

## (5) 最も効果的で望ましい結果を生み出すように行動する技術

最も効果的で望ましい結果を生み出す行動を行うためには、次のようなことが必要です。

A　強い想念の力

B　大きなエネルギー

C　好意的な環境
D　正しく行動する能力
E　自　信

## A　強い想念の力

想念の力は次の四つの要因によって支えられています。(a)心の全潜在力を活用する能力、(b)集中する能力、(c)心のエネルギーを保存する能力、(d)心と神経系の効果的な調和。

### (a)心の全潜在力

「存在を生きる方法」（八〇ページ参照）で、どのような人でも、超越瞑想を行えば、容易に心の全潜在力を活用できるようになる、ということを明らかにしました。

### (b)集中する能力

集中力は心の質と強さによって決まる、というのが一般の考えです。しかし、実際に集中力を支えているのは、注意の対象から得られる喜びと幸福の強さなのです。バラの花が美しければ、心はまったく自然にその美しさに集中します。バラが何らかの点であまり魅力的でないとしたら、心の集中は長くは続きません。何でも魅力があるものは、心を引き付けます。注意の対象が提供してくれる魅力と幸福が大きければ大きいほど、心はそれだけ長くその対象に集中するでしょう。

どのような心も無限の集中力をもっています。心が新たにこの能力を獲得する必要はありません。なぜなら、これはすでに心に備わっている能力であるからです。いかなる心も、醜いものや、幸福をもたらさないものに、注意をとどめておくことはしません。どのような心も、魅力的で楽しいものに引き付けられ集中します。ですから、だれでも、ある程度は集中する能力をもっていると言えるのです。

しかし、だれにも経験があるように、心はある特定のものにずっと集中し続けることはできません。その理由は、注意がどこに向いても、その注意の対象が十分な幸福を提供してくれないために、心はもっと大きな幸福があるところにさらに移動していこうとするからです。幸福を求める心の渇きを完全に満たしてくれるほど大きな喜びの対象は、この世界には存在しないように思われます。ですから、心は一つの点に集中することができず、常にさまざまなものの中により大きな幸福を求め続けているのです。このような状況で、心が一点に集中するということが可能でしょうか。可能です。しかし、それは心が最大で永遠の幸福を見つけた場合に限ります。

誕生以来、人の心は次から次へとつかのまの喜びの間を移り動いてきました。したがって、さまようことが心の本質であると考えられています。

心は、枝から枝へと飛び回るサルのようなものだ、というのが一般的な考えです。心の本質を放浪から定着に変えるためには、心と欲望を制御しなければならない、と考えられています。しかし、心の本質はもともと放浪することではありませんから、心を固定させるために心を制御する必要はありません。実は、心の本質は安定してとどまることにあります。

蜜蜂はあちこちと飛び回って、蜜を含んだ花を探していますが、飛び回ることが蜜蜂の本質と考えるべきではありません。蜜蜂は、花から蜜を吸うという目的をもって飛んでいるのです。蜜蜂は蜜のある花を見つけるまではさまよい続けるでしょう。しかし、いったん花が見つかれば、蜜蜂はすぐにそこに止まります。

同じように、心も放浪していますが、それは心の本質によるのではありません。落ち着く場所、すなわち幸福を与えてくれる場所が見つからないから、仕方なくさまよっているだけなのです。心はサルのようではなく、本当は王様に似ています。だれの心も「王の中の王」のようです。自分の好きな場所に行って、そこに滞在します。自分の好きな仕事をします。王様が自分の国を歩き回っているからといって、王様の本質は放浪であると決めつけるのは間違っています。放浪している王様は、自分が座るべき王座がないためにそうしているだけなのです。適当な座がないから放浪を続けているのです。

自分自身を尊ぶ人ならだれでも、自分にふさわしくない、むさ苦しい場所には座ろうとしないでしょう。放浪は王様の本質ではないのですが、王様は疲れ果てても仕方なく歩き続けています。自分にふさわしい座を見つけるまでは、座ることをいさぎよしとしないのです。

心は、さまよい続ける王様と同様に、自分にふさわしくない所には休もうとしません。しかし、魅力と幸福を提供してくれる、自分にふさわしい所が見つかったならば、もうその場から動きたくないと思うでしょう。そのような場所に到着すると、心は休み、座り、楽しみ続けます。ですから、心の本質は放浪だと結論するのは誤りなのです。

自分の本質に合った仕事をするのは、うれしいものです。自分の本質に合わない仕事はうれしくありません。もし、走り回るのが私たちの本質であるとしたら、走り回ってもよいと言われたとき私たちはうれしく感じるでしょう。もし、座っているのが私たちの本質であるとしたら、座っていてもよいと言われたとき幸せな気持ちになるでしょう。座っているのが本質であるのに、走り回れと言われたら、当然、惨めで緊張した気持ちになるに違いありません。

休む場所をもたない心、喜びの対象がなくていつも走り回ることを強いられている心は、惨めになり、緊張した感じになってきます。もし、放浪が心の本質であるならば、自由に放浪してよいと言われたら心はうれしく思うはずです。しかし、実際はその反対で、休む場所がないと、欲求が満たされない状態が続くために、心は不安に感じ始めます。心を一か所に落ち着かせるためには、心に何か好きなものを与えてやりさえすればよいのです。何か魅力的なものを与えてやれば、心は落ち着きます。この落ち着きが心の集中した状態であるのです。

心は普通、何か楽しくうれしいものには集中できるが、醜いものには集中できない、ということを私たちは知っています。醜さは心の本質に反するからです。ですから、これは、心に集中力をつけなければならないという問題ではないのです。心が自然にとどまっていられるような喜びと幸福の場所に、心を導いてやりさえすればいいのです。

粗大な被造界の領域にあるものは、どれをとっても、幸福を求める心の渇望を永遠に満足させるほど喜びにあふれてはいません。体験からわかるように、被造界においては微細なもののほうが粗大なものよりはるかに大きな魅力をもっています。ですから、注意を被造界の微細な領域に導いて、そこを心が体験できるようにすることができるならば、被造界の微細な領域は粗大な領域よりも大きな魅力をもつという理由によって、心は自然にそこに引き付けられます。

注意を被造界の粗大なものから次第に微細なレベルへと導いていくとき、心は一歩一歩前進するごとに増大する魅力を見いだします。そして、被造界の相対状態をすべて超えて、超越的な至福意識に到達すると、心は相対実存における最大の喜びをさらに超える大きな喜び、すなわち永遠、絶対の至福を発見します。いったん永遠、絶対の至福を手に入れたら、心は再びそれを失うことはありません。心はしっかりと絶対の至福をとらえますから、至福意識が心の本質に染み込み、心は至福意識そのものになるのです。

心がこのようにして確立されると、心は安定した状態を保ち、他のものは何も必要としなくなります。なぜなら、相対実存の領域には絶対の至福意識の力に対抗できるようなものは何ひとつ存在しないからです。そのため、ひとたび心が至福意識の中に確立されると、永遠の満足が心の本質となり、心が外側の体験や活動にかかわるときでさえも、心の安定が保たれるようになるのです。

至福意識の状態においてのみ、心は集中した状態を保つことができます。集中力を養おうとする他のすべての試みは、労多くして功少なし、という結果にしかなりません。超越瞑想の実践は、きわめて簡単で、至福意識を心の本質に注ぐものですが、これこそが集中力を得る最も実際的な方法です。これまでに明らかにした通り、集中力そのものを得ようとするのではなく、至福意識の状態を心の中につくることによって、心が自然に安定と集中を保つことができるようにするのでなくてはなりません。

人々が禁欲的な修行の道に入るのは、この忙しい世の中にあって在家者の生活などをしていると、五感が外界の喜びの虜《とりこ》になってしまうと考えるからです。このような人たちは、心を制御するためには五感の喜びを犠牲にし、五感が外界の喜びに接触しないようにしなければならない、と信じています。心の能力を広げて真理を究めたいと思う人たちが、心を制御するいろいろな修行を始めたり不必要な禁欲主義に陥ったりするのは、そのような信念が基になっているのです。心を制御しようとすると、必然的に心に緊張が生じます。このような修行法はすべて、心の本質はさまようことだという誤った原理に基づいています。本当は、制御しようという努力は必要ないのです。

犬を戸口にとどめておくのに二つの方法があります。一つは、犬を追いかけて捕まえ、無理やり戸口に連れてきて鎖でつなぐというやり方です。しかし、これは困難な仕事です。たとえ鎖でつながれていても、犬は鎖に抵抗して逃げようとします。戸口のところで犬を静かにさせておくことは容易ではないでしょう。

第二の方法は、犬を追いかけて鎖で縛ったりするのではなく、戸口に餌を置いて食べさせるという方法です。犬はその餌を食べ、喜んでいつも戸口にいるようになります。

これと同じように、心を制御しようと努力する必要はありません。心が自然に集中するようにする最上の、また最も簡単で実際的な方法は、心が至福意識を得ることができるように、超越瞑想を実践することです。心が自然に集中するようになると、もはや放浪することをやめ、どんな状況においても安定しているようになります。

### (c)心のエネルギーを保存すること

心が絶えず考え続け、さまよっているときは、心のエネルギーを多量に消費します。想念の一つ一つが心のエネルギーを消費するのですから、想念が次から次へと浮かんできたら、エネルギーが常に消費されていることになります。浮かんでくる想念が少なければ、それだけエネルギーの消費も少なくなります。心が至福意識の中に確立されると、心は満足しますから、無駄なことを考えてあちこち放浪することはなくなります。例えば、心が至福意識の中に確立される前には、一時間に千の想念が心の中に浮かんできていたとしましょう。そして、至福意識の中に確立されたあとは、わずか十の想念しか心に浮かばなくなったとします。そうすると、一つの想念は前よりも百倍も強くなったことになります。建設的な目的のために心のエネルギーを保存する唯一の自然な方法は、超越瞑想の実践です。

### (d)心と神経系の調和

想念の力を強くするには、心と神経系の間の調和を十分に保つことが必要です。このためには、神経系も心も、ともに強くなくてはなりません。神経系は体に属していますが、心は抽象的なものです。想念の力を強めるには、体と心の両面が強くなくてはなりません。潜在意識全体が意識化されると、心は自然に強くなります（「超越瞑想」七一ページ参照）。

神経系が正しく機能するかどうかは、その生理状態によります。生理状態は、どのような食物を食べているか、どのような活動をしているかによって決まります。食物が正しいものであれば、神経系は正常な条件のもとでいつも活力に満ちて生き生きとしています。また、活動が緊張を生み出すようなものでなければ、神経系は正常に機能するでしょう。

しかし、心のほうであれこれ考えたり、決断できないことがあって、それが体に緊張を与えると、神経系も疲れ果てて機能を停止してしまいます。

腐った食物や古くなった食物を食べると、神経系は弱くなります。アルコールを飲むと、神経系は不活発で鈍くなります。働きすぎても、神経系は疲れてしまい正常に機能しません。このように神経系が正常な機能を果たせなくなると、体と心の調和が弱くなります。

神経系はいつも正常に維持されなくてはなりません。正しい飲食物を摂取し、食事と休息と活動の規則正しい習慣を守れば、それが可能です。人生は、睡眠と食事と休息の快適で規則正しい習慣によって、秩序づけられるべきです。活動は体が疲れきってしまわないように、適度に行うべきです。体が疲れ果てると、神経系が十分に機能しなくなります。そうすると、体と神経系と心の間の調和が崩れ、心は体と神経系から断ち切られ、生命の魅力はすべて深い眠りの中に失われてしまいます。

超越瞑想の実践は、心を強くすると同時に、神経系の生理状態をも強くする助けになります（「健康への鍵」二四一ページ参照）。超越瞑想によって、心はその全潜在力を活用し、集中力を維持し、エネルギーを保存し、体との間の完全な調和を確立することができるようになります。このようにして、強い想念の力が養われますので、最も効果的で望ましい結果が生じるような行動が行われるようになるのです。

## B 大きなエネルギー

効果的な行動と望ましい成果のためには、増大した想念の力を体のより大きなエネルギーで補う必要があります。

すでに説明したように、個別生命は、宇宙生命の大海の上に生じる一つの波に似ています（「個別生命と宇宙生命」九三ページ参照）。そして、一つ一つの波は、海からいくらでも水を引き寄せる可能性をもっています。海全体が一つの波になって、大きくうねることさえ可能です。同様に、人はだれでも宇宙エネルギーの無限の海と接触し、行動するためのエネルギーを得て、最も効果的で望ましい結果を生み出すことが可能です。

食べたり、飲んだり、呼吸したりするものから引き出すエネルギーには限りがあります。そのため、しばらくの間仕事をすると、食物から得たエネルギーは使い切ってしまい、夕方には空腹になり疲れてしまいます。このことからわかるように、最も効果的で望ましい結果を生み出すように行動するためには、生命エネルギーを補足するほかの源を確保しなければなりません。

生命エネルギーは、思考する力、知性、創造性、喜びに満ちた状態などとして現れます。同じ生命エネルギーがさまざまに使用されるのです。

日常、食物から得ている以上のエネルギーを得たいと思ったら、大気からそれを吸収する方法を見つけることが必要になります。さらには、思考や「存在」の力からもっとエネルギーを得る方法を学ばねばなりません。

すでに知っているように、被造界のすべての源、すなわち大気、食物、飲み物、想念、思考能力などの源は「存在」です。したがって、私たちの現在意識を「存在」の大海に接触させることが、この無限のエネルギーの源を利用する方法となります。

大気中からもっと多くのエネルギーを引き出す方法は数多くあります。ヒマラヤには、大気から取った生命エネルギーだけで生きている聖者が何人かいます。しかし、このような人たちは完成の域に達したヨーガの行者であり、その日一日分の生命エネルギーを毎朝早く大気中から吸収できるのです。こういった方法は世間で活動している一般の人には向いていません。

しかし、超越瞑想の方法は、心を超越「存在」の領域に導く最も効果的な方法です。心はそこで大きな生命エネルギーを自然に獲得しますから、どんなに多くの仕事でもこなし、最も効果的で望ましい結果を生み出すようになります。「存在」の領域からこのようにエネルギーを引き出すのは、生きる技術の中でも最もめざましい一面です。なぜなら、このことは日々の活動的な生活を無限の生命エネルギー、力、知性、創造性、至福の源に結び付けるからです。

永遠「存在」の領域から無限のエネルギーを引き出すことができるというこの教えが、世界中の人々に届き、多くの人がこれを利用するようになるとしたら、生命は自由と喜びにあふれ、創造性と知性と平和と幸福に満ちた素晴らしいものに変わることでしょう。そしてまた、世界中の人がことごとくこのような高い意識状態に達すれば、世界中はまさに地上の楽園となるでしょう。

幸いなことに、今の時代は、超越瞑想の教えを広めるのに最も適した時代です。このような方法の必要性が今ほど痛感されたことは過去にはありませんでした。なぜなら、昔の人たちが宗教や哲学的探求から得ていた人生のよりどころを、現代人はほとんど見失ってしまったからです。

この科学時代における機敏な理知の持ち主たちは、宗教やさまざまな哲学や心理学の学派が示す将来への危惧を全部無益であると見ているようです。全世界を通じて、生命のあらゆるレベルにおいて、緊張が急速に高まりつつあります。一方では、個人がエネルギーの不足と緊張の増大を感じており、他方では、現代生活の速いテンポがひとときの静寂も許してくれません。個人は、もっと活動しなければならないという切迫した要求と、それに見合ったエネルギーに欠乏しているという実情の間で引き裂かれています。その結果は、心臓病をはじめとしたさまざまな病苦の増加に現れています。だれもが、現代文明の要求する速い生活ペースに対処するための助けを求めています。

超越瞑想は、個人のエネルギーを直接宇宙のエネルギーに調和させる方法です。文明の危機にさしかかっている現時点において、超越瞑想はまさに天からの贈り物です。

## C　好意的な環境

環境は行動の成功にかかわる大きな要因です。行動が成し遂げられるためには、環境が好意的であるか、または環境条件に関係なく行動を押し通す強力な心をもっているか、どちらかが必要です。

望ましいのは、行動そのものの中に環境との調和を保つ性質が備わっていることです。

環境を行動に調和的で好意的であるように維持するために人間が所有し得る最大の力は、心の純粋さから生まれます。このような力は、揺るぎない目的をもって活動に専念するときに強くなります。

超越瞑想の実践によって、個人は自分の心の本質の中に「存在」の純粋さを維持し、環境に調和するようになり、そして、環境のほうもその人に調和するようになります。

環境との調和を保とうとする他の試みは、この瞑想ほど効果的ではありません。他の人たちに対するよい振る舞い、親切、思いやり、援助などは、どれも貴重なものです。人はこれらの高貴な人生の原理によって導かれなければなりません。隣人に力を貸し、友人に親切に、周りの人に思いやりをもたなくてはなりません。こういった親切、思いやり、援助は、もしその人の内面が純粋であるならば、いっそうよい実を結び、さらに価値あるものとなるでしょう。

現代に生きる人々にとって幸いなことに、純粋な生命を達成することは、もう難しいことではなくなりました。なぜなら、「存在」を直接体験することが容易にできるようになったからです。

## D 正しく行動する能力

正しい行動は、満足から、また、行動に対する自然な必要性から生まれます。人間は自然に正しい行動だけを行うようでなくてはなりません。正しい行動とは、正当な必要を満たすための行動です。「正当な」というのは、行動する人の必要が正当であり、またその必要を満たすために選んだ行動の仕方も正当であるということを意味しています。

前に述べたように、生命の相対領域における善悪の問題は、たいへん込み入ったものです（「カルマと存在」六三ページ参照）。また、正しい行動は自然法則のレベルにおいてのみ決定できるということ、「存在」の状態に確立した人は自然に自然法則に調和して行動するということも、すでに説明しました。そのように高められた純粋意識のレベルにおいてのみ、心は正しくなれるのです。正しい行動とは常に、道徳に基づいています。道徳に少しでも反したり、高潔な人生の目的から少しでも外れたりすると、正しい行動から逸脱することになります。

普通の人にとっては、何が正しい行動かを見極めるのは困難です。国の法律は一つの基準を示しています。正しい行動とは、少なくともその国の法律に違反していない行動のことです。この意味では、合法的な行為が正しい行為である、ということができます。一般的に、国の法律はその国の自然法則に基づいています。古い文明をもち、伝統が価値を保っている国では、国の法律の根本は自然法則から導き出されているのです。

国の法律と伝統は、善悪を示す一般的な指針です。したがって、正しい行動の指針は、その国の法律に違反していないことと、可能であれば、自然法則に直接のっとっていることです。

自然法則についての考察は、とてもデリケートです。なぜなら、自然法則は被造界のあらゆるレベルにおける進化の過程をつかさどっているからです。数々の自然法則は、それが作用するレベルによって、補い合ったり、打ち消し合ったりしています。バラのとげと花びらは同じ樹液から生じるのですが、別々の法則の支配を受けています。

「存在」を注入された心だけが、おのずと自然法則に従って機能することができます。しかし、このレベルに立つと、ある行動が正しいかどうかを決めるという問題ではなくなり、心がその本質に従って正しい行動だけを知っているという状態になります。したがって、宇宙意識の状態が、正しい行動の絶対的な基盤を提供するのです。少し前に、国の法律と伝統が善悪の基準になると言いました。しかし、これは相対界の基準であって、完全な指針を与えるものではありません。宇宙意識だけがどんな場合でも正しい行動を生み出すことができるのです。

多くの人は、幼いときから社会の仕組みによって善悪を少なくとも大ざっぱに区別するようにしつけられて育っていますから、自然に正しい行動を選択する能力を身につけています。もっと深い善悪の基準が確立されるのは、個人が成長して、自分の国の法律や伝統をもっとよく知るようになってからです。意識が発達するにつれて、ますます厳密な善悪の弁別力が備わってきます。意識が最高のレベルに到達し、「存在」が十分に心の本性に注入されると、心は善悪を確実に見分けることができるようになります。心の自然な傾向として、自然な好みとして、間違った行動や想念は思い付きもしなくなるのです。

したがって、正しい行動を行う真の技術は、常に正しい心でいることにあります。正しくあるためには、純粋意識の状態だけに属する永続的な満足と純粋性の中に、心がいつも維持されていなくてはなりません。ですから、正しい行動を自然に選択する傾向を注入し維持するためには、最高に純粋な意識を獲得することが何よりも大切なのです。

## E 自信

自信は、最も効果的で望ましい結果をもたらす行動に必要な要素です。自信は心の状態によるということを前に述べました。「真我（大我）」を信頼するためには、少なくとも「真我」を知り、これを現在意識のレベルにもってこなければなりません。

「真我」の存在を知らない人は、自信をもつことができません。「真我」を知ることなしに、自信だけを強めようとする試みは必ず失敗に終わります。

「真我」の本質に馴染むことは、自信を獲得するための第一歩です。気づきの意識のレベルから決して消えないほど深く「真我」の本質が得られると、深遠な自信の状態が得られます。

永遠「存在」の揺るぎない至福状態にしっかりと根を下ろさない限り、「絶対」を日常生活の相対領域に確立する宇宙意識を開発しない限り、揺るぎない自信の自然な状態を得ることはできません。

どんな実業家も、莫大な富を自分の事業に投資していなければ、ビジネスの場で自信を得ることはできないでしょう。個人の心が拡大して宇宙の心の状態を得たときだけ、永遠に自信を持ち続けることができるのです。

## ⑹ 行動するときの目的の固定

どのような行動を始める場合でも、まずその行動の目的を心に定めることが必要です。行動を始めても、途中で目的を忘れてしまったら、その行動は続けられません。

行動が成功するためには、行動を継続することが必要です。そのためには、行動する人が目的を固定しておかなければなりません。最も効果的な行動と、最も望ましい結果を心が望むならば、目的から横にそれないようにすることが大切です。目的の固定は、あらゆる行動の成功を支える中心的な柱であるといってもいいでしょう。また、目的の固定は、行動の進行を促す推進力の役割も果たします。

この能力はどのようにしたら得ることができるのでしょうか。

その答えは、注意が散らず、いつも行動に集中しているような心の状態を養えばよい、ということです。目的からはずれがちなのは、心が散漫であるからです。行動の継続と目的の固定を常に脅かすのは、心の散漫な状態にほかなりません。

目的を固定するためには、行動の結果に有利な点や不利な点をすべて考え尽くしてから行動を始めるやり方に、心が慣れていることが必要です。そして、行動が完了するまで、横道にそれないでそれをやり抜く能力をもつことが最も必要です。

人生には、いつでもやることが一つしかないということはありません。絶えず直面する人生の状況も一つだけではありません。いつも胸に抱いている願望も一つだけとは限りません。朝起きてから夜寝るまで、何百もの活動や体験の領域があります。そして、そのすべてが人生において何らかの価値をもっています。したがって、目的の固定とともに、ある種類の行動から別の種類の行動に、一つの活動の領域から別の活動の領域に移っていく能力がなくてはなりません。心を絶えず一つのことにつなぎ止めておく必要はないのです。このように一つの活動から別の活動に移るということは、一つの活動に専念することと同様に、心にとって自然なことであるべきです。したがって、生命のさまざまな領域の多様な活動や体験に参加できるように、人の心はこの両方の能力をもたなければならないのです。

今、ある人が家を建てたいと思っているとします。家を建てる行動に目的が固定したからといって、人生の他のことはすべて忘れてしまうほど家作りに夢中になってしまってはいけません。食べたり、休んだり、電灯をつけたり、その他いろいろな日常の活動も続けるべきです。このような活動や人生におけるその他の関心が、家を建てるという目的の固定と共存するのが望ましいのです。

したがって、目的の固定という能力を養おうと目指すときに、人生の他の面が見えなくなるほど一つの行動に熱中してしまってはならない、ということを覚えておくべきです。

画家や音楽家や科学者のように自分の性質によく合った活動に従事している人は、しばしば仕事に熱中するあまり、他の活動を締め出してしまうことがあります。自分の性質に合った楽しい仕事に専念するのはいいのですが、人生の他の面を犠牲にするべきではありません。

例えば、ある科学者が研究に没頭して、いつも実験室に閉じ込もっているとしたら、その人の妻は寂しく思うでしょうし、子供たちも父親の愛が受けられず遊んでもらえないのでつまらなく思うでしょう。その家庭は、主人の愛情が欠如した寂しい家庭になってしまいます。

心を養う仕事は、広い規模で、偏りなく円満に進められなくてはなりません。心の全体を開発し、その能力をあらゆるレベルで向上させるべきです。

超越瞑想の実践は心の意識範囲を広げて、あらゆるレベルで心をますます深く、ますます実際的にするということを、前に論じました（「存在に到達する方法」六八ページ参照）。行動に専念するという重要な能力と、人生の他の面の喜びまで奪われるほどには行動の束縛を受けないという能力を同時に養うことは、超越瞑想の実践によってのみ可能となります。

## (7) だれも傷つけないで行動する技術

だれをも傷つけないで行動する技術は、第一に、自分自身にも、周りのあらゆる人々にも利益をもたらす行動を選ぶこと、第二に、この行動を成し遂げる合法的手段を採用することにあります。

ある行動の結果が、行動する人と周りの人たちに有益であっても、その行動をするために選んだ手段が非合法であれば、環境に緊張を生み出すでしょう。有益な行動を選んだら、次に、無害な行動の過程を選ぶことが必要です。

宇宙意識の状態に達しない限り、他を傷つけないで行動できるという確信はだれにも持てません。なぜなら、行動が、いつ、宇宙のどのレベルに、どのような影響を及ぼすかという問題は、通常の人間の理知では判断できないからです。行動の結果はあまりにも複雑で、またあまりにも広範囲に宇宙に広がりますから、一つの行動が被造界に与える害と利益をすべて評価するのは、人間の知性の範囲を超えているのです（「個別生命と宇宙生命」九三ページ参照）。

したがって、だれをも害することなく行動する唯一の方法は、知性と意識を絶対の神聖な意識のレベルに高めることです。行為者がこのレベルに確立されると、いかなる行動を始めたとしても、その行動は自然に進化の増大する流れに乗って進行し、その人自身にも被造界全体にも害を及ぼすことはありません。

## (8) 最大の結果を生み出すように行動する技術

最大の結果を生み出すように行動する技術はすべて行動する人自身にかかっています。すなわち、その人の知性、エネルギー、目的の固定、想念と行動の正確さ、集中力、行動を助けるように環境を制御する能力などが基礎となるのです。

最大の結果を得るためには、その人の能力を最高に活かして行動することが必要です。最大の能力の発揮に要求されるものは、行動する人の知性とエネルギーを最高度に発達させることです。

最大のエネルギーと知性が得られるのは、個人の意識が宇宙意識のレベルに高められたときです。このとき、個人のエネルギーは宇宙エネルギーのレベルに高められます（「存在を生きる方法」八〇ページ参照）。そして、大きな満足や集中力や忍耐力が自然に心の中に成長してきます。このような能力を活用することによって、きわめて正確に行動し、最小限のエネルギー消費で最大の成果を上げることが可能になります。

しかし、行動から最大の結果を生み出すには、内面の能力や能率以上の何かが必要です。それは環境を制御する能力です。環境から抵抗を受ければ、結果も制限されます。環境からの援助を自動的に受けるように行動を行う能力があれば、その人は行動から最大の結果を得ることに成功するに違いありません。行動するのに有利なように環境を変えることができるならば、行動から生み出される結果は限りなく大きなものとなるでしょう。

自然法則に調和した無邪気で純真な行動の仕方は、自然に成功をもたらします。

一般には、行動の成功は、その人の能力、知性、創造性、エネルギーなどにかかっていると信じられています。しかし、こういった要素は、すべて二次的な重要性をもっているにすぎません。行動を成功に導く最も重要な要因は、行動する人自身の純粋性なのです。

もし、心が一〇〇パーセント純粋であるならば、つまりその人が進化して宇宙意識に到達しているならば、行動の結果も一〇〇パーセントになります。もし、心の純粋度が五〇パーセント、つまりその人の進化が五〇パーセントであれば、行動の結果も全可能性の五〇パーセントになるでしょう。

最小の努力で最大の結果を収める成功の鍵は、その人の感情と理性が純粋であることと、すべての人に善を尽くしたいという目的をもって無邪気に誠実に行動することです。

行動からよい結果を生み出す要因として、もう一つ大切なことがあります。それはカルマ、すなわち過去に行った行為の結果です。善良で徳のある人は、過去においても進化の過程に沿った善い道徳的な行為をしています。そのような過去の善い行為は、現在の行動の成功をいっそう大きなものにします。ですから、その人がいま所有している心の力と体の力、知性とエネルギーは、過去からの善悪のカルマの影響に比例して行動に成功をもたらす、ということがわかります。

過去からの善いカルマの影響は、いっそう大きなエネルギー、思考の明瞭さ、正しい決断力などをその人に与えます。また、その活動を進めるのに有利な力を環境につくり出します。

過去からの悪いカルマの影響は、不活発、非能率、エネルギーの欠乏、弱さ、さらには緊張や苦しみまでもその人にもたらします。また、環境にも不利な力をつくり出します。このような反対要因は、その人の活動の成功を妨害し、実りある結果へ向かうのを邪魔します。

過去からのカルマという問題は、行動する人にはどうしようもないことです。カルマの悪影響を中和するためにできる最上のことは、超越瞑想の実践です。超越瞑想はその人の意識を高め、環境にも有利な力をつくり出します。意識を向上させれば、エネルギーと知性も増してきます。そうすれば、過去からの影響がどんなものであろうと、現在の活動が台無しになることはなくなります。過去のカルマの影響力は確かにそこにあるのですが、現在の行動の運命を左右する力はまったく失ってしまうのです。

ある実業家が五百ポンド損をしたとすれば、この損はいつまでも損として残ります。しかし、もし次の日に二千ポンド儲けがあったとしたら、この利益は損失を上回ります。

最大の結果を生み出す方式は、行動を妨げる障害や否定的な力を気にしないことです。望む結果を達成するまで、その行動に従事し、それを継続すべきです。瞑想の実践によって意識レベルが高められたとき、行動もその高いレベルの生命エネルギーや知性を用いて行われるようになりますから、その行動は過去からのカルマを乗り超える力をもち、最大の結果を生み出すことになるでしょう。

このように超越瞑想を規則的に実践し、これに博愛と徳のある行為者の力を合わせるとき、過去のカルマの否定的な力を中和し、現在のカルマの道を滑らかにすることが可能になります。そのとき、行動は何の障害も抵抗もなく遂行され、最大の結果を生み出すようになるのです。

これが、カルマに現在の行動の力を及ぼすことによって運命を支配する、という方法です。「人は自《みずか》らの運命の主人である」という格言の本当の意味はここにあります。

## (9) 常に喜びであるように行動する技術

行動が、行為者とその周りの人たちにとって、常に喜びの連続となるのは、その人が大きなエネルギーと知性の持ち主であって、途中で障害に遭うこともなく、あらゆるものから協力を受けるときに初めて可能となります。行動は行為者の能力にとって重い負担となるものであってはなりません。行為者は自信と効率性と集中力をもっていて、いかなる行動も自分の力で楽にできると思っていることが必要です。

莫大な富をもっている実業家は、市場で多少のお金を使っても気になりません。損をしようと、得をしようと、それは大きな問題ではありませんから、事業全体は彼にとって常に喜びの連続です。彼は目的を果たすのに必要とされるよりももっと多くの資金をもっているのです。これと同じように、行為者がその行動に必要とされる以上のエネルギーをもっていれば、行動は容易にできて、その喜びも持続します。

心の本質に合ったことをするのは楽しく感じますが、心の本質に反する行動は面白くありません。ですから、ある人が計画した行動がその人の心の本質に合っており、その人の能力の範囲内のものであれば、行動がその人を苦しめたり、疲れさせたりすることはありません。気質に合った行動であれば楽しめるのです。

例えば、少年が三キロほど離れた家にボールを届けるように言われたとしましょう。もし、ボールを蹴りながら行っても良いなら、少年は喜んでそうするでしょう。ボールの配達が苦にならないのは、その家までずっと遊びながら行けるからです。しかし、もし、蹴ることを禁じられ、手に抱えて行きなさいと言われたら、配達は少年にとってつらい仕事になります。

毎日の仕事を喜びのレベルに引き上げる手段があるとしたら、それは、喜びをもって行動する能力を獲得する技術でありましょう。そうすれば、仕事はつらくも、退屈でもなくなるでしょう。

母親が子供に愛を注いでいれば、子供はいつも喜びでいっぱいです。この子にお使いを頼めば、母親から頼まれたということで喜びはさらに大きくなります。その子はすぐに承知して、遊びのように楽しい気分で用事をしてくれるでしょう。しかし、母親が子供をぶって泣かせ、惨めな気持ちにさせてからお使いを命じたら、その命令は子供の気持ちをいっそう惨めにします。その子はお使いをするかもしれませんが、それはその子にとってつらい仕事となるでしょう。

したがって、気分が楽しければ、どのような行動をするのも喜びになります。気分が惨めで、緊張して、心配していれば、いかなる行動でも緊張を増やす原因になります。

心が自然に幸福であるという状態になければ、行動しながら楽しくしようといくら努力しても効果はありません。心の本質が喜びで満ちあふれているときだけ、行動も喜ばしいものになるのです。心が純粋意識の状態になったとき、初めてこのようなことが可能になります。現在意識が超越「存在」の至福に親しんで、二度と接触を失わないようになったときに限り、すべての行動を喜びの中で行うことができるようになります。

それ以外の方法では、行動しながら幸福を維持しようとするいかなる試みも、緊張を増す結果になります。なぜなら、行動することと喜びを求めようとすることにエネルギーが分割されてしまうからです。

従業員を幸せな気分にしようとして、工場などで音楽を流す現代のやり方は、注意を分散させる結果になります。仕事は目の前にあり、せき立てられながらしなければならないのですが、心のほうは当然、音楽を楽しみたいと思います。仕事をすることは、音楽を楽しみたいという心の正常な傾向に逆らうことになります。

ですから、従業員の心に緊張が生じるばかりか、仕事の質も落ちてきます。雇用者は従業員を喜ばせようとして工場に音楽を流すのですが、最終的な結果としては、かえって緊張の増加と能率の低下を招くだけなのです。

活動の領域で喜びをつくり出そうとする人為的な企ては、逆の効果を生み出してしまいます。行動の全領域を喜ばしいものにする唯一の方法は、心を喜びで満たすことです。これを達成するには、「存在」を体験するしかありません。

# 第六章　人に接する技術

人に接する技術は、生命の表面価値に影響を与えて、お互いをいろいろな点でいっそう幸せにし善くするばかりでなく、生命の核心に触れて、人生をより高い進化レベルに向上させるものです。

人間関係の目的は、相互の利益のために、与えたり受けたりすることです。与えるか受けるかするために人に会うのですが、どちらかといえば、主として与えるために会うべきです。二人の人が会って自分の最上のものを与え合うとき、二人とも最大のものを得ます。この反対に、二人とも与えるドアを閉ざして、相手から最大のものを受けることだけを期待して会うとすると、どちらもこの関係からは失望以外の何物も受けることができず、ともに緊張するだけに終わります。

人に接する基本原則は、与えることでなければなりません。だれかに会いに行くときは、その人に自分が何を与えられるか考えなさい。何か美しいもの、あいさつの言葉、温かい同情、称賛や敬愛、相手を高める助言、体や心や精神のためのよい知らせ、その他、与えることができるものなら何でもいいのです。人に会うときには、何か与えるものを用意しなければなりません。ただ「こんにちは」や「ごきげんいかが」だけでは、会ったときに愛と喜びの波を起こすのには不足です。人に接する技術では、会ったときの最初の瞬間に、二つの心が溶け合うために、真に価値ある何かがなくてはなりません。

人に接する技術の第一の基本原則は、温かい心で会いなさい、与えるために会いなさい、ということです。人間関係は、「与える」というレベルにあるべきです。「与えよ、されば与えられん」という教えもあります。社会のすべての人がこの与えるレベルで行動すれば、人間関係はすべての人の人生を前進させ、輝かしいものとなるでしょう。社会の目的は、そのとき初めて成就するのです。

真心で与えたいという気持ちは、満足のレベルだけから生じるものです。与えることを考えられるのは、満たされた心だけです。永遠の満足は、至福意識の開発からのみ生まれます。

人に接するにはどうしたらよいかということは、今日の社会の関心事になっています。なぜならさまざまな心の質が発達するための望ましいチャンスが与えられていないからです。社会の人間関係は、常に喜びの手段となるべきです。人生の根本が誤解されているときにのみ、人間関係が問題になってきます。他人に対して正しく振る舞うには、明快に物事を考え、はっきりした善い意図をもっていなくてはなりません。きちんとしたまともな生き方をしている必要もあります。また、寛容、愛、親切、喜びといった質の持ち主でなくてはなりません。

喜びに満ちているという質は、愛を養い、愛を広げます。これは心が愛にあふれている結果であり、よい社会関係の基礎になります。

寛容の心がなければ、悪感情と不調和が生じます。例えば、ここに不機嫌な言葉を吐く人がいるとします。その言葉に反発せずに耐える力がないと、悪感情が生じて、言い争いが起こります。愛の質に欠け、心がかたくなっていると、自分を傷つけた人を憎み始めます。

子供が何か間違ったことをしても、それをやさしく見てやれるのは、母の愛です。実をいうと、母親は子供が失敗するのを喜んでいるのです。なぜでしょうか。その子にもっと愛を注ぐことができるからです。このような愛を注がれると、子供は失敗を克服する力が強くなるものです。このように、母親の寛容と愛によって、子供は向上し、人に接する技術が子供の中に自然に注入されていきます。

人に接する技術を習得するいちばんの近道は何でしょうか。

言葉遣いも対人関係の一面ですから、言葉を洗練するのもよいことです。行儀作法も人に接する技術の一部分です。行儀作法は子供を育てるときの正しいしつけから生まれるものです。良家の子供たちは行儀よく振る舞うことができるように育てられるのです。しかし、人に接する技術の基本は、磨かれた心の状態にあります。この洗練された心の状態は、現在意識が絶対「存在」の至福と接触するようになれば、自然と生まれてくるものです。ですから、人に接する技術の基本は、心を超越「存在」の至福意識に導く技術であるのです。

この技術に従えば、どんな関係であっても、会うことによって、二人とも喜びとエネルギーと愛が強められ、同時に、周囲に平和と調和と爽やかさが広がっていきます。

人々の間に真によい関係が生まれるためには、人々の心が拡大されなくてはなりません。そのとき初めて、みんなが全体の状況を見渡すことができるようになり、お互いの理解も深まり、相手の必要性がわかり、その必要性を満たすこともできるようになります。そのためには、当然、拡大した意識や正しい判断力など、強い明晰《めいせき》な心だけが所有するさまざまな質が必要です。

小さい心は、常に全体の状況をとらえそこなって、その狭い視野の中に想像上の障害や制限を勝手に作り上げ、自分にも他人にも不利な結果を生み出します。そのような人の人間関係は、ただ誤解と緊張の増大を招くばかりです。よい社会関係は、力強い、明晰な、満たされた心に基づくものです。

いかなる人間関係においても、両者の心は「存在」のレベルの上に確立されているべきです。別の言い方をすれば、「存在」が二人の心のレベルに確立されているべきです。そして、「存在」の至福と満足が、二人の心の中に深く染み渡っているべきです。そのとき、二人の関係は、環境に平和と調和の影響を与えるようになります。人に接する技術とは、当事者に利益があるばかりでなく、環境全体が彼らの愛と親切と調和と平和の影響を受けて振動するようになる、というものなのです。

## 人間関係と環境

「存在」に確立された人は、環境を最大限に活用できます。環境はどのようなものであってもかまいません。いかなる環境でも、個人の願望の成就に役立つように変えることができるのです。

どのような環境でも、絶対的に悪いとか、絶対的に無益だと考えられるものはありません。もし、ある心がその環境を活用できないとしたら、それはその心自体に弱さがあるからです。例えば、塵《ちり》や埃《ほこり》だらけの部屋にある人が座っているとします。もし、その人の心が満足と喜びと平和の中にしっかり浸っているならば、その人はそういう質を周りに放射するだけで、塵や埃には注意を払いません。あるいは、部屋の掃除を始め、埃を拭き取ります。この掃除の最中にも、その人は惨めな気持ちにはなりません。それは、埃の一つ一つでさえも、その人の心の喜びを反映しているからなのです。ところが反対に、その人が悲しかったり緊張していたりすると、ますます惨めでやりきれない気持ちになり、心が張りつめてきます。その人の心の惨めさはいっそうひどくなり、室内の埃の一つ一つにもそれが反映されます。どんな環境でも、人が喜んだり惨めになったりするのは、その人の心の内側の状態によるのです。強い心は寛容です。弱い心は簡単に環境に左右されます。

他人の態度を疑いだすと、その人に会ったとき、相手が愛と喜びを表現しても、相変わらず疑いをもち続けたりするものです。会話が始まる前から、疑いが心を占領しているからです。このように、疑っていたり、優しさに欠けている心は、周りに喜びや真心があふれていても、それを楽しむことができません。

環境が個人に及ぼす影響は、その人自身の心の状態によります。その人の心の状態に従って、環境の性質も変わります。赤いレンズの眼鏡をかけると、何でも赤く見えます。緑の眼鏡を通せば、何でも緑に見えます。個人の心の状態がどんなものでも、その心の状態に従って環境を評価してしまうのが人の常です。

個人は環境に責任をもっています。自分で環境をつくり、つくった環境からまた影響を受けています。心が強く、その全潜在力が機能しているときには、環境を最大限に活用することができます。行動の技術と人に接する技術は、環境を自分にとって不利なものではなく、有利なものに変えることです。環境は、私たちがそれを利用するためにあるのであって、私たちを惨めな気持ちにするためにあるのではありません。

だれかが何かを言ったとしたら、それはその人の行動であり、その人の責任です。それが私たちにとって有益なものであれば、喜んでそれを受け入れ、それについて考え、それに基づいて行動し、そこから利益を引き出します。しかし、その人の言葉が私たちにとって無益なものであったり、心を高めるものでないならば、そのことについて何度も考えず、関心を持ちません。それを気にかけて、あれこれ考えたりしません。もし、それにこだわると、悪い考えで自分の心を汚すことになってしまいます。

したがって、心を高める有益な方法で、自然に考えたり行動したりできるように、私たちの心を養うことが必要です。そうすれば、自分にも他人にも利益をもたらすことができます。有害な想念や悪意のある想念については、これに反発したり、逆にこれを受け入れたりすることによって、その想念を力づけるようなことはしません。無関心が、人生における否定的な状況に対して用いるべき武器なのです。

これが人に接する技術です。だれかが私たちに不当なことをしたら、それを根にもったり、それについて考えたりしません。それは、何かの間違いだったかもしれないのです。もし、そのことでその人に対する私たちの将来の行動を変えるようなことをしたら、その人に私たちとの関係を改善する機会を与えないことになります。そして、私たちもそのことで苦しむことになるでしょう。

その人が、私たちに悪感情を抱いているとしても、愛と寛容の心でその人に接していれば、その人にも私たち自身にも善を積むことになります。このようにすれば、環境は改善され、私たちにより有利に働くようになるでしょう。

前に述べたように（「身体と存在の技術」一六六ページ、および「環境と存在の技術」一七一ページ参照）、心が「存在」のレベルに高められるとき、体もやはり同じ「存在」のレベルに高められます。そのとき、私たちは、想念や言葉や行動によって、あるいはただそこに存在するということによって、生命、平和、調和、喜びの影響を周りに放射します。

人間関係を改善するには、まず私たち自身の心を改善し、それからよい振る舞いをすることです。存在の技術に基づけば、環境は私たちに最も良い反応をします。存在の技術とは、人生を高いレベルに置くということによって、自然に、意識せずとも、調和的で、喜ばしい対人関係が築かれる技術です。人に接する場合、無理で不自然な振る舞いは絶対によくありません。

あらゆるところで人々が、朝夕のわずかな時間を割いて、超越瞑想を始めるようになれば、社会関係のすべてが理想的な状態になるでしょう。なぜなら、「存在」との接触は、個人を改善して満足させるばかりでなく、環境をも改善して調和を増し、恐怖、憎悪、緊張、残酷さ、敵意などを減らすからです。

人に接する技術がないと、これと反対の結果が生じます。家庭にも、社会にも、国際関係にも、緊張が増大します。「存在」を個人の心に注入するとき、社会関係は、最も自動的で自然な方法で改善され、環境に大きな調和が生まれ、緊張は緩和され、この世界はもっと住みやすいところに変わることでしょう。

# 第七章　健康への鍵

健康は生命で最も大切な問題です。すべての事柄が健康に依存しています。内面の平和と幸福、他人に対する関係、人生における業績、そしてとりわけ生命そのものが、健康にかかっています。健康のことをあらゆる面から考えるためには、個人の健康と宇宙の健康、つまり人間の健康と環境の健康を考えに入れる必要があります。

次の表を見てください。

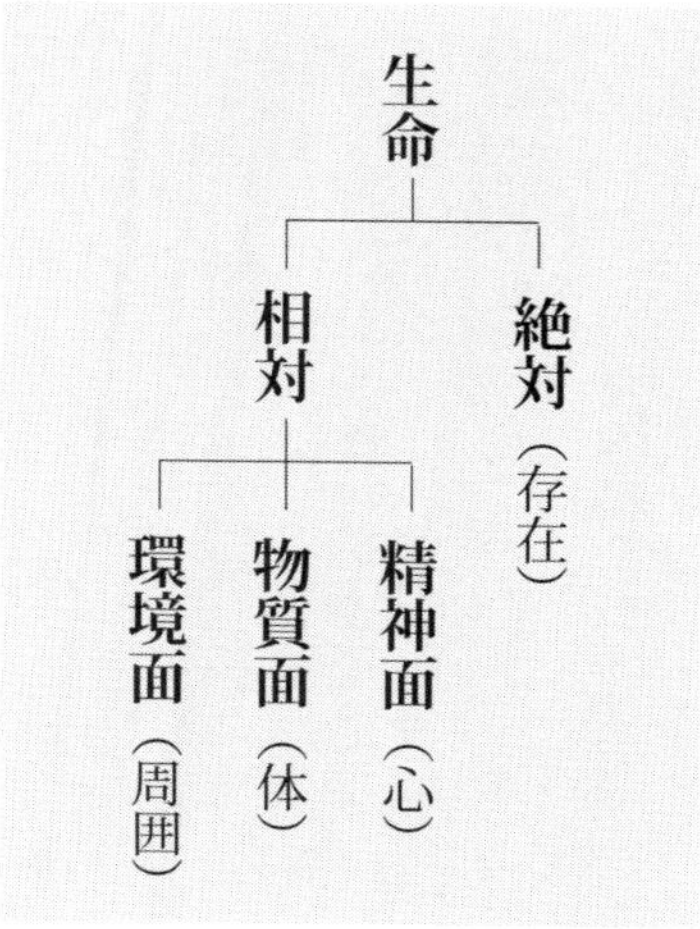


人間の生命の二つの主要な側面は相対と絶対です。相対面は滅びるものであり、絶対面は不滅です。相対生命はさらに、心、体、環境の三つの面に分かれています。

したがって、人間の生命全体は、「存在」、心、体、環境という四つの部分から成り立っていることがわかります。

健康な「存在」、健康な心、健康な体、健康な環境、これに加えて、「存在」と心の間の健全な調和、心と体の間の健全な調和、体と環境の間の健全な調和、これらが一緒になって、個人の完全な健康が構成されています。したがって、健康とはどのようなものかをはっきりさせるためには、次の事柄を考察する必要があります。

一、「存在」
二、心
三、体
四、環境
五、「存在」と心の調和
六、心と体の調和
七、体と環境の調和

この七つの点すべてを考慮に入れないと、健康について考え尽くすことはできません。そして、不健康の問題に取り組むときにも、完全に正しい解答を出すことができません。世界中の保健関係の組織で働く人たちには、これらの原則を考慮して、その上で必要な施策をとり、不健康の問題を解決し、人間の苦しみを軽減してもらいたいものです。

過去何世紀にもわたって、不健康の問題が主として体の面だけで考えられてきたのは残念なことです。最近の医学の進歩のおかげで、病気の原因の調査から、大多数の病気は生理的な性質のものであるが、その原因は体の中にはない、ということが明らかになってきました。このような発見によって、体の不調の原因として心の現象が大切である、と力説されるようになりました。

医学者たちは体の疾患部を治療することを続けましたが、一方では、心理学と精神医学が発達して、心のストレスの解消を通して体の病気の心理的な原因を根絶しようという努力が行われました。

医学がどの程度まで体の健康を回復するのに役立っているのか、また、精神分析や精神医学がどの程度まで心身症の心理原因を克服する助けになってきたのか、という問題は、医学、精神医学、心理学の運命を導く専門家たちが検討すべきことです。

今日の世界における健康問題について、少なくとも次のことがいえます。つまり、これまでに採用された方策は、人々の健康を維持するには十分ではなかったということです。医学が進歩し、精神医学や精神分析が時代の流行となっている国々でさえ、保健に関する記録が示すところでは、心臓病に悩み、心臓の障害で死ぬ人が多く、また精神病患者の数も急速に伸びているということです。

これは重大な事態であり、世界中の健康に関する権威者の総力をあげなければ解決できないことです。しかし、その努力が成功するためには、権威者たちはまず現在の知識を増やす必要があります。それには、各医学界のほうで、新しい提案を受け入れる態度とそれを試してみようという姿勢をもつことが必要です。

一枚の葉がしおれて枯れ始めたら、それはその葉が過度の熱の影響を受けたか、根からの養分の補給が減ったためか、どちらかの理由でしょう。原因が過度の熱である場合には、その葉に注意して熱が当たらないように保護すれば、原因を取り除いて、その葉が枯れて死んでしまうのを防ぐことができます。しかし、外側から一枚一枚の葉の世話をしているときでも、養分が根から木の隅々まで行き届くように気をつける必要があります。一枚の葉がしおれる兆候を見せたらすぐに、根から木全体に十分な養分が供給されるようにしてやることが大切なのです。

指に腫《は》れものができた場合、よい医師ならば、皮膚への直接的な手当てを行うだけでなく、血液検査もして原因を突き止めるでしょう。

このように考えてくると、結局、病気の予防や治療に関心のある人は、心身の粗大面から微細面までの全範囲を知っていなければならない、という原則に達します。心身の範囲は、神経系の末端器官である体から心に至るまで、さらに思考の粗大レベルから微細レベルに至るまで、そしてさらに「存在」の領域に触れるところまで広がっています。

それゆえ、医療の専門家としては、外部の宇宙から体まで、そして心のすべての精妙な領域から純粋意識すなわち「存在」の状態まで、生命の全範囲の知識をもつことが必要です。また、保健の専門家たちが、個別生命のさまざまなレベルの根本である究極「存在」の領域に接触するための方式（「超越瞑想」七一ページ参照）を持っていたとしたら、それは計り知れない価値となるでしょう。

木の根の扱い方をよく知っており、必要な養分を根が吸収するように配慮する園芸家は、その木のあらゆるレベルにおいて健康を維持することに成功するでしょう。医師の場合でも、個人の健康のすべてのレベルに関する知識をもち、生命の根本レベルである「存在」の領域をどのように扱うかを知っていれば、あらゆるレベルにおいて健康を回復し、これを維持することに成功するでしょう。

個別生命の根そのものを養い、心と体と環境のあらゆるレベルにおいて健康を維持し回復する一定の方式がここにあります。私たちがこの方式を提供するのは、競争や挑戦の気持ちからではありません。

それは、人類に対する愛の心からであり、また、有益と思われるあらゆる手段を尽くして苦しみを軽減しようと努力している、世界中の人々に対する純粋な善意からなのです。

すでに病の床に伏した人々の病苦をやわらげるために、より多くの病院を建てることは、称賛すべき慈善行為です。しかし、初めから人々が病気にならないように予防して、いつも健康を楽しめるようにする方法と手段を発見するほうが、はるかに重要です。病気を予防する方法がここにあるのですから、これを世界中の人に紹介することは、病院の建設よりもさらに偉大な慈善行為となるでしょう。

この新しい健康の目的はどのようにしたら達成できるか考えてみましょう。

予防医学はすでにどこの国でも、保健計画の中の確立された重要な一部になっています。しかし、この分野で真に進歩が行われるためには、新しい発見がなされたらそれを実際に応用してみるということが必要です。

体と心と環境の健康にとって、その維持と増進に価値があると実証された新しいことを、以下に述べてみましょう。

心の健康は、抽象的な要因である心の状態と、具体的な要因である神経系の状態に依存しています。神経系は、人間の主観面である心を、周りの客観世界に結び付ける働きをしていますから、心の機能の媒介手段であるといえます。したがって、心の健康を考える場合、心の状態と神経系の状態の両方を考慮に入れなければなりません。

しかし、まず人間の心理面とはどういうものであるか、体との関係や人間全体との関係において心とはどういうものであるか、ということをはっきり理解することにしましょう。

心は「存在」と体の中間に位置しています。心は、内に隠れた本性をもつ「存在」を体や相対界の現象面に結び付ける働きをしています。つまり、心とは、生命の絶対面と相対面を調和させる絆であるのです。一方の極において、心はその最も精妙な面で、絶対実存の核心である「存在」に接触し、他方の極において、心は相対実存の粗大なレベルに接触しています。「存在」との関係から見れば、心とは振動する意識であると定義できるでしょう（「心と存在」五七ページ参照）。体との関係から見れば、心は神経系の源であり、したがって、体の源であるともいえます。

それゆえ、心と人間の関係は、ちょうど根と木の関係にそっくりです。心の働きは根の働きに似ています。根には二つの働きがあります。その一つは、大地から養分を吸収すること、もう一つは、その養分を木の地上部分に送ってやることです。

心も「存在」と体の中間に位置しているために、やはり二つの働きをもっています。心は、絶対「存在」から生命エネルギーを吸収し、そして、それを体および相対実存の他の領域に送ってやらなければなりません。もし、根が吸収と輸送の過程をうまく維持していれば、木の健康は理想的な状態に保たれます。この過程を維持することに失敗すると、木は不健康に陥ります。これと同じように、心の側で「存在」から十分な生命エネルギーを吸収できないと、当然、心身の弱さ、すなわち不健康が生じます。そこで、心と「存在」の調和と、心と体の調和とが、健康の鍵であることがわかります。

次に、健康のさまざまな面を、心、体、環境に分けて論ずることにしましょう。

## 心の健康

心の健康とは、神経系の正常な働きを通じて、心全体が外側の世界とかかわるようになったときに生まれる状態です。神経系が正常にその機能を果たすとき、体は健康になり、心の命じる通りのことを実行し、心の願望を成就し、その存在目的を遂げることができます。

心と神経系の調和が損なわれていなければ、心の健康も保たれます。この調和が、心か神経系のどちらかの不調のために破綻すると、不健康が生じます。心の不調は、心がいつも願望を満足させることができないという状態が続くときに起こるものです。

この主な原因は何かというと、想念に明瞭さと力強さが欠けているために、神経系へ十分な刺激を送ることができず、その結果、神経系が願望を満たすのに必要な行動を実行することができないからです。心と神経系の間の調和が十分にとれており、それらが完全な機能を発揮するためには、心に想念の深遠な力が備わることと、その力に応じた有能な実行力が、神経系に備わることが必要です。

神経系の生理を完全な状態に保つことは、心の力を養うのと同じように大切なことです。というのは、両者の機能は相互依存の関係にあるからです。神経系が変わらなくても、心の状態がよくなれば、考え方が改善され、その結果、心と周囲の世界との調和が高まるということが知られています。心の全体が自《みずか》らを外側の世界に表現できるようになれば、主体と客体との関係もいっそう完全で報いのあるものとなるのです。幸福とはいうまでもなく、心の願望が満たされることの結果ですから、幸福こそ正常な健康の基礎といえます。

また、これもすでに知られていることですが、心の状態が変わらなくても、神経系の生理状態を医学によって改善すれば、思考はより深いものとなり、心は以前よりもエネルギッシュに能率的に機能するようになります。

これらのことから、心と神経系が相互依存の関係にあることがわかります。しかし、言うまでもなく、心はその器官である神経系よりも精妙なものですから、心を重視するほうが賢明といえます。特に心の健康の問題を考えるときには、そうであると考えられます。

木の成長を妨害する要因は、いくつでも考えられるでしょうが、種子そのものの弱さは、他のどんな障害よりも重大です。同じように、願望の成就を妨げる要因はいろいろあっても、想念の力の弱さは何よりも大きな障害です。強い種子があれば、砂漠にも木を生やすことが可能でしょうが、種子がもともと虚弱であれば、いかに多くの養分を与えても助けになりません。基本的に想念の力が強ければ、それは自然に成就への道を進みます。

願望を満たすことができないために、心に不満が生じ、そのために緊張も生じ始めるといった場合、このような緊張を取り除く方法は、思考の力を増大させて心を強化すること以外にありません。これは、瞑想により現在意識を拡大することによって、達成することができます（「超越瞑想」七一ページ参照）。

心の中の緊張が大きくなると、緊張は神経系を通して、体にも現れてきます。不安な心は、不満のうちに絶えずあれやこれやの問題を考え続けて、神経系と体を消耗させ、いらだたせます。主人がいつも決断がつかず混乱した命令ばかり出していると、召し使いは次第に疲れていらいらしてきて、結局何もすることができません。同じように、心がストレスの状態にあると、神経系と体は疲れ果ててしまい、能率的に機能を果たせない結果となります。

このように、心のストレスは病気を引き起こしたり、臓器に変化を与えることさえあります。言うまでもないことですが、このような悩みを癒す方法は、心の揺るぎない安定した状態をつくり出すことです。これを達成するためには、現在意識の領域を拡大し、心を強化すればよいのです。現在意識を強化することによって、心と神経系の間の調和が確立され、その結果、自然に体の機能が滑らかになり能率的になります。神経系とその末端器官である体に、心をこのように調和させる方法をとれば、心の完全な健康が維持されるようになるのです。

このことはすでに、世界中の多数の人たちが超越瞑想の規則的な実践によって達成しつつあることです。

## 体の健康

医学の研究調査によって、体の故障のうち、不安や人生での失敗が原因で生じた心の緊張が主因になっている病気の割合が大きいことが明らかになっています。

心の健康を論じたときに述べたように、超越瞑想の過程は心を強化し緊張を解消しますので、この瞑想によってあらゆる心身症の根本的な解決が可能となります。もちろん、心の原因が見当たらない、純粋に器官的な病気もあります。しかし、よく知られているように、患者が自分の病気に対して抱く心理的および情緒的な態度は、それが病気そのものの原因ではない場合でも、病気の経過にやはり深い影響を及ぼしています。瞑想は確実にこのような心の不安を取り除きます。病気に耐え、その苦しみを乗り越える心の力が、瞑想によって養われるからです。この点でも、瞑想の助けは実に貴重なものです。

次に、純粋に器官的な病気に対する瞑想の効果を明らかにするために、瞑想が体の構造にどのような効果を及ぼすかを考察してみましょう。

## 健康に及ぼす超越瞑想の影響

超越瞑想中、注意が想念のより微細な状態を意識的に体験すると、呼吸が非常に静かになるのがわかります。息の仕方が和らぎ、精妙になるのです。

生理学的にいって、このような現象が起きるためには、血漿中の二酸化炭素の含有量が減少しなければならないということがわかっています。このような状態を起こすには、過度の呼吸を無理やり行って肺の活動で二酸化炭素を減らすか、あるいは、代謝作用を通して二酸化炭素の生成を抑えるか、この二つの方法しかありません。

瞑想中は無理に過度の呼吸を行うことはありませんから、結論として、呼吸がやわらかくなるのは、二酸化炭素の生成が少なくなるからだといえます。

体の中に活動のためのエネルギーが生み出されると、その結果、炭素の酸化が行われ、その化合物は二酸化炭素として排出されます。

大きな活動ほど大きなエネルギーを必要とします。大きなエネルギーは、炭素の酸化と二酸化炭素の排出を活発にすることによって生み出されます。活動が小さければエネルギーも少しで済み、炭素の酸化と二酸化炭素の排出もわずかしか必要ありません。

これでわかるように、超越瞑想中、和らいだ呼吸によって少ししか二酸化炭素が排出されないということは、そのとき当然、酸化の過程はより少なく、またエネルギーの生成も少ないということになります。このような理由で、超越瞑想中は、体と神経系の活動が減少します。心が想念の微細な状態を次々と体験していくと、体全体が静かに落ち着いてくることが、これで理解できました。

このように体が静まることによって、通常では得られないような深い休息が自然に得られるので、大量のエネルギーが保存されます。この状態では、心と神経系の活動が最小となり、したがって、心が落ち着いて静かになることは確実です。*

＊**超越瞑想による休息**　毎日、超越瞑想によって、数分間でもこの状態を作り出さないと、体の内部機構に休息を与えるチャンスがないことになります。そして、体の内部機構は、呼吸の続く限り一生涯、毎日二十四時間働き続けて止まないという結果になるでしょう。この瞑想の規則的な実践によって、このように常時活動している体の内部機構に、毎日わずかでも休息と静寂の時間を与えれば、健康と長寿にとって大いに役立つことになるのはいうまでもありません。

この静かな状態において、心と神経系はともに、弓に矢をつがえて十分に引き絞ったような、機敏な平衡状態に置かれます。この状態では、活動はありませんが、静寂の中で心身全体が目覚めている状態です。また同時に、体のすべての機能はすばらしくバランスがとれており、完全に安定した状態にあります。神経系が最も健康な状態を示すのは、このような「安らぎに満ちた機敏さ」の状態においてであり、この状態こそがすべてのエネルギーと活動の基盤なのです。

この安らぎに満ちた機敏さの状態は、神経系が能動でも受動でもない中間的な状態にあるときに生じます。この活動でもなく受け身でもないという状態こそが、「存在」の状態であるのです。このように、神経系は、「存在」のレベルに高められ、「存在」と調和することによって、無限のエネルギーのレベルに到達します。そして、神経系は、その最も正常で健康な状態になるのです。ここに健康への鍵があります。

二酸化炭素の生成の減少によって、もう一つの効果が生じます。それは、血液の反応が酸性からアルカリ性に変わる傾向が現れることです。これによって、血液の化学的な働きに広範な影響が及び、体全体を益することになります。

体の存在は、代謝の活動に依存しています。活動は相対界に属していますが、「存在」は超越的で絶対性をもっています。体の維持は、微細な領域と粗大な領域の両方の活動によるものです。体の活動は停止しても、神経系が受け身になることを許さないという状態に体をもっていくことができれば、つまり、能動でも受動でもないという状態に神経系を維持することができれば、そのとき体の活動も「存在」のレベルに置かれるのです。代謝過程が静かになり、しかも体を受動的にしないようにすれば、体の活動を「存在」のレベルに置くことになるのです。

「存在」のレベルについて語るに当たって、まず言葉の意味をはっきりさせましょう。「存在」は個人の本質的要素です。「それ」は内に隠れた状態のまま、ただそこに在り、あらゆる形態と現象の基盤となっています。「それ」は心や物質すべての源であり、現象界全体の基盤です。「存在」のこのような状態は、あらゆる相対実存を超えています。この理由から、「存在」は超越的とも、絶対的とも呼ばれているのです。超越的というのは、あらゆる相対実存を超えているからです。絶対的というのは、相対実存に属していないからです。「それ」は変化することのない永遠の実存です。「存在」は、木の中の樹液のように、被造界に遍在しています。「それ」は、あらゆるエネルギー、知性、創造性、活動の究極の源です。「それ」自体は能動でも受動でもありませんが、「それ」はあらゆる能動と受動の源であるのです。

生命の相対領域には、能動があるか受動があるか、二つに一つです。絶対「存在」は、その本質において、能動の領域にも受動の領域にも属していません。能動にも受動にも属さない生命の状態は、相対的実存の外側にあり、当然、絶対「存在」の領域に属しています。そして、絶対「存在」の領域に属しているものは、絶対「存在」そのものの地位を得るのです。なぜなら、「存在」以外の何ものも、「存在」になることはできないからです。

絶対「存在」という言葉の意味が、これで明らかになったはずです。私たちの当面の主題からいえば、「存在」とは能動でも受動でもない生命の状態である、ということになります。

ここで明らかになることは、相対領域において体を生き生きとした状態に保ち、体と心の調和を維持している代謝過程を、生理的に「安らぎに満ちた機敏さ」の状態にもっていくことができれば、生命を「存在」のレベルに置くことができるということです。

意識は、神経系の状態によると言うことができます。目覚めの状態において神経系が活動しているときには、心は周りの世界から自《みずか》らを切り離す機会を与えられません。神経系が疲れると、心はその意識能力を用いることができなくなり、深い眠りの状態に入って、意識はなくなってしまいます。もし、心が外側の対象を体験するためにその意識する能力を使用することもなく、また完全に意識を失ってもいないという状態に、神経系を維持できるようになれば、つまり、心が外界のものを何一つ意識していないにもかかわらず、意識する能力を保ち続けるという状態になるならば、心は能動的でも受動的でもない、純粋な意識の状態に達することができるでしょう。この純粋な意識が「存在」の状態なのです。

同時に、神経系は「安らぎに満ちた機敏さ」の状態になり、ここで生命の相対状態が絶対状態に出合うことになります。意識を生み出す能力に関する限り、神経系は永遠実存の領域である「存在」の次元に到達したといえます。そして、これが心と体の完全な健康の状態であるのです。

どのようにしたら、それが可能になるのでしょうか。神経系のそのような生理状態を生み出すためには、どういう方法をとったらよいのでしょうか。

生理学的に見るならば、神経系の機能は代謝過程によって決まります。代謝過程は、主として呼吸に依存しています。何らかの手段で、呼吸を遅くしたり、和らげたり、微《かす》かにすることができるならば、代謝過程も減少することでしょう。そして、呼吸を能動的でも受動的でもない状態、すなわち息が通っているのか通っていないのかわからないほどの、きわめて繊細な中間状態にもっていくことができるならば、代謝過程も活動と無活動の中間にある「存在」のレベルに至るでしょう。このような状態に至れば、体が「存在」と調和するようになります。生命は維持されているのですが、相対実存の領域における生命の現れは静かになるのです。これは、心が心自体に目覚めているようにさせる神経系の状態でもあります。このような自らに気づいている状態に心が至ったときには、体全体もそのままで維持されています。

生理的な変化がゼロという状態が体の中に起こります。体全体の生理的な仕組みが、生命の純粋状態のレベルにおいて一時停止の状態になります。それは、進化の過程すなわち変化の過程が止まった状態ですから、建設も破壊もともに止まり、変化がなくなってしまいます。心と体のすべてが「存在」のレベルに置かれます。個人の粗大面と微細面を構成する心と体がともに、不変の実存のレベル、すなわち永遠の絶対「存在」のレベルに高められます。体と心は生命の同じレベルに達しますから、ここで心身が統一されるのです。

したがって、望む結果は、次に述べる方法のうちどれかによって達成されます。

一、心理的方法――この場合には心だけを使います。これが実際には超越瞑想のシステムとなります。

二、生理的方法――体あるいは呼吸を操作して、代謝過程を減少させるやり方です。身体的なヨーガの訓練や適当な呼吸法がその具体的な方法です。

三、心理・生理的方法――心身を「存在」のレベルにもっていくために、体と心の両方をそれぞれのレベルで働かせる方法です。

それでは、どのようにしたら、活動でも無活動でもない状態に呼吸をもっていくことができるか、という問題を検討しましょう。

このような呼吸の状態は、非常に自然な方法で創り出さなくてはなりません。なぜなら、不自然な方法は体に緊張を起こすからです。呼吸を遅くしようと努力すると、呼吸の過程そのものを緊張させますから、逆効果になります。問題は、きわめて微《かす》かで、活動をほとんど超越してしまうほどの呼吸の状態をどのように自然に創り出すかということです。

呼吸を緩やかにさせる一つの可能な方法としては、呼吸を制御する行を長く続けて、息をするしないに関係なく、体がそれ自身を維持できるように慣らす方法があります。このような行法を行うと、非常に柔らかい呼吸でも体を維持できるようになり、活動でも無活動でもない中間状態に呼吸をもっていく生理状態が創られます。

体を「存在」のレベルに導くという目的は、このような呼吸制御の行法の結果として達成できます。しかし、このような方法で成功を収めるには、有能な指導者の熟練した監督を受けながら、厳しい修行を何年も続けなければならないので、特に現代のような時代に家庭をもって暮らしている人には、この方法はまったく適していないのです。

ところが、このような呼吸の状態に達することができる心理的な方法（心を活用する方法）があります。この方法はどういう原理に基づいているか、それをまず考えることにしましょう。

経験からわかるように、私たちが走るときには呼吸は速くなり、座っているときには緩やかになります。食事の後にも速くなるのは、食物の消化に普通のとき以上に酸素を必要とするからです。

要するに、体が行わなくてはならない仕事によって、呼吸は速くなったり遅くなったりするのです。体が行う仕事は、心が体に対してどのように働くことを望んでいるかによって決まります。つまり、心の活動、すなわち思考が、体の活動の基盤にあるのです。ですから、呼吸の過程を直接制御している体の活動は、思考の過程によって制御されているということがわかります。

前にも述べましたが（「基本的な原理」七一ページ参照）、現在意識のレベルにおける思考過程とは、思考の開始点より、はるかに大きな活動に達したものです（図解、七三ページ参照）。活動量を多くするためには、当然、体の中で多くのエネルギーを放出する必要があります。また、それに応じて呼吸量も増加させなければなりません。ところが反対に、想念をその源において意識的にとらえることができれば、この想念を通常の現在意識のレベルにまで浮かび上がらせるのに要するエネルギーは節約できるはずです。その結果、体の中のエネルギーの生成量も少なくなります。それには当然、酸化過程全体の減少が伴い、呼吸が柔らかくなります。こうして呼吸を活動でも無活動でもない状態にもっていくという目標が達成されるのです。

以上でわかるように、超越瞑想中に、心が想念のより微細な状態を体験し始めると、それに比例して、心の営む活動も少なくなります。その結果、呼吸も同時にますます浅く、精妙に、微《かす》かになっていきます。心がついに想念の最も微細な状態を体験するに至ると、呼吸もまた最も浅いレベルに至り、最後に心が最も微細な想念をも超越して純粋意識のレベルに到達すると、呼吸も能動でも受動でもないという純粋「存在」のレベルに到達するのです。

これでわかるように、心を「存在」のレベルにもっていく練習は、同時に、呼吸も同じレベルに高め、神経系と体を絶対実存の次元に確立します。この状態では、代謝過程によるエネルギーの放出がなく、体の変化や衰退が起こりません。

これは、心と神経系と体における完全な健康の状態です。

そのとき体は、遍在する絶対「存在」が相対実存の領域に自《みずか》らの栄光を放射するための、ふさわしい媒体となります。コップに水を入れて陽にさらすと、太陽がその水に映ります。太陽はいつも輝いているのですが、適当な媒体がないと姿を映すことができません。同様に、「存在」は常に至るところにあるのですが、神経系の適当な状態が創られない限り、相対実存に直接自《みずか》らを現す機会が得られないのです。

呼吸を調整する方法か、または思考を調整する方法（超越瞑想の実践を指しています）によって、あるいは二つの方法を併用して、神経系をこのような状態にもっていけば、体も「存在」のレベルに高められて、人生と健康を楽しむことができるようになります。これが超越瞑想の祝福です。

## 個人の環境の健康

個人の環境は、その人の心身から放射される波動から成り立ち、その質は、その人が周囲に及ぼす想念や行動の質によって決まります。

怠惰な人は周りを鈍く憂鬱な雰囲気にしますが、エネルギーに満ちた人はダイナミックな影響をもっています。周りの人たちを高めるような健康な環境をつくり出すためには、その人自身が健康でなければなりません。

いかなる人でも、その人固有の環境をつくり出していますが、同時に、他の人たちがつくり出す環境の影響も受けています。

健康は「存在」の状態によって決まるということを前に述べました。したがって、健康な環境をつくる方式も、やはり、「存在」を環境のレベルまでもってくるにはどうするか、または、環境を「存在」のレベルまでもっていくにはどうするか、ということが基本になります。

環境に「存在」の影響を生み出すには、心と体を「存在」の中に確立する必要があります。心身を「存在」の次元に置けば、環境は自然に「存在」のもつ調和、幸福、平和、純粋さの影響を受けるようになります。心と体を「存在」のレベルにもっていくことによって、環境はおのずから「存在」の価値を注入されるのです。

瞑想の後で、心が超越「存在」の状態から出て、思考の領域で活動を再開するとき、思考の過程全体が「存在」の影響を受けます。このような思考過程から放射される波動には、「存在」の質が含まれています。「存在」を体験することによって、心は「存在」の影響を環境の中に絶えず放出するようになるのです。心を「存在」のレベルにもってくれば、心は宇宙法のレベルに確立されます。瞑想の実践によって、「存在」がいつも現在意識のレベルに保たれるようになり、外面的な活動にかかわっているときでもこの状態が続くならば、そのとき心は絶えず宇宙法と接触していることになります。

心が宇宙法のレベルから活動するとき、心は自然のあらゆる法則と完全に調和し、その個人を取り巻く自然界のすべてが不調和や緊張から解放されます。

自然界の不調和は、心が宇宙法に調和していないために起こります。心と体が宇宙法に調和するとき、あらゆる想念や行動や言葉は、超越「存在」を放射し、「存在」を環境のあらゆるレベルにもたらします。そして、その人の周りの環境全体が宇宙の目的に沿ったものとなるように整えられます。

被造界の各層は、すべて振動する「存在」のさまざまな段階にほかなりません。しかし、ある人の心が「存在」と直接的に結び付いていないときには、その心の波動は自然法則から外れたものになるかもしれません。その人自身が宇宙「存在」の中に確立されると、その人の波動は「存在」の波動と同じになります。「存在」は自然界のあらゆる層にすでにあるのですが、それがまるで新たな生命を与えられたかのように、被造界のあらゆるレベルと完全に調和して振動し始めます。

そのとき、被造界のさまざまなレベルは、それらの間にある本来の密接な関係に従って互いに調和し、またそれぞれのレベルで活動している自然法則とも調和します。その人の心が宇宙法と調和する以前に周りの世界の異なる次元の間に創り出したかもしれない不調和も、このようにして、取り除かれるようになります。これは、きわめて微妙なことですが、自然界の真理はこのようになっているのです。

心が宇宙法と調和せず、「存在」と一致していないときには、その心は自然法則に完全には従って働いていない状態にあります。このような心は、知らないうちに、またそういう意図もないのに、不調和の影響を放出しているかもしれません。

心の働きが自然であり、その結果すべての自然法則が宇宙法と完全に調和して、周りに「存在」の価値に活気づけられた環境がつくられるようになるか、あるいは逆に、心が「存在」のレベルに自然に確立されていないために調和を乱すかのどちらかです。

心が超越し「存在」が確立されたときに体が静かになるのと同じ程度に、個人の環境を静かにすることはできません。神経系は、活動と無活動の中間の静でも動でもない状態に達したときに、「存在」のレベルを獲得します。しかし、このような完全な平衡状態を環境の中にも創り上げることは不可能です。なぜなら、進化という宇宙的な目的に従って作用する自然の諸法則によって、環境は永遠に活動し続けるように促されているからです。

自然は休みなく動き続けて、被造界全体を永遠に進化させていきます。したがって、自然界そのものを超越「存在」のレベルにもってくることは不可能です。しかし、「存在」の状態は自然界の絶えず変化している領域にも永遠に浸透していますから、宇宙的な進化を遂げていない人たちから放出される不調和を取り除くことによって、超越「存在」が環境に振動するようにさせることはできます。この不調和については、正しい理解をもたなくてはなりません。

今ここに、宇宙的な進化を遂げていない一人の人の例を考えてみましょう。この人は、自分の意識レベルに従って行動し、思考しています。この人の願望は宇宙的な基盤に支えられていませんから、宇宙の目的に調和しないこともあり、それゆえ、彼の行為のすべてが宇宙の目的に調和するというわけにはいきません。

自然の進化と宇宙の目的に調和した個人の場合は、すべての想念や活動が自然法則に調和した影響を創り出します。しかし、想念や活動が宇宙の目的に完全に一致していない人の場合には、進化の自然な流れに逆らうことになり、その人の環境全体が緊張してきます。そのような影響を被《こうむ》ると、自然のあらゆる法則が緊張してくるのです。進化の自然な状態に対抗する流れが環境の中に生じると、個人と宇宙の進化の自然な流れがゆがんできます。

徳にかなった人生を営まなければならないという理由もここにあります。人生において道徳的で高潔で真実であるものは、すべて自然法則に調和しています。道徳に反し罪深く有害なものは、すべて進化に逆らうものです。

人が間違ったことを考え、間違った言葉を話し、間違った行動をすると、その人の周りに働く自然法則を緊張させ、不調和を起こします。私たちは実際にこれを感じ取ることができます。

例えば、悪い人の部屋に入ると、その人の有害な影響を感じ始めます。逆に、善良な人の部屋に入ると、すぐに調和の影響を感じます。その人の影響が周りの壁に染み込んでいるからです。言うなれば、部屋の壁にも天井にも床にも、その人を見いだすことができるのです。調和的な影響を感じ取ると、なんとなくうれしくなります。私たちが喜ぶと、今度はその喜びが友人の部屋の中に調和と善意の雰囲気を創り出し、それがまた進化の過程に調和するのです。

人の意識が宇宙意識にまで高まると、その人の想念や行動はすべて宇宙の目的の一部になります。何をしようと、何を話そうと、何を考えようと、それは進化の過程を助け、まだ統合されていない心が環境に創り出した不自然な影響を中和する働きをします。

自分の意識を純粋意識のレベルに高めることによって、環境を自然に、宇宙目的、すなわち宇宙「存在」に調和させることができます。これはつまり、「存在」の価値を環境に広げること、あるいは環境を「存在」のレベルに高めることです。

環境を「存在」のレベルに高めるとはどういう意味でしょうか。それは、自然の進化の過程に何らかの形で逆行したり、被造界のさまざまなレベルの自然な働きに不調和を創り出したりするような悪い波動や影響力を、人間が放出しなくなるということです。したがって、「存在」が個人の環境にある、さまざまな自然界の層と完全に調和するためには、個人が純粋意識の状態に高まりさえすればよいのです。個人はこのようにして、環境を「存在」の恩恵のもとに置き、さまざまな層に働いている無数の自然法則と宇宙法の間に摩擦を起こすことを避けることができるのです。

個人の呼吸が永遠の生命の振動になると、その人の健康は、宇宙生命の永遠の健康のレベルにまで高められます。「存在」が、現在意識のレベルに確立されるとき、体は宇宙の進化の目的に奉仕するようになります。そのような心とそのような体が、完全な健康を環境に放射するのです。

このように、個別生命のあらゆるレベルに「存在」が確立されたとき、初めて個別生命のあらゆるレベルにおいて、完全に健康になることができます。木のすべての部分に樹液が行き渡ったとき、初めて木全体が完全な健康に息づくのです。もし、木のどこかの部分が樹液との直接的な接触を失うと、その部分が枯れ始めます。これと同じように、個別生命のどこかある部分が「存在」との調和を失うと、その部分は「存在」が欠けていることによって苦しむようになります。

環境が個人を通じて「存在」の影響を受けることができなくなれば、環境も健康を失い緊張してきます。前にも述べたように、これはその人が自分で感じられることです。環境は、その人に調和と平和の感じを与えることをやめ、緊張と不安、恐怖と緊迫の感じをもたらすのです。

体が「存在」のレベルに達する機会を奪われると、その体は生命力を失います。「安らぎに満ちた機敏さ」の状態に神経系をもっていかないと、体は緊張に陥ります。それはちょうど、片時も休まないで動き続ける機械が摩耗するのと同じです。しかし、機械にときどき休息を与えてやれば、摩耗は少なくなり、寿命も長くなります。これと同じで、体を「安らぎに満ちた機敏さ」の状態にもっていき、そこで心が神経系の協力を得て超越「存在」を体験できるようになるとき、体は休息を得て、絶えず緊張している状態から脱却できるのです。そして、ストレスや緊張から解放された正常な生命のレベルを維持し始めるのです。

心がいつも願望の領域をさまよい、相対生命のさまざまな道に迷っているときには、心は永遠の至福という偉大な目的を見いだすことができません。万物はやがては滅びる無常なものですから、この世界のどんなものをもってきても心に永続的な満足を与えることはできません。そのため、心は幸福を求めて満たされることなく、絶えず放浪し続けます。永遠の至福に包まれて休むことができる場所が、多様性の領域の中にないものかと探し続けているのです。このような心の持ち主は、「存在」の至福意識に調和するようになったとき初めて、永続的な満足を発見できるのです。

人の心に永遠の満足を与え、安定をもたらすのは、このような状態です。この状態は心に成就をもたらします。これこそが心にとって最も健康な状態です。なぜなら、この状態においては心が生命の目的である永遠の至福意識を獲得しているからです。

したがって、超越瞑想によって心を「存在」に調和させれば、心身の完全な健康を保ち、環境も保全し続けることができるということがわかります。これが、個別生命のあらゆる面において完全な健康を得る方法なのです。

健康問題は、個別生命のあらゆる面、すなわち心、体、環境、「存在」のすべての面からこの問題を検討しない限り解決不可能です。「存在」を考慮に入れないならば、心身の健康という目的を果たすことはできません。それは、ちょうど、樹液を考えに入れないと、枝も花も果実も、その健康が保てないのと同じです。

熟練した園芸家がしおれている葉を見つけた場合、彼はその葉そのものに注意を払い世話をするということはしません。彼は、木全体の危険信号がそこに現れていると見ます。そして、注意を根に向けて、そこに水をやると、樹液がどんどん上って、木のあらゆる部分に達するようになるのです。

これと同じことで、人間の場合も、周りの環境が緊張したり、自分の心身が何かの病気で苦しんでいるのに気がついた場合、それは自分の生命全体にとっての危険を示す兆候であると判断すべきです。賢明な人なら、問題の根本原因を解決するでしょう。

ある人の心身から放出されるさまざまな種類の悪い影響は、環境に緊張を創り出します。心の緊張はさまざまな間違った行動から起こります。思考の過程が自然法則の宇宙目的に調和しないと、心身に緊張や苦しみが生じ、環境にも緊張や否定的な影響が生み出されます。

行おうと思ったことが失敗したり、願望が遂げられないのは、個人生命の流れが自然法則に調和していないときです。これを改善するにはどうしたらよいのでしょうか。物理学、化学、生物学、解剖学、その他あらゆる学問の分野で、自然の各種法則の研究が行われています。被造界のさまざまな層と自然の諸法則は、その数が限りなく多く、その相互関係のパターンは複雑多様です。ですから、自然法則を全部知ろうとするのは、人間にとって不可能です。しかし、心を宇宙法のレベルに高めることによって、心を自然のあらゆる法則に調和させることは可能です。

個人の生活が自然と調和していないと、進化の自然な流れにいつも緊張を与えることになります。周りの環境に起こした緊張は、その人自身に一番大きく跳ね返ってきます。不調和や病気や苦しみが存在するのはこのためです。

個人の健康を正しく考えようとするならば、これを部分に分けてバラバラに考えることは許されません。手一本の健康でも、全身の健康との関連においてのみ理解できるのです。全身の健康は、神経系全体から切り離しては理解できません。また、神経系の健康は、心と結び付けて理解しなければなりません。

次に、心も「存在」との関連において理解することが必要です。なぜなら、究極において、個別生命の本質であり基盤であるものは、「存在」にほかならないからです。心と「存在」の間に、また体と心の間に、さらに環境と体の間に調和が保たれるとき、初めて健康の問題が解決できるのです。

人間の健康を考えるとき、生理学や心理学の見方だけでは不十分です。健康の問題を解決しようとするならば、生命全体の問題を解決しなければなりません。

そして、個別生命のこのようなさまざまな面を別々に考察するだけでは十分でないということも、よく覚えておくべきです。全体の調和を考えることも、きわめて重要なのです。

医学の領域の研究の結果わかったことですが、心理学の新理論や、生理学の新発見は、健康の問題を非常に狭い見地から扱っています。したがって、健康の一部分の側面だけを考えることになり、その結果、病気の苦しみが相変わらず続いているのです。

健康の問題を部分的な方法で扱うことにより、全体としての人間に害が与えられているという事実を、ここで強調しようと思っているのではありません。なぜなら、医学や心理学に携わっている人たちも、自分たちが直面している限界をよく承知しているからです。

心と体の苦しみの問題に取り組むときは、永続的な効果を生むように、根本的な原因を取り扱わなくてはなりません。人生のあらゆる原因の根本に位置しているのは「存在」です。そして、あらゆる苦しみの原因は、「存在」と個別生命のさまざまな次元との間に正しい調和が欠けていることからきています。

ですから、もし、完全な健康を目指すのでしたら、生命のあらゆる面で本当の健康を実現する一つの方式に従わなければなりません。それは、「存在」と心、「存在」と体、「存在」と環境の間の調和に基づくものです（「存在に到達する方法」六八ページ参照）。

この世界における心身の苦しみの原因は、「存在」を知らないことと、「存在」の価値を心身と環境に注入すればあらゆる病気と苦しみの根本原因を除去できるという事実を知らないことにあります。

今こそ、各国の医学者たちが「存在」の価値を研究し、超越瞑想の生理的および心理的効果を科学的にテストして、「存在」によって万人の心と体が健康に恵まれるように動き出すべきときです。今では世界中のほとんどあらゆる国に、超越瞑想をしている人がいます。「存在」の影響によって、どのような生理的あるいは心理的な変化が起きるか、ということを測定し、確認するのに、この人たちはよい被験者となることでしょう。何百万というこれらの瞑想者たちは、自分たちの健康が改善され、他人に対する態度や行動がよくなり、環境における調和があらゆるレベルにおいて維持されるようになったことを、すでに自《みずか》らの体験によって気づいているのです。

# 第八章　教　育

教育の目標は、人が人生においてあらゆる目標を達成することができるように、その心を育て養うことです。教育が真にその名に恥じないものであるならば、それは、体と心と精神の全潜在力を活用できるようにするものであるはずです。

教育はまた、自分と環境を最大限に活用する能力を開発し、自分のためにも他人のためにも、人生において最大の業績を成し遂げるようにするものでなくてはなりません。学生時代は、一生の仕事の基礎を築く最も貴重な時期ですが、若者たちの中に眠る素晴らしい可能性は、今の学校生活においては開発されないままに終わっています。

各国を旅行していろいろな人たちに会うと、ほとんどすべての国の世論が、自分の国の教育制度に満足していないことがわかります。世界中どこへ行っても、今の教育制度に満足している人はいないのです。

今の教育制度に欠けているのは何なのか、小学校から大学までのカリキュラムのどこに不足があるのか、という問題に対し正確な答えを出せる人はそんなに多くはいないようです。それにもかかわらず、世界中の人が現在の教育課程に不満を抱いているということは疑いのない事実です。大衆が不満に思っているというばかりでなく、教育関係の著名な権威者たちも、やはり教育の欠陥を語っています。欠けているのは、カリキュラムに深みを与え、学生を責任ある市民に育て、生命のあらゆる価値において成熟した社会人に仕立て、より高い意識と理解をもたせるようにする完全な教育制度です。

各教科は、学生が生命の全領域をよく理解するような方法で教えられなくてはなりません。どの教科の場合でも、それを通じて、人生のあらゆる価値が完全にパノラマのように展開するように教えられるべきです。

現在は、学問のあらゆる分野で、新しい考え方が生まれていますので、カリキュラムに次々と新しい科目が加えられています。そして、このような科目は、それぞれ特殊化して、新しい学問の分野となっていきます。

言うまでもないことですが、学問のどの分野を見ても、その範囲は、特定のテーマのごく基本的な研究からきわめて高度な研究にまで及んでいます。しかし、どの学問分野も、その分野の知識の頂点にまではまだ到達していません。各分野で、偉大な発見がなされていますが、将来の世代にはさらに偉大な発見がなされることでしょう。どの科目であっても、その最高の知識は、今の研究の範囲を超えたところにあります。

このように、すべての学問分野は、今のところ非常に不完全な状態にあります。「絶対」に関する英知がそれぞれの学問分野を補うことが必要です。

学生たちが「絶対」に関する研究を行えば、実存の明白な現象面を越えたところにある偉大な隠れた生命の価値が明らかになるでしょう。この研究によって、学生は実存をより深く認識し、生命に対する広い視野を開き、底知れない知性の海の奥底まで見通すことができるようになるでしょう。また、相対実存のレベルに見いだされるよりも、はるかに偉大で高次の生命の価値に到達する可能性もはっきりしてくるでしょう。超越瞑想を実習し、これに合わせて「絶対」の研究も行うようにすれば、真の意味における教育の目的を実際に果たすことになると考えられます。

多くの国の進取の気性に富んだ学生たちは、自《みず》ら《か》超越瞑想を実践することによって、すでにこのことを発見しています。しかし、それよりもはるかに多くの学生たちは、この技術のことをまだ知らないでいます。もし、世界中の教育当局者があらゆる大学の教育課程に「絶対」に関する実際的な研究を導入することを決定すれば、すでに瞑想を始めた学生にとっても、まだ瞑想のことを知らない学生にとっても、計り知れない助けになるでしょう。

現在の教育制度は、学生たちに表面的な知識を与えるだけに終わっています。体と心と精神の内面価値を開発するようなものは、今日の教育にまったく含まれていません。どの教育も、表面的なレベルでの知識の受け渡しにとどまっています。どの教科であっても、それに関する情報が学生に与えられます。そして、学生がその情報を記憶できれば、その科目に合格するという仕組みです。今の教育制度は、学生に、生計を立てることを主とした職業訓練だけを行っています。

心と精神の内面世界についての情報は得ることができません。生命の内側は、外側の生命と存在するものすべての基盤そのものであるにもかかわらず、それが世界中でこのように長い間無視されてきたということは驚くべきことです。

今こそ、各学問分野で扱っている外面的な事柄と並行して、生命の内側の領域に関する教育を学生たちに与えるべき時です。「絶対」についての知識もなく、また心の能力を開発する超越瞑想を行うこともない教育は、いつまでたっても不完全です。

各国における現在のカリキュラムを編成している当事者が、ただこの超越瞑想というシステムを知らないという理由によって、現代の学生たちは、生命の内側の価値と実存の永遠の基盤とに接触できない状態にあるのです。

どの専攻科目にせよ、表面的な教育しか受けていない学生には、その科目を本当の意味で深く究めるための基盤がありません。いろいろな現象を調査するという方法で、この世界のいったいどれだけの部分を、実際に研究し理解することができるのでしょうか。

宇宙は限りなく広く、この被造界は果てしないものですから、この全被造界を何もかもとらえて分析し解剖することは不可能です。

このような理由で、今の教育制度では、知識欲を満たすことができないのです。知識欲をそそることはできても、これを満足させる手段がありません。

どの分野でも、研究を進めれば進めるほど、そのかなたにさらに広大な未知の領域が広がっていることが発見されるものです。ある主題について、どれほど多くのことが知られていたとしても、研究が進むと必ず、その先に未知の世界が広がっており、そこに近づく道さえもないということがわかってきます。現在の教育制度は、ある主題について知識を与えるというよりも、むしろ、そのことについて人間がいかに無知であるかということを暴露するのに役立っているとさえ言えるのです。教育が情報だけに基づいている限り、事態はいつまでも変わらないでしょう。

このような嘆かわしい状態から前進する唯一の道は、内側から心を養い、心を強くする方法を見つけることです。心を養いさえすれば、ある主題を情報レベルで研究するときでも、その主題のもっと深い領域を究めることができるようになるのです。

どの学問分野を専攻している学生にも、通常の教育課程に加えてこの内面的な教養を与えるならば、通常の課程を補うものとして心の開発が行われ、あらゆる心の能力が内側から花開くことになるでしょう。

本当の意味の教養人は、このような教育システムから生まれるはずです。このような教育は、人間の心に対してすべての知識の扉を開き、あらゆる学生が自分の専門分野について完全な知識を得ることを可能にするでしょう。そのとき、世界中の人々が教育からの真の恩恵を受けるようになるのです。

このような教育システムは、職業を通して生計を立てる能力を培うだけでなく、若い人たちに生命の内側の真の意義を明らかにします。学生たちは力強い性格の持ち主となり、輝かしい業績を築くことになるでしょう。すべての人が、いかなる分野においても、偉大な知識を習得するための十分な力を身につけることになるのです。

さまざまな種類の教科を用意したとしても、学生はその中の一つを選ぶことしかできません。しかし、だれでも内側に素晴らしい心の能力が眠っているのですから、それを学生時代に正しく開発できるならば、世界中のあらゆる人々が自分の人格を高度に発達させ、自分のためにも他人のためにも、自《みずか》らの全潜在力を十分に活用するようになるでしょう。

心の能力を開発する方法がなければ、人間の内側に眠る偉大なる才能はむなしく消えてしまいます。

前にも論じましたが（「存在に到達する方法」六八ページ参照）、瞑想によって心の内側を探求するとき、心の意識能力が最大限にまで発達します。瞑想から出てくると、人間の内側の潜在力、すなわち超越意識の精神的な本質も外に現れ出てきます。そして、この世界のさまざまな形態と現象の相対的な価値のただ中においても、それが生きられるようになります。

この瞑想システムは心を開発し、その全潜在力を展開する簡単な方法です。この瞑想システムは、生命の内側にある精神的な価値を究め、内なる真我の光によって物質的な価値に栄光をもたらす直接の方法です。「内側からの教育」の簡単で直接的な技術がここにあるのです。

人格を完全に発達させ、さまざまな欠陥から脱却し、生命の内側の価値に関する無知から解放された新人類が誕生するように、少なくとも大学レベルにおいて、この瞑想システムを学校のカリキュラムに組み入れるべきです。

これはどこの国でも必要とされていることです。この瞑想システムを取り入れた国は、すぐに他の国々よりもはるかに有利な立場に立つようになるでしょう。その国の人々は、想念、言葉、行動のあらゆる領域において、他の国の人々よりもはるかに優れた能力を示すことになるでしょう。なぜなら国民が潜在力のすべてを活用するようになるからです。このような国では、実業家、技術者、政治家、科学者、社会学者、その他生命のあらゆる分野の人々がおのずから傑出するようになります。国民の一人ひとりがより統合された人格をもち、より幸福でより平和な生活を築くことでしょう。

そのシステムがここにあります。それは世界各国ですでにテストされ、価値が実証されています。これを採用するかどうかは、必ずしも教育当局の責任ばかりとは限りません。このシステムに対する要望は、むしろ学生たち自身から出てくるかもしれません。なぜなら、すでに多数の学生がこの瞑想を実践しており、目覚ましい成果を上げているからです。

次に、瞑想の見地から各種の研究分野を分析し、この瞑想の実践と「絶対」の研究がどのように各研究分野を豊かにし、教育の領域すべてに栄光をもたらし、教育の全目的を成就するかを調べてみましょう。

## 経済学

経済学は、資源の生産、流通、消費などを研究して、人間の必要を満たそうとする学問です。経済学の目標は、あらゆる人々のあらゆる必要を完全に満たす、裕福な人生の状態を創り出したときに達成されます。そのような物質的豊かさの状態を創ることは可能かもしれませんが、その状態が本当に人間を満足させるかは難しい問題です。今日、個人生活において、物質的な豊かさをすでに得ている人たちを見れば、彼らが完全には満足していないことがわかります。人間の真の満足が達成できなければ、経済学の目的自体が的はずれということになります。

ここで強調したいことは、人間というものは永遠の幸福に達しない限り、人生に満ち足りることがないという事実です。この永遠の満足を招くことが経済学の最終目標であるはずです。したがって、経済学はその範囲を物質の生産と消費だけに限定するべきではなく、永遠性を有する最大の幸福を全人類の手が届くところに引き寄せるという目標にまで、その内容を広げなくてはなりません。

「絶対」を体験することが、内面の幸福を達成する直接的な方法です。この内面の幸福は、一人ひとりの本質を完全なものとするのに不可欠な偉大な幸福です。したがって、瞑想は経済学の最高目標に成就をもたらすものであるということがわかります。指導的な経済学者たちは、彼らの研究の中にこの超越瞑想を導入しさえすればよいのです。

瞑想はまた、あらゆる人の仕事に関する能力と能率を増進しますから、今日の経済学で最も関心が向けられている物質面の経済を、直接的に豊かにします。したがって、経済学の扱う範囲がこれまでどおりだとしても、瞑想が経済学にとって必須であることが明らかです。

経済学者たちは、研究と開発の対象として、超越瞑想が非常に価値ある報い多いものであるということに気がつくでしょう。経済学の成就に「絶対」が不可欠であるということが認識されるならば、この学問は現在の限界を超えて、本来の領域にまでその範囲を広げていくでしょう。

もし、経済学の領域が物質的な豊かさを創り出すことだけに限定されるならば、経済学の目的そのものが無意味になってしまうと思われます。

## 人文学

哲学、文学、歴史などは、まとめて人文学と呼ばれています。人文学は、人間が生命の各分野で価値を認めたもの、また価値を認めるべきだと考えたものの内容を記録する学問です。生命のあらゆる相対価値の基盤は「絶対」であり、これが万物の源であり、究極の目標です。したがって、「絶対」に関する正しい知識が欠けていたら、人文学の進歩は、いつまでたっても完全な状態に至ることができません。

人文学の範囲を現在の枠を超えて広げ、「絶対」の直接体験を含むようにするべきです。「絶対」の研究を人文学の研究の一部に組み入れることは、非常に大切であると考えられます。

哲学は確かに「絶対」の研究を目指しています。しかし、絶対の直接体験が欠けていては、単に論理や弁別の力を借りるだけで、その本質を把握することはできません。

瞑想なしでは、相対実存の微細レベルを心が体験することは不可能です。ましてや「絶対」の本質を認識することなど望めません。こんな現状では、人文学の研究も不完全に終わってしまいます。今日、学校で教わる人文学をいくら研究しても、生命とその高貴な目的について確固とした信念を抱く助けにはなりません。

超越瞑想の実践によってのみ、人文学の研究は完成します。人文学の領域を今の限界の外に押し広げ、本来の目的を達成しなくてはならないという差し迫った必要があるのですが、その必要にこたえることができるのは超越瞑想の実践をおいてほかにはありません。

## 政治学

政治学の研究の目的は、人間の生活において平和と幸福を増進するためにはどのように人間を組織したらよいか、という問題を明らかにすることにあります。孔子の時代以来、政治学の役割はこのようなものと考えられてきました。

世界を改善するためには国家を改善しなくてはなりません。国家を改善するためには地域社会を、地域社会を改善するためには個人を改善しなくてはなりません。個人が自己を完成すれば、家族も完成に進みます。家族の向上は地域社会の向上に反映し、さらに国家と世界の向上にも影響します。

各国の政治制度や政党や政治的慣習などを研究するだけでは、その人が一人の人間として向上する助けにはなりません。ですから、政治学の範囲をこの種の研究だけにとどめておくならば、その目的はいつまでも達成されずに終わるでしょう。超越瞑想は人間の潜在力を開発し、生命のあらゆる領域において人間の能力を高めます。したがって、政治学の研究の中に瞑想の実践を含めることがきわめて大切であると考えられます。

十分に開発された内側の能力を組織に関する知識の基盤とし、その上に立って人間のさまざまな質や能力を向上させるとき、政治学の研究は完全な範囲にまで展開し、その目的を果たすことになるでしょう。

## 社会学

社会学は、集団や共同体の動きを研究する学問です。社会学の目的は、社会の制度や仕組みを完全なものにすることによって、人間の状態を改善することにあります。社会の水準は、その社会を構成する人々の相互関係によって決まります。社会の構成員の相互関係は、個人の心のあり方によって決まります。

ある人が心の中に不満をもっている場合、その人の他人に対する振る舞いは、自分自身の目的を果たしたいという隠れた動機によって促されます。こういう動機に動かされていると、その人の対人関係は不自然なものとなり、結局はその関係自体を腐敗させることになり、ひいては社会生活の調和も破れてしまいます。

社会学が、個人の内側の満足を高め、他人への愛を深めることを目標としなければ、社会学の目的はいつになっても成就しないでしょう。

社会学者自身の人格が正しく統合されていない場合、彼は人間関係の研究を満足にすることはできませんし、社会学の知識を現実の人間関係に適用することもできません。

超越瞑想は、心を内側の幸福に導き、内側の満足を与えますから、その結果、正しい考え方が生まれ、真の価値観も育まれます。内側の満足はおのずから寛容の徳を養い、対立的な関係を調和させる能力を生み出します。おのずから他の人たちへの愛が湧いてくるために、人間相互の調和も自然にもたらされるのです。

社会関係を改善するには、社会の内部にあるさまざまな性質の人や種々の状況に適応する意志と能力をもつことが必要です。社会関係を改善するには、各個人の心の質を開発しなければなりません。

理性と感情が不調和な人は、生命について、また環境や人間関係について、完全な視野をもつことができません。社会学者の理知は、鋭く的確であると同時に、子供の純真さと年配の父親の思慮深さとを併せもつほどに包括的なものでなければなりません。社会学者はそのとき初めて、父と子の関係の素晴らしさを完全に理解できるのです。また、社会学者は、横暴な専制君主と虐《しいた》げられている罪もない哀れな民衆との間の状況もよく理解し、このような関係をも改善する力をもつべきです。

## 心理学

心理学の研究範囲は、人間の心の範囲と同じです。生理学的な心理学では、心の機能が体の状態によってどのような影響を受けるのかを研究します。また人格を研究する心理学においては、想念の領域においてどのような個人差があるかを集中的に調査します。どちらにせよ、心理学の目的は、人間の異常および正常な振る舞いを理解し、この知識を役立てて、人格の統合を図ることです。この統合の過程は、第一に現在意識（顕在意識）の正常度を高め、第二に潜在意識を開発することを目指しています。

心理学の目的は、現在意識（顕在意識）の領域と潜在意識の領域とを相互に関連づけることにあります。これは素晴らしい理想であり、異常な心を正常に戻そうとする方法は、その実際的な理解に関する限り、正当なものと見なすことができるでしょう。しかし、現在意識を潜在意識に関連づけようとする今日の分析法の結果は、まったく期待はずれのものです。

心の傷となった昔の体験の記憶を、抑圧をはずして掘り起こそうとする試みは、フロイトが「前意識」と呼んだ潜在意識の上層を探るといわれています。しかし、そのような試みは、実は現在意識の深いレベルを探っているだけのことです。心が潜在意識の深層にまで達すれば、通常の知覚作用ではとらえられない被造界の微細な層を体験する能力を所有するようになるはずです。

神経症でも精神病でもない人々の大半が内側に不満をもっているという事実を見ると、内側の幸福を達成する技術が今日大いに要求されていることがわかります。現代の心理学がこの要求を満たすことができるならば、今までの方法で心の研究を続けることも有益で意義のあることと考えられます。しかし、心理学が内側に眠っている心の能力の開発もできず、また幸福への渇きを癒すこともできないとしたら、そのような心の研究はいったい何の役に立つでしょうか。

超越瞑想のシステムは、最高に洗練されたレベルまで心を磨く方法です。この方法によって、潜在意識の隠れた層が活発になり、潜在力が開発されます。魂に内在する幸福を生命の外側に引き出し、想念、言葉、行動のあらゆる面を向上させます。そして、その人自身にとっても社会全体にとっても、大きなプラスをもたらしてくれるのです。

この瞑想が心理学研究の不可欠の要素として取り入れられ、精神分析学者や精神科医が進んで瞑想を採用するようになれば、心理学も価値ある学問となるでしょう。心理学の有効性を判定できる優れた心理学者の中には、現代心理学には何かが欠けている、と見る人がたくさんいます。なぜなら、彼らは自分たちの理論を実際に適用しても、思ったほどの目覚ましい効果が上げられない、という事実に気がついているからです。

超越瞑想の効果は、精神分析の限界をさらに超える大きなものです。精神分析は、いわゆる「前意識」の領域に封じ込まれた記憶を意識の表面に掘り起こそうとしているのですが、現在意識を潜在意識の深層に関係づけることには失敗しています。

精神分析は、潜在力の発掘さえできないのですから、ましてや潜在意識のそのまた奥にある「純粋意識」の状態にまで到達するということなどは、望むべくもありません。

心理学者は、この瞑想法の有効性を簡単に自分で体験できます。そして、その体験に基づいて、現在の心理学の限界を超えた学説を展開することも可能になるでしょう。

## 自然科学

自然科学は、宇宙をさまざまな組織レベルで研究します。原子を構成する要素、原子、分子、細胞、さらに進んで生物体などの各レベルにおいて、この客観世界を研究します。物質とエネルギーがどのように作用して被造界のさまざまな面を生み出しているかを調査するのです。自然科学の目的は、このような各種の力をある程度支配する力を人間に与え、物質的な幸福を増進することです。自然科学が目指しているのは、被造界のより微細な領域に迫り、最終的には創造の究極原因を突き止め、さらにはその知識を活用して物質現象をコントロールし、人間を宇宙の主人公にすることなのです。

本来、こういうことはすべて心の領域で行われることです。もし、科学者の心が人生の心配事や不幸から解放されており、平和と幸福と満足を得ているならば、また、科学者が鋭い理知と洗練された弁別力を備えているならば、そして直観力を開発し先見の明を増しているならば、その科学者は、過去数千年の間に科学の研究によって発見されたものよりもはるかに多くの内容を、発見することができるはずです。

こういった心の能力はすべて、超越瞑想のシステムによって容易に開発できます。これらの能力がなければ、現代の科学者がいわゆる系統的な研究方法に従って何かを発見したとしても、それはむしろ偶然の産物というべきものです。

自然の力を研究する分野で、不完全な心がこのような偶然の発見をした場合、原子爆弾のような人類を破滅させる手段を生み出すことにもなります。何でも手当たり次第におもちゃにして遊ぶ子供は、燃えている枝や炭火までいじるものです。これと同じように、今日の世界中の科学者の不完全な心は、原子や原子核の力など、実験中に偶然に見つけたものを、片端からおもちゃにしているのです。

真剣に考えてみれば必ずわかるのですが、「絶対」の研究が欠けていたら、教育は意味を失ってしまいます。世界各国の教育の進路を決める立場にある人たちが、この機会を活かして、現在および未来の世代のために完全な教育を提供する準備をすることを、心から希望するものです。

# 第九章　社会復帰の大道

犯罪者を更正させ、社会に復帰させることの必要性は、昔から解決しなければならない問題であり、これまで数多くの文明社会を悩ませてきました。現在までのところ、非行者や犯罪者を社会にとって有用な人材に変える問題について、効果的な解決策は何も発見されていないのが現状です。

犯罪は、通常の合法的な手段を無視して目的に直進し、願望を満たそうとするものです。犯罪や非行、その他さまざまな形式の反社会的な行動は、心の内側の不満、弱い心、バランスを失った感情などから生じる緊張が外側に現れたものです。弱い心とは、バランスに欠け、平衡感覚を失った心のことです。非行と犯罪の問題に取り組む場合、心の根本にある弱点を直さない限り、どのような方法を導入しても本当の効果をあげることはできません。解決法は、心の意識能力を拡大し、心を強化することにあります。

悪の道に染まったために鉄格子の中に閉じ込められるようになった人々の中にも、才能をもった人はたくさんいます。この人たちを社会の重荷として扱うのではなく、立派に更正させることができれば、彼らも有用な市民となり、社会の進歩に貢献するようになるでしょう。

超越瞑想の実践は、あらゆる種類の緊張を取り除き、堅く残酷な性質をも、寛容と同情に満ちたやさしい性質に変化させるということが実証されています。

したがって、非行者や犯罪者が速やかに効果的に社会に復帰するようにするためには、この瞑想法を導入しさえすればよいのです。

## レクリエーションと速やかな若返り法

休みなく活動していると、体のメカニズムが消耗してきます。休息は、この消耗の過程を食い止める一つの手段です。

人は、一日働くと、夕方には疲れてしまいます。そこで一晩休むと、次の朝にはまた新鮮な気分になります。そして、その日の夕方にはまた疲れてきます。しかし、やればやるほどおもしろくなるような活動をする場合は、疲れるということがありません。

幸福を体験することは、生命力を補給し、心を新たに活気づけるための、直接の手段になります。その幸福が大きければ、エネルギーの補給と心身の活性化も、これに比例して大きくなるでしょう。

レクリエーションの真の目的は、ある活動から別のタイプの活動に心を転換するだけでなく、また、体や心のレベルに娯楽を提供することだけでもなく、実際にリクリエイト（再創造）することです。レクリエーションの真の目的は、健康で新鮮な心と体を新しく創ることなのです。レクリエーションは、心と体の間に、また環境や他の人々との間に、健康な調和をつくり出すという目的のために役立つべきです。

絶対「存在」の状態は、絶対的な至福意識の場です。したがって、レクリエーションの目的に最もよく適うのは、絶対の至福の直接体験をもたらしてくれる「存在」の状態であるということになります。

私たちはすでに、「存在」の直接的な影響によって心と体と環境のすべてが豊かになることを見てきました。このように、レクリエーションと若返りの目的に最もよく合致するのは、「存在」の至福を直接体験することです。

今日行われているレクリエーションは、ゲームやスポーツ、趣味の手仕事、エンターテイメント、娯楽といろいろありますが、どれを見ても心身の回復のために生命エネルギーを保存するどころか、消費するだけのものです。一般に行われている若返り法は、体操や食事法や化粧術のようなものばかりです。体験からわかるように、こういったやり方では表面的な効果しか得られません。

他方、超越瞑想を規則的に実行した場合、心身を再創造し若返らせる効果は、だれもが満足する素晴らしいものであることが実証されています。

# 第十章　善と悪

被造界のあらゆるものは互いに密接に関係し合っているので、一つのものだけを他のものから完全に切り離すことは不可能です。また、一つのものが他のものに与える影響は、宇宙の隅々にまで及んでいますので、単独に考えられるものは何一つありません。前にも論じましたが（「個別生命と宇宙生命」九三ページ参照）、たった一つの行為に対しても、宇宙が反応するのです。また、善悪の問題がきわめて複雑なものであることにも触れました。被造界のすべてを知り、一つの行為が実存のさまざまな層に及ぼす影響をことごとく測定できる人だけが、ある行為についてそれが善であるとか悪であるとか、確実に言うことができるのです。

善とはあらゆる場所に善い影響を与えるものです。確かに、善悪は相対的な言葉であり、この相対界においては、どんなものもそれが絶対的に善であるとか絶対的に悪であるとかと言い切ることはできません。しかし、その影響が善いものであるか悪いものであるかによって、善か悪かを判断することは可能です。もし、あるものがあらゆる場所に善い影響を及ぼすものならば、それは善であるということができるのです。

人間の理知は、善悪を判断する十分な基準をもっていません。なぜなら、理性には限りがありますし、ある行為が被造界に及ぼす無限の影響に比べると、人間の心の視野は実に小さなものだからです。

しかし、宇宙意識の状態に達すると、個人の心が宇宙の心の地位を得ますから、この人の理知は善悪を判断する十分な力をもつようになると考えられます。ただし、その判断は「存在」のレベルからのものであって、知的な理解や思考力や弁別力などから生まれるものではありません。

意識が宇宙意識のレベルに高まった人々は、正しい生命の高い水準において機能しますので、自然と悪の影響を受けなくなります。このような人にとっては、善悪の判断を行うためにどういう基準をとるべきかという問題は、初めから生じないのです。

しかし、まだ宇宙意識に達していない意識の持ち主のために、何か適当な善悪の基準を見つけなければなりません。

聖典や経典の権威は、相対生命の場における善悪判断の最高の基準です。聖典に記されていることはすべて、これを正しく理解する限り、善悪の問題を考えるときの権威と見なすべきです。

世界には数多くの宗教があり、それぞれ別の聖典をもっていますから、その中でどれを権威とするべきかという疑問が生じるかもしれません。各聖典の言葉は異なり、また、世界の長い歴史のいろいろな時期に各種の聖典についてさまざまな解説書が記されましたが、しかし、その本質的な真理はすべて同じです。

各種の聖典について詳細な歴史に立ち入る必要はありませんが、聖典のうちで最古のものは『ヴェーダ』であるといわれています。『ヴェーダ』に説かれた生命の根本真理と同じものが、その後世界各地でさまざまな時期に発生したあらゆる聖典の中に容易に発見できます。これらの聖典はどれも、人間の運命を導き、あらゆる人の幸福のために善悪を判定する権威ある基準を提供してきました。したがって、どんな宗教を信じる人であっても、自分の宗教の聖典を正しく理解すれば、そこに善悪の基準が見つかるはずです。

自分の宗教の聖典に記された規範に従って人生を生きている人は、異なる宗教の比較研究などを試みて混乱に陥ることもなく、自分の帰依する宗教の中に生命の真理を発見するでしょう。自分の宗教の説く真理に基礎をおかず、他の宗教の真理を理解しようとすれば、混乱が深まるばかりです。

例えて言うと、まず自分のいる場所を定め、それからあれこれの山の異なった高さを測るならば、山の高さの差を正確に計算できます。ところが、さまざまな山の高さを測る前に自分の立っている場所を定めないならば、何を基準にしたらよいかわからず、混乱してしまうでしょう。

どれか一つの宗教の真理に生きていない場合には、他の宗教の英知の深さを測ることはできません。なぜなら、宗教とは実際にそれを生きるものであるからです。宗教は知的に理解するための仮説ではないのです。哲学であれば、真理とはどんなものかを厳密に調べ、知的に理解できる結論に達するでしょうが、宗教は哲学とは別のものです。宗教は実際的なものですから、これを実践し、人生に活かさなければなりません。宗教の真理は、聖典に示された原則を生きることによって体得すべきものなのです。

生命の真実は、知的には哲学を通して理解し、日常生活においては自分の宗教を実践することにより生きるものです。自分の宗教の真理を人生に活かすことによって本当に理解しているならば、他の宗教の聖典を読んでも、それが害になることはありません。むしろ、自分の宗教の真理が本質的には他の宗教の真理と同じであることがわかるでしょう。各宗教のこのような真理は、善悪の正しい判断基準となります。

カルマすなわち行動の領域（「カルマと存在の技術」一七二ページ参照）は、非常に広大で限りなく、また複雑をきわめていますので、行動の善悪の正しい判別基準を知的に理解することは不可能です。このように不確実性が支配する場では、聖典が善悪の主な基準となっています。善悪を判断するのに、心の中の「感じ」を頼りにする人がたくさんいます。例えば、「これをやりたい気がするから、やるのさ」と言います。確かに自分の感情や行為の善悪は、自分の意識を基準にして決めるしかないのですが、しかしその意識が絶対的に純粋であるかどうかは、だれも保証できません。

偏りのない絶対に正しいインスピレーションが生まれるのは、純粋意識の状態だけです。そして、このような意識は、宇宙意識の領域だけに属しています。人間の普通の意識は、数多くの利己的な目的によって動かされています。利己的な動機によって曇らされた意識からは、善悪のけじめをつける感情や想念、言葉や行動は生じません。しかし、権威ある聖典に基づいて判断を下すならば、自分は正しい行為をしたと考えてもよいでしょう。

ある状況の善悪について、いつも自分の心の中で感じ取るようにしなければならないというのは正しいことです。しかし、この感じを聖典の権威に照らして確かめるやり方のほうが、どんなときにもいっそう安全です。個人の内面の感じだけを、善悪の基準として採用するのは無理なことです。

聖典について何も知らない人が、あることについて自分で善悪の判断がつかない場合、その問題は、社会における年長者の決定に委《ゆだ》ねられるべきです。年長の人は人生経験が豊かですし、人生の辛酸も十分に味わってきています。多くのタイプの人とつきあってきていますし、人生のさまざまな局面を実際に生きてきました。

年長の人は経験豊かですので、自然の作用の仕方や善悪の行為の結果について、若い人よりもはるかに多くのことを知り、理解しています。正しい行動によって栄え、自分自身にとっても他人にとっても有益な人生を生きた人々の実例も見ています。逆に、邪《よこしま》な道に入り込んで、悪賢い残酷な行為をしたり、人をだましたり、不正直な振る舞いをする人たちのことも知っています。このような人が自《みずか》らの悪事の結果をわが身に受け、またその家族も苦しんでいるさまを、年長の人は実際に見てきています。ですから、彼らの語ることには権威があり、その助言は、ある状況において何が善く何が悪いかを判断する助けにもなるのです。

偉人の生涯もまた、善悪の模範例になります。歴史は、各国の古今の偉人たちの善い行動や悪い行動、成功や失敗の記録に満ちています。彼らの選んだ道や、その生き方の結果がどうであったかということも、人生の道の善悪を決める、もう一つの基準になります。

以上の基準とは別に、だれも傷つけないことは正しく、だれかを傷つけることは間違っているという基準は、だれでも知っています。他人に善い点を見ることは正しく、悪い点を見るのは間違っています。人々を愛するのは正しく、憎むのは間違いです。他人の中の美点を認めて称賛することは正しく、また他人の欠点や悪い行いをとらえて強く非難するのは間違いです。

だれかが間違った行動をしているとき、忠告するのは正しく、善いことをするように助言しないのは間違いです。自分自身にも他人にも役立つことをするのは正しく、他人を傷つける行為をするのは誤っています。真実を語るのは正しいのですが、たとえ真実であっても他人を傷つける言葉を語るのは間違いです。他人に対して親切にするのは正しく、不愉快なことをするのは間違っています。このような善悪の区別がきちんとできることは、個人にとっても全被造界にとっても大きな助けとなります。なぜなら、前にも説明した通り（「個別生命と宇宙生命」九三ページ参照）、全宇宙が個人の行為に反応するからです。したがって、意識のレベルがどのようであっても、善悪の判断についての大きな責任は個人にあるのです。

いま挙げた点を一つ一つ吟味すると役に立ちます。だれをも傷つけないのは善いことです。前にも述べましたが、作用と反作用は等しいのです。母親が腹立ちまぎれに子供をぶったとすれば、それは宇宙のすべてをぶったと同じことになります。そして、その結果、泣いたり憎んだり苦しんだりする不調和の雰囲気を、その子供だけでなく、周囲のすべてのもの、全宇宙に生み出すことになるのです。その影響は子供に対してずっと強く働き、周囲に対してはごくわずかかもしれません。しかし、いくら弱い影響であっても、そこに影響が生み出されたということは否定できません。

もし、毎日一回、世界中の大多数の人がだれかをたたき、これと同じような雰囲気を生み出すとしたら、不調和、苦しみ、悲しみ、憎しみの影響が集積していって、世界全体を揺るがすほどになるに違いありません。

ですから、だれも傷つけないようにすることは、きわめて必要なことです。少なくともこのことだけは、どんな人でも心がけるべきです。そして、最も望ましいことは、調和、善、親切、助け合いの影響を生み出すことです。

前にも説明したように（「カルマと存在」六三ページ参照）、個人の行為は被造界のあらゆる領域から本人に跳ね返ってきます。仮にだれかを傷つけたとしたら、その害は被造界の無数の層から自分のところに戻ってきます。しかも、その反作用は永遠と言っていいほど長期間続くのです。したがって、最上の方策は、わが身に害を受けないように、いつ、いかなるときでも、だれも傷つけないことであり、また被造界全体から最大の善が戻ってくるように、できるだけ多くの善を人々に施すことです。

また、他人の美点を愛すべきであるということ、欠点や悪い行いをとらえて非難するのは間違いだとも述べました。他人の善いところを認めるのは非常に有益なことです。

生命そのものの成り立ちが善悪の混合の結果である以上、どんな人間でも、実際には、まったくの善人にもなれず、まったくの悪人にもなれません。仮に生命が善ばかりであったとすれば、私たちは何の苦しみもない天使の世界の住人となり、幸福と喜びだけの毎日を生きているはずです。しかし、実際の人生には幸福と苦しみが混じり合っていることからもわかるように、人間の生活は善い行為と悪い行為の両方の結果なのです。

ある人の善い質を認めて称賛するには、まずその人の中の善いところを発見しなければなりません。その人の中の善を見れば、その善がこちらにも反映して、自分も善くなります。他人の悪を見つけようとすれば、その悪が反映して、自分の心を汚してしまうでしょう。また、だれかの中の善を認めるということは、当然その人に対しいくらかの善を投げかけるということにもなります。他人の善を見つけるという行為そのものが、それを認めた人の心に同じ善を反映させます。他人の中に発見した善が、そのまま自分のものとなるのです。他人の中に善を見ることは、人生における一つの偉大な技術です。どんな人にも何かしら善い点があるものです。

北インドの学問の府といわれるベナレスに住んでいたある賢人についての話があります。この人はいつもすべての人を尊敬し、他人の悪口を言ったことは一度もないということでした。この人は被造界のあらゆるものに善い点だけを見ることができるというので、人々の驚嘆の的でした。ただ称賛するだけです。どんな物を見ても、どんな人に会っても、悪い点を見ることによって心を汚すことは決してないのでした。

ある日のこと、いたずら好きな男がこんなことを考えました。何でもいいからあらゆる点で悪いものを見つけて、それをあの賢人に見せてやろう、そうすれば、いくらあの人でも善い点を見つけることはできないだろう、と考えたのです。そこで、道端に腐りかかっている犬の死体を見つけておいてから、賢人を食事に招待しました。自分の家までその賢人を連れてくる途中で、死んだ犬を見せようという魂胆です。犬は嫌な臭いがしていましたし、目を背けたくなるような姿です。いよいよその場に二人が来たとき、いたずら好きな男は犬のほうを指さして言いました。

「道端にこんなものがころがっているなんて、まったく嫌ですね」

ところが、賢人は声高く、

「ほら、あのきれいな歯をごらんなさい。まるで真珠のようにきらきら光っているではありませんか！」

と言ったのです。

死んだ犬の歯の輝く白さを讃える賢人の心に打たれたいたずら者は、その足元にひれ伏しました。

そのとき賢人は言葉を添えて言いました。

「自分から無視しようとしない限り、神の王国にあるすべてのものには何かしら善い点が見つかるものです」

この世界は、実に全能の神の花園であり、神はさまざまな美しい花を創られたのです。私たちは自分の気に入った花を摘んでもいいのですが、他の花を悪いという権利はありません。仮にある花があなたの気に入らないものであったとしても、それを称賛し、見て楽しむ人もいるのですから、神様はその人のためにその花を創られたのです。自分の好みばかりを追求して道に迷ってしまってはいけません。むしろ、神の花園に咲く限りなく多様な花の美しさを称賛するべきです。

また、正しく善いことや、自分自身や他人に役立つことをするように人に勧めることは正しい、ということも前に述べました。そして、自分は何が正しく何が悪いかを区別できるのに、他人に助言を与えないのは間違っている、ということも注意しました。このことは、今日の世界にとってきわめて重大な問題です。

今、どこの文明社会にも広く行き渡っている考え方ですが、他人の感情や好き嫌いに干渉すべきではないという風潮があります。これが少々極端になって、子供にも何をなすべきか教えてはならないという信条が広まっています。何が善いか悪いかを子供たちに教えてはならないし、善を行い悪を避けるように導くのもいけないというのです。

この考え方はどこからきているかというと、自由に成長させよ、という無干渉の原則を定めた教育心理学の考えから発しているのです。しかし、この自由という基準を広げすぎて、人生における正しい成長と発達の基本原理までも覆い隠してしまうのは不幸なことです。

自分の行為が今、あるいは未来に自分自身を傷つけるということを知らずに間違ったことをしている人がいれば、そのことがよくわかっている周囲の人は、愛と親切と同情の精神で教えてやらなくてはなりません。

子供が燃えている石炭を見て、赤い綺麗なおもちゃと間違えて手に取ろうとするならば、親としては、その子がむずかろうとも、火遊びをやめさせるのが正しい行動です。このような自由はばかげた危険なものです。間違った自由は、人間の発達、若い世代の人たちの発達、人生の経験に乏しい純真で何も知らない青少年たちの成長を妨げます。若い人に忠告を与えるのは、上の世代の責任です。たとえ若い人が腹を立てて、言われた通りにやらないとしても、年長者としては注意するのが正しい行為です。年長者の忠告に逆らうとどういう結果になるか、若い人もいずれ自分で気がつくことでしょう。しかし、年長者がまったく何も言わず、子供がひとりで自分の間違いに気がつくまで放置しておくというのでは、子供に無駄な時間を過ごさせることになり、かえって残酷な仕打ちを子供にしていることになります。子供の人生にとって何が悪いか、あるいは何が有益か、ということを知っていながら黙っている大人は、子供を正しい道に進ませる援助を怠っていることになるのです。

今日の親たちは、子は親に従うべきであると内心信じているのに、忠告すれば子供が怒って反抗するかもしれないと考えて、黙ったまま助言をしません。これはまことに嘆かわしい現代の傾向です。このような態度をとるのは、愛でも親切でもなく、親として間違った行為です。子供はまだ幼く、経験がないのですから、人生を広い目で見ることができません。両親は何事についても善悪の区別を、愛と親切の心から、子供たちに遠慮なく教えてやるべきです。

しかし、子供が腹を立てたときは、それ以上強く言わないほうがいいでしょう。親の注意を聞かない子は、結局あとで親の言葉が正しかったことに気がつく経験をするに違いないからです。このようなやり方をとったほうが、親の意向と気持ちに沿って行動するという傾向を子供の中に養いやすいのです。子供が怒って親の言うことを聞かなかったとしても、言うべきことを言ったのですから、少なくとも親としての責任は果たしたことになります。

また、友人や先生や隣人など、子供が本当に愛し服従する人から正しい行為についての助言を得られるように配慮してやることも、親の果たすべき責任です。なぜなら、自分の子供が英知と善を身につけて成長するように見てやるのが親の務めであるからです。

子供たちは神の国に咲いた花のようなものですから、これを立派に育ててやらなくてはなりません。子供は自分だけでは、何が最善の道かわかりません。苦しみのない道に子供を導くのは親の役割です。また、子供が親に逆らって悪いことをしたら、その子を罰するのも親の責任です。しかし、子供に罰を与えるときは、心の底からの愛をもって行わなくてはなりません。

子供の運命を完全に子供まかせにする現代の傾向は、きわめて危険です。そのようなやり方では、子供が野放図に育つのを助長するばかりです。

いくつかの主要国で、多数の教育機関によって容認されたある教育思想があります。現代思想の主流ともなっているこの考え方は、生徒に自由を与えよと主張しています。生徒が間違った言動をしても、教師はそれを罰してはならないというのです。その理由は、権威によって自由を抑圧しないほうが、天賦の才能がよりよく発達するからだとされています。このような理想を最初に唱えた人は、非常に思いやりの深い、まったくの善意だけの人だったに違いありません。しかし、何十年か経験を重ねた結果、このような自由主義ではうまくいかないことが明らかになってきました。青少年の非行は増大し、社会の犯罪傾向も強くなってきたのです。つい数年前に自由教育の原理を各学校に取り入れた国々のうち、ほとんどすべての国の政府当局が、このことを憂慮し始めています。

手放しの自由教育は、たいへん間違った原則です。愛と規律を組み合わせて、若い世代の思想と行動を導き形づくるという大切な仕事をおろそかにすることは、残酷なことであるとともに、社会全体の利益を大きく損なうものです。

今日の青少年は、自分たちの国の伝統的な正しい行動基準を理解しておらず、またこれに敬意を払っていません。犯罪が増えたというのは、子供たちが伝統文化に支えられることなく、未開人のように育った結果です。

児童心理学の名のもとに、教育はこのような誤ったパターンに陥り、破壊的な結果を招いています。政治家、愛国者、その他良識ある人たちは、このことをよく調査して、子供を導き育てる制度に改善する責任があります。子供たちを愛の心で育て、もし間違ったことをしたら正しい罰を与え、人生のあらゆるレベルで成功できるように助けの手を差し伸べなくてはなりません。どんな国にも固有の伝統があり、人々は独自の宗教や信仰をもっています。子供たちには、生まれた国の伝統、宗教、信仰についての理解を与えるべきです。

今日の教育者たちは、民主主義の名において、子供たちに自国の伝統を理解させる努力を放棄していますが、これは大きな間違いです。こういう思想は、人々からその国の伝統と文化遺産の尊厳を奪い取ってしまいます。これはその国自体を弱めることにもなります。ある社会の伝統を根こそぎにすることは、国民の幸福を滅ぼす最大の害悪です。伝統をもたない社会は、安定した基盤に欠け、力がありません。例えてみれば、風の吹くままに飛ばされる落ち葉のようなもので、それ自体にしっかりした基盤がないのです。

現代教育の名のもとに、多くの国々の文化は、古い伝統の根から離れて、あてどもなくさまよいだしています。その結果、伝統をもたない信念のない人々が癌のように社会にはびこり、生命の表面的な粗雑レベルだけを生きています。

成熟した世代から若い世代に、絶えず知性の流れが維持されていることがきわめて大切です。何が正しいかを教え、悪いことを勧めないようにするのが、真に正しい道です。正しい考えを語り、また威厳をもって穏やかに正しい感情を表現することが必要なのです。善悪の区別のできる人でありながら、それをはっきりと語らないならば、その人は知識を独り占めして他人と分かち合うことをしないという罪を犯していることになります。

真実を語るのは正しいけれど、他人を傷つけるような言葉や表現を使うのは間違っている、ということを前に述べました。有害な言葉を発すると、それは必ず自分に跳ね返ります。その害悪は全宇宙に広がり、多方面から話し手に戻ってきます。ですから、何を話すにしても、他人に対する愛と称賛と寛容の高い次元から語るべきです。

真実を語ることが周りの人々の感情やその場の雰囲気を損なうような場合には、黙っていたほうがよいでしょう。真理は、神の創りたもうた世界を賛美するためのものですから、その表現もまた、同じ高いレベルに置かれなければならないのです。真理は神の光であるのですから、たとえ真理を表明する場合であっても、それが人を不愉快にさせるようなことは望ましくありません。真実は高貴で純粋なものですから、人生における加害や憎悪のレベルに引き下げてはならないのです。真理は、意識の純粋さと愛と神聖さの高所に守っておくべきです。

個人にとって生命全体は、与えたり受け取ったりする場です。人々の生命を支え、進化を助けるのに役立つのは、常に行動の相互のやり取りです。したがって、真理を知っている人は、常に正しく振る舞います。あらゆる慈善行為のうちで、人間を直接高め、その進化を助けるものを提供すること以上に偉大なものはありません。

エネルギーが正しい道筋だけに流れる生命の状態に、人々が自然に高まっていくようにする方式を社会に提供することほど、偉大な美徳はほかにはありません。あらゆる美徳を心の本質の中に吸収し、実際の人生の中にそれらの美徳を正しく活かし、自然に善の生命が生きられるようにしなければなりません。

このような目的に達するただ一つの直接的な方法は、前にも述べたように（「人に接する技術」一三四ページ参照）、超越瞑想の技術をすべての人が利用できるようにすることです。

この技術をすべての若者に与え、彼らの意識を高めるようにするため、世界中のあらゆるところで、責任ある人々が大いに努力するべきです。今まで得られなかった大きなエネルギー、心の明晰《めいせき》さと純粋さ、さまざまな心の能力を開発する方法が、今や万人に開かれています。あらゆる学生がこの技術を学べば、来るべき世代は正しい価値観をもって成長していくでしょう。そのとき、どの国の人々も生命に対する広い視野と善悪の正しい判断力をもつようになることでしょう。

# 第十一章　自由な生命

自由な生命が生きられるのは、生命のさまざまな面がすべて調和し、相互に完全な協調を示しながら機能するときです。このとき、聖なる至福意識の中に永遠絶対の自由が得られ、生命のあらゆる面における究極の目的が成就されるのです。

生命における自由とは、生命が物質と心と精神の三つの面において完全なものとなり、何の制限も束縛もなくなった状態を意味します。

物質面における生命の完全性とは、環境がすべて生命の成就を助けるような状態のことです。体は完全に健康となり、体の各部分はすべて完全な協調のうちにその機能を果たすようになり、その結果、体が生命の価値を損なうこともなく、進化の流れを妨げることもないという状態でなければなりません。

生命が体の内側からも外部の環境からも抵抗を受けなくなれば、個人生命は永遠の自由を謳歌し、生命のあらゆるレベルにおいて、その完全な価値を保持するようになります。

人間が環境に間違った影響を与えるとき、進化の自然な過程を支えている自然法則の円滑な機能は妨害を受けます。進化の自然な過程を妨害するこのような抵抗は、物事の成長を阻み、未発達な状態に縛り付けます。間違った行為が環境に及ぼす束縛的な影響とは、このようなものなのです。悪を行う人は、自分自身はもちろんのこと、周囲のものすべてを低い進化状態に拘束することになります。心のレベルにおける自由とは、個人の心が自《みずか》ら望む通りに行動できること、困難や障害にぶつかることなく願望を実現することができることを意味しています。このような状態は、心に自由の地位を与え、あらゆるレベルにおいて人生を豊かにします。なぜなら、生命に関するものはすべて心の次元に結び付いているからです。

心が全潜在力を生かして機能せず、本来もっているはずのさまざまな能力を活用できないならば、心の自由は制限されてしまいます。したがって、心を真に解放しようとするならば、まず第一に大切なことは、心の潜在力を十分に開発することです。

心の自由についてもう一つ大切なことは、経験の束縛から解放されることです。この点こそ、生命の自由に関する哲学全体の要とも言うべきものです。

経験の束縛からの解放という問題は、何世紀もの長い間、広く誤解されてきました。そして、この誤解が原因となって、自由への直接の道が見失われてしまいました。体験という現象は哲学研究の中心テーマであり、この現象を正しく理解したときに初めて、永遠の解放に通じる直接の道が開けるのです。この問題を少しでも誤解すると、自由を得るという名目のもとに、かえって人生の束縛を強めるようなことになってしまいます。

長い間、間違った観念が人々を支配してきた結果として、哲学の学徒は、聖なる「存在」の本質を発見することができず、したがって、束縛から自分自身を解放することもできませんでした。

私たちは、ここで体験という現象を詳しく検討し、解放の鍵はどこにあるかを明らかにしてみたいと思います。また、過去何世紀もの間、哲学のさまざまな学派が見失っていた「直接の道」を発見しようと思います。

一本の花を体験するという現象を分析してみましょう。この体験の過程は、私たちが目を開いて花を見るときに始まります。この過程においては、まず花の形が目の網膜に達し、それから心に届きます。心に印象づけられた花の形は、花の体験を生み出します。その結果、どのようなことが起きるかというと、心が花の印象を受け取るとき、その印象は心に影を投げかけるのです。心の本質は覆い隠され、花の形が心に刻まれたままそこに残ります。観察者すなわち心は、いわばその体験の中に自分自身を見失うのです。

主体である体験者の本質が、客体である対象の体験の中に埋没してしまいます。それはちょうど、客体が主体を消滅させ、主体はその体験にかかわっている間、その本質の価値を失うかのようです。そして、客体だけが意識の中に残るのです。これはだれもが日常体験していることです。

客体が支配的になり、主体が客体の中に自分を見失ったような状態になったとき、その主体は「束縛されている」といわれます。客体の価値が主体の本性を縛り、影を投げかけ、その場の支配権を握るので、主体の本質は跡形もなくなってしまうのです。この状態は「主体の拘束」と呼ばれています。形而上学の分野では、このことを「主体が客体に同一化する」と言います。

論理的には、同一化が束縛の本質であると結論するのが正しいように思われます。しかし、本当はこの結論は間違っているばかりか、きわめて有害です。この誤った結論に惑わされたために、何百年という間、形而上学的思想の運命を左右してきた思想家や哲学者たちは、自由を取り戻すためにさまざまな実践的方法を説いてきましたが、それはかえって、真理を求める人たちの人生に大きな損害を与えてきたのです。この種の思想家の結論は、要するに、同一化が束縛の本質だというのです。

いま述べた通り、この結論は間違っているのですが、この結論から生じた害悪を調べるために、さしあたり、この結論を真理であると仮定して、もっと徹底的にこの問題を分析してみましょう。

同一化が束縛であると考えられたとき、当然のこととして、自由は非同一化という観点から考えられました。つまり、体験の対象に同一化しなければ、自由の状態にとどまることができるはずだと推論されたのです。この形而上学的な理解は、理解というより実は誤解なのですが、ここから自由を得るためのさまざまな方法が生まれてきました。

同一化の拘束の中に落ち込まないようにする一つの技術として、自己の意識を維持するのがよいと説く一派もありました。自己の意識を維持することによって自由を得ようと試みた人たちは、世のなかの日常的な活動において体験を続けながら、絶えず神のことを忘れないようにする修行を始めました。

また、もう一つの方法は、体験と活動の中にいるときも自分自身の「真我（大我）」を意識し続けるように努力することでした。例えば、花を見ながら「真我」を意識し続けようとして、求道者は「わたしは花を見ている」と考え始めます。この場合、重点は花ではなく〝わたしは〟というところにあるのです。

神の意識を維持しようとする人たちは、心の中に神の観念を抱き続けながら活動し、神のことを忘れないようにしようと努力しました。神の観念と同一化していれば、その人の心は神のことにかかわっていますから、体験の対象と同一化しないで済むだろう、という考えだったのです。

人々はこのように、自己の意識または神意識を維持する練習を真剣に行ったのですが、結果は惨めなものでした。思考のレベルで自己の意識や神意識を保とうと努め、同時に活動にもかかわるというやり方は、心を分裂させるだけだったのです。

心の半分は自己の意識を維持し、あるいは神を念頭から離さないのですが、心の残りの半分は外側の活動に従事するということになりました。そして、心を分割するこのようなやり方は、心の働きを弱めるだけでした。日常の仕事は、心の集中を十分に受けられないために中途半端になり、自己の意識や神意識のほうも、表面の粗雑な思考レベルにおける行為以上のものではありませんでした。こういう求道者の様子を見ていると、活動の領域でも、神意識の開発という点でも、どちらも不完全であることがわかりました。

こんな方法で心を分割することを長くやっていたために、人格そのものが弱体化する結果になりました。このような修行を行っていた人たちは、自己の意識や神意識を養うこともできず、また世間での成功を収めることもできませんでした。その理由は明白です。

神に身を捧げ、哲学に没頭している人たちの生活は、この世界に半分しか足を突っ込んでいないということを実際的な人々が見てとったとき、一般の人々に妙な態度が生まれました。つまり、このような技術に夢中になっている人たちは、世間の生活において実際性が乏しく、人間的にも弱々しく、躍動的な迫力がないということを見て、一般の人々は精神的開発の技術そのものを疑い始めたのです。

自由のことを考えるのはよさそうに見えますが、考えるだけではただの想念にすぎず、実際の状態ではありません。想念というものはみなそうですが、自由という想念も人を拘束します。想念はその本質として、人を「真我」から引き出すものです。心がある想念を抱き始めると、心はたちまち二元性の領域に入ります。そして、その想念は心の本質に影を投げかけることになります。したがって、どんな想念であっても同一化を起こすのです。

以上に明らかにした通り、「真我」や「聖なるもの」や「神」について考えるだけでは、同一化の問題はまったく解決されません。したがって、そのような方法では真の自由を得ることができず、自由を探求する心は満たされることがありません。それどころか、思考レベルで真我や神の観念を大切に抱き続けるという方法のために、かえって事態が混乱してしまったのです。

根本的な間違いは、同一化そのものを束縛と考えた点にあります。実のところ、同一化は束縛ではありません。そうではなく、同一化と「存在」を同時に維持できないということ、それが束縛なのです。体験と活動の世界に埋没して「存在」を維持できないこと、それが束縛です。

同一化が束縛だと仮定するならば、自由は死んだ後で初めて可能になる、という結論になります。なぜなら、死ねば体験も活動も終わりになるからです。人は生きている限り体験と活動を続けていますから、生存中は同一化を避けようとしても、それは不可能なことです。

同一化は束縛ではありません。なぜなら、私たちはこの世界で自由を生きなくてはなりませんし、この世界に生きる以上は、体験と活動のためにあらゆるものと同一化することが必要であるからです。

真理を求める人たちは、同一化を恐れるべきではありません。心が外側の物事にかかわっていながらも、「存在」の純粋状態に影が落ちないような心の状態を養いさえすればよいのです。

「存在」の維持は、「存在」について考えるだけでは決して達成できません。心の本質そのものが「存在」の本質に変わったとき初めて、思考のレベルにおいて自然に「存在」を生きることが可能になります。そのとき、あらゆる体験が「存在」のレベルにおいて行われるようになります。この状態に達すれば、体験が「存在」に影を投げかけたり、「存在」の効力を覆《くつがえ》すことはなくなります。同一化と並行して「存在」を生きることができるようになるのです。

「存在」のことを頭で考えるだけでは、それは単に「存在」の想念であって、「存在」の状態ではありません。目覚めているときも、夢を見ているときも、眠っているときも、また、活動しているときも、活動していないときも、常に「存在」が妨げられたり曇らされることがないように、「存在」を心の本質の中に確立するためには、心を「存在」の本質に変化させることが必要なのです。

このためには、心が「存在」の状態によく馴染み、生命のあらゆる状況を通じて、心が「存在」を生きるようにすることが必要です。これを可能にするには、現在意識が思考の微細な状態を体験していき、ついには最も微細な想念をも超越して、「存在」の超越状態に到達するようにすればよいのです。超越瞑想の規則的な実践によって、「存在」の本質が心の本質の中に定着してくると、どんな体験をしても「存在」に影が落ちないという状態になります。

このように絶対の至福意識が心に注入されて永久に定着したとき、心に永遠の自由が確立されます。そして、心が体験や活動の対象と同一化するときでも、「存在」が維持されるようになります。この永遠の自由の状態は、相対実存のどのような体験によっても、どのような能動的あるいは受動的な状態によっても、妨害されたり曇らされたりしません。このように、人生における自由は、「存在」の領域に属しているのです。この永遠の自由は、「存在」や「神」のことを思い続けるだけでは決して確立できません。

「存在」「神聖なるもの」「神」は、実際にそれを生きるためのものです。「存在」について空想にふけっても、実生活にはあまり役に立ちません。神への思いをいつも心に抱くことは、心理的な満足を生むかもしれませんが、全能の神に実際に接触する有利な結果を生むことはありません。このような思いは抽象的な想像であって、具体的な状態ではないのです。人生に永遠の自由を確立することと、自由に関する夢想の中に漠然とさまよっていることとの間には、このような根本的な違いがあるのです。

形而上学の分野におけるこのような誤解は、長い時代にわたって、真剣な求道者を迷わせ、精神と物質の間に大きな溝をつくる結果となりました。

自由の概念と、自由を人生に確立する方法とは、きわめてデリケートなものですから、歳月の経過とともに、簡単に見失われてしまいます。この細い糸が見失われると、真実に対する理解や体験のすべてが混乱してしまいます。

神意識における自由は、心を至福意識の領域に導くことによって達成されるのであって、至福意識のことをあれこれ考えたり、その気分に浸ったりするだけでは何にもならないのです。不幸なことですが、神の実現や、地上において永遠の自由を得ようとした過去の試みは、いつも通常の思考レベルで行われてきました。そのため、悟りと神実現を目的としてさまざまな神秘的修行を行った求道者たちの大部分は、神についての単なる想念や、いつかは悟れるだろうというはかない希望のレベルにとどまってしまったのです。

神についての思いを抱くことによって、心は抽象的な世界の中に飛び込むことができます。そして、その思いが心を包み込んでしまうと、外界をはっきりと認識できなくなることがあります。このようなもうろうとした状態をもって、「私は宇宙意識を体験した」などと勘違いする求道者もありますが、これは妄想以外の何ものでもありません。

自分が王様だという観念にいくら没頭しても、その人は実際に王様になれるわけではありません。私は王様だという考えを何回自分に言い聞かせても、王様にはなれません。実際に王様になるには、即位式を挙げ、現実の王座に座ることが必要です。神意識に達し、神意識の生命を生きるためには、自分自身を実際に神の領域に置くことが必要なのです。

神は遍在であり、「聖なるもの」はどこにでも存在しています。これは広く知られていることです。ですから、遍在する「存在」のレベルに心を引き上げない限り、神の遍在性を本当に知ることはできません。神について考え続けるという方法は、哲学や宗教の世界で悟りを妨げる大きな障害でした。そのために、人々はいまだに成就の状態を達成できずにいるのです。

神実現は、純粋実存のレベルにおける実際的で具体的な体験です。それは地上のどんなものよりも、さらに現実的で実体的な崇高な体験です。聖なる「存在」の本質は絶対的なものですが、心を相対界から超越界にもっていきさえすれば、簡単に「それ」を生きることができるのです。心が超越し、その後で相対界に戻ってくるということを繰り返せばよいのです。これこそ、生命における真の自由を養う直接の方法なのです。

超越する過程において心の意識能力が増大することについては、前に述べました。したがって、瞑想から出て日常生活に戻ると、対象の体験は前よりも深く、充実してきます。瞑想をしていなかったころよりも大きなエネルギーと知性に恵まれ、以前よりも高度の能率で活動できるようになります。これが神実現の栄光なのです。

一方では、「存在」の状態が常に私たちの本質に注入され、他方では、活動の領域があらゆるレベルにおいてますます充実し、報いの多いものとなります。これにより、生命の内側の精神的栄光と外側の物質的繁栄との間に調和が生まれるのです。

このような状態は実に、遠い昔から人間が絶えず求めてきた最大の目標でした。なぜなら、この状態に達しさえすれば、生命のあらゆる面に栄光がもたらされるからです。人間の物質生活が、内側の「真我」の光によって照らされるのです。

あらゆる宗教や哲学が強調したのは、人間の最高目標である自己実現と神実現に達することでした。この目標を目指して進む途上において、人間はおのずから、この世界をよりよいものに変えることになります。「聖なるもの」との結び付きを楽しみながら、それと同時に、この世界のあらゆるレベルにおいて、生命をいっそう深く楽しむようになれるのです。心の本質が至福意識になり、至福意識があらゆる体験と活動の基盤になりますから、その人はこの世界の人生を最大限まで楽しむことができるのです。神を実現した人の状態とはこのようなものです。また、本当の意味でこの世界で成功を収めた人の状態もこれなのです。この二つの状態が手を取り合うとき、生命における永遠の自由が実現するのです。

生命におけるこのような永遠の自由は、思考、言葉、行動、対人関係のあらゆる分野に栄光をもたらし、現在および過去のカルマの領域をことごとく神の光で満たします。永遠の自由に至る道は、同時にこの世界における成功への道でもあり、この道を開く鍵は、超越瞑想の規則的な実践にあるのです。

# 第十二章　世界平和の問題

平和の問題を完全に、そして最終的に解決するためには、永遠に自由な聖なる意識すなわち神意識を確立することが必要です。個人の平和、家庭の平和、社会の平和、世界の平和など、あらゆる面の平和を達成する方法は、いつの時代でも世界の大きな問題でした。

平和の基盤は至福です。幸福でない人は、平和ではありえません。永続的な幸福のない平和は、単なる受け身の状態でしかありません。夜眠っている間は活動がなく、これを平和と呼ぶこともできるでしょう。しかし、朝起きて、再び思考や言葉や活動の領域に入ると、睡眠中の無活動によって感じた平和は、決して永続する平和ではないことがわかります。

雑念を払いのけ、心をからっぽの状態に保つことによって得られる平和は、想念の圧力がそこにないというだけのものです。このような状態に入った心が、再び思考や行動の領域に戻ってくると、従来どおり想念や行動の圧力を感じ始めます。そのとき、その人はまた平和の欠乏を感じ始めるのです。心を静かにするこのような行法はすべて間違っています。このような行法を長い間続けると、心の働きが鈍くなってしまいます。

沈黙のうちに座り続け、内なる声（「神の声」とこの人たちは呼んでいます）を聞こうと努めるグループがたくさんあります。このような方法はどれも、心を受け身にし、鈍くします。心を静かにする行をやっている人たちは、生気に欠けるようになります。顔つきもぼんやりしてきますし、活力も乏しくなります。見かけは平和ですが、人生においては消極的なのです。このような平和の体験は、人生の能率だけでなく、生命そのものをも犠牲にしていると言えます。

心を静かにすれば、純粋意識の体験ができるだろうと期待して、このような修行に励むのは、蜃気楼《しんきろう》のような幻想を追い求めているのと変わりません。雑念を心から追い出した状態を保っていると、心は受動的になります。なぜなら、雑念が一つもない状態になったとしても、心はやはり現在意識の思考のレベルにとどまっているからです。

必要なのは、心を空にする努力ではなくて、現在意識を思考の微細な状態に導いていき、ついには最も微細な状態をも超越して、積極的な「存在」の状態に到達することなのです。現在意識のレベルにおいて心を空にしておくのは、単に心を活動の領域から退かせて、受け身で不活発な状態におくだけのことです。

心を静める修行を行っている人たちは、人生において平和を感じるかもしれませんが、それは想念を否定しているからなのです。そのような修行によって鈍く不活発になった心が、体験と活動の領域において活力を失うとき、心が活動しなくなった結果として一種の平和な感じが生じます。しかし、何か重大な問題が起こったり、何かのことで機敏に活動的に物事を処理する必要に迫られると、その人の心は無活動の習慣がついていますから、たちまち緊張してしまいます。このような方法は、個人と社会の進歩にとって有害です。

心の本質そのものが至福意識に変化しさえすれば、平和は永続的になります。平和を求めようとするならば、超越瞑想の実践によって、あらゆる幸福の源である「超越」の領域に心を導く方法をとるべきです。

心が平和でないと、恐怖や自信の欠如、その他さまざまなつまらない悩みが生じてきて、惨めな気分になり、価値あることを考えたり、実行したりすることができなくなります。恐怖とは自信の欠如にすぎないのですが、自信の基盤になるのは、至福の体験から生まれる満足だけです。この世界には、真に永続的な満足を心にもたらすものは何もありません。なぜかといえば、人間の心の大きな渇きを満足させるような純粋な幸福は、この世界のどんなものからも得られないからです。満足を得ることのできる唯一の場は、至福意識の超越界だけです。この状態に達しない限り、心の平和は、常に世の中のありとあらゆることによって脅かされ続けることでしょう。

人生において平和を開く黄金の門は、至福の体験です。この偉大な栄光を獲得し、一生涯これを生きることは、だれにでもできるやさしいことです。

個人はあらゆる想念、言葉、行動によって、全宇宙に影響を与えます（「個別生命と宇宙生命」九三ページ参照）。したがって、心が平和な人は、自然に、平和と調和の波動を周りに放射し、全宇宙にその影響を及ぼしています。不安で落ち着きがなく、いつも心配している人や、至福意識を体験したことがない人は、絶えず周囲に好ましくない影響を放出しています。正しくない、不道徳な、罪深い活動はすべて、環境に退化の影響を引き起こします。

多数の人が不幸で、緊張しており、邪悪な行為にふけっているならば、世界全体の雰囲気はそのような緊張した影響で充満してしまいます。環境の中に緊張が増大していって、ある限度を超えると、その緊張が爆発して、集団的な災害が発生します。

古代インドの偉大な医師であるチャラカとスシュルタが明らかにしたように、人間が正しい行為をしていれば、環境は調和的な波動で満たされます。農作物は豊かで、太陽は照り、雨は望ましい時期に降り、被造界のすべてのものがその環境を楽しみます。

しかし、人々が正しさを失い、人生の道徳律に反するような行動をすると、自然界のバランスが崩れ、環境全体が乱れて、飢饉、洪水など、この世界の生命に大きな打撃を与える災害が起こります。したがって、このような現象を見れば、世界の健康状態を判断することができます。

それゆえ、この世界のあらゆる生物にとって有益で、調和的で、健康的な環境をつくり出すためには、人間が幸福で平和に生きることが必要です。どのような人でもその可能性をもっているのです。

世界平和の唯一の解決法は、個人の平和の問題を解決することです。そして、個人の平和の問題を解決するには、一人ひとりの内面に幸福な状態を創造すればよいのです。したがって、個人、家庭、社会、国家、世界における平和の問題はすべて、超越瞑想によって解決されるのです。なぜなら、この瞑想こそ、人生に至福意識を確立する直接的な方法だからです。

家族や友人の間の対立は狭い範囲の中で起こっているだけのように見えます。悪感情、悪意、悪い行動、辛らつな言葉、苦しみなどによって、自分が世界平和の破壊に力を貸しているということには、ほとんどの人が気づいていないようです。

すべての国際紛争は、個人が環境に緊張を放出し、それが蓄積した結果として起こります。個人が想念や言葉や行動によって絶えず憎悪の影響を放出していると、環境全体の緊張が高まってきます。その緊張はある点に達すると急に破れて、結局は、個人のところへ戻ってくることになります。しかし、人々は、自分が環境に放出した影響は自分に戻ってくる、という事実に気づいていないのです。

世界平和に関心のある人たちは、今こそ個人の平和に注意を向けるべきです。個人の問題を無視しておいて、国と国との衝突の問題だけを解決しようとするのは、世界平和を確立しようという試みとしては、まったく不完全なものです。

ベルリンに危機が起これば、あらゆる政治家の心はそこに向けられます。コンゴで何かが起これば、今度はあらゆる注意がコンゴに切り替えられます。そしてまた、ヒマラヤで戦闘が起こると、そちらに注意が行きます。こういう問題を個別に解決しようとするのは、病気にかかった一枚の葉を治そうとして、水をその葉に振りかけるのに似ています。葉を本当に元気にするためには、根に水をやらなければならないということに、そろそろ人類は気づくべきです。今の世界の政治家たちは、個人の生命に幸福と平和をもたらす方法を採用し、その上に世界平和を築く、という賢明さを早く見せてほしいものです。

国際連合の掲げる目的は、どれをとっても立派なものばかりですが、実際には世界平和の問題の表面を空しく触れるだけに終わっています。あらゆる国の政治家が創意をこらして、超越瞑想のことを広く人々に知らせ、一人ひとりがこれを実践できるようにすれば、世界の様相は一夜にして変わるでしょう。

世界を苦しみから救おうとして、多くの人たちがこれだけの知恵と誠意を傾けているにもかかわらず、内側から個人の生命を向上させる努力が、ほとんど何もなされていないというのは、悲劇的なことです。内側から個人の人生を改善し、それによって、豊かな平和と幸福と創造的知性を人々にもたらす可能性について、政治家が無知であり続けるならば、世界平和の問題はいつも表面的な処理だけに終わり、世界はいつまでも冷たい戦争や、熱い戦争に苦しみ続けなければなりません。

永続的な世界平和を確立しようとして、これまで政治家が行ってきたさまざまな試みが、歴史に記録されています。しかし、その試みのすべてが国際問題の表面にとどまり、個人の生命のレベルで行われていなかったために、世界平和の問題は、相変わらず新しい世代の課題として未解決のまま持ち越され、引き継がれています。

国連の教育科学文化機関（ユネスコ）は、個人の運命を改善する努力をしていますが、ここでもやはり、すべての努力が生命の表面価値だけに向けられています。国家間の文化的な関係を発展させ、世界の開発途上地域の非識字者をなくそうという計画も、世界平和の問題の表面を引っかいているだけにすぎません。

ユネスコの仕事に従事している有能な人たちは、この超越瞑想という簡単なシステムを世界各国のすべての人に伝えるために、今こそその大きな力を使ってください。彼らがこの仕事を引き受けるならば、永続的な世界平和の自然な状態が確立されるでしょう。そのとき、国家と国際社会のあらゆるレベルにおいて、愛と親切、同情と感謝、協同と助け合いが花開くでしょう。これは、苦しみ、悲しみ、疑い、憎しみ、恐怖から、幸福、平和、創造、親切、愛へと、世界の様相を大きく切り替えることができる実際的な価値をもった方法です。

どの世代に属する人でもよいですから、指導的な立場にある人たちが、真剣にこの原則を広く適用することに努めれば、永続的な世界平和を創り出すことに成功するでしょう。現在の政治家や社会の指導者たちがこのことを実行すれば、それはその人たちの功績となり、次の世代の人々のために、よりよい世界を用意したという満足が得られることでしょう。

永遠の平和と幸福を世界に打ち立てる確固とした基盤を、いま築くことができるのです。その成否は実際的な価値のある業績を成し遂げる能力と才腕と意志をもつ人々の双肩にかかっています。今の世代の人々がこの機会をとらえて強固な基盤を据え、次の世代の恵まれた指導者たちが人々の人生に超越瞑想の規則的な実践を維持していくならば、生命の栄光が未来のあらゆる世代の人々の喜びとなるでしょう。

そのようにあらしめ給えと、私たちは全能の神に心から祈るとともに、世界各国のすべての指導者と人類の幸福を願うあらゆる人々に、このことを懇願するものです。

# 第四部　成就

# 第一章　生命の成就

生命の成就は、聖なる生命の地位を得て、人間としてのあらゆる価値を完全に活かしつつ、永遠自由の生命を生きることです。

人間の意識の成就は、生命の絶対価値と相対価値を結び合わせる聖なる意識、すなわち神意識に達することです。

絶対「存在」の至福意識と、多様性にとんだ被造界の相対的喜びとは、これを同時に生きるべきです。これは、宇宙意識における生命の成就を意味しています。

このことをはっきりさせるために、宇宙意識とは何であるかを考えましょう。

前に説明した通り、超越瞑想の過程において、現在意識は内に隠れた絶対「存在」の超越領域に達します。この領域に達すると、心はあらゆる相対性を超越し、絶対「存在」の状態になります。心は、想念の体験のあらゆる限界を越えて、純粋意識の状態、つまり心それ自体になります。この純粋意識の状態、すなわち絶対の純粋「存在」の状態は、「自己意識」と呼ばれています。

心が「超越界」から出て活動の領域にかかわっている間も、この自己意識が永久に維持されるようになったとき、自己意識は宇宙意識の地位を得たことになります。自己意識はそのとき、心の本質の中に永遠に確立されます。心が目覚めているときも、夢を見ているときも、眠っているときも、自己意識がごく自然に保たれるようになるのです。この状態が宇宙意識です。

宇宙意識とは、相対界の体験と、絶対「存在」の状態とを併せもった意識のことです。この宇宙意識の状態においては、相対界のどのような活動におけるどのような体験であったとしても、心は束縛のない、永遠の自由の中にあります。

この経験の束縛からの自由が、心に宇宙意識の地位を与え、目覚め、夢、眠りといった人生の相対的なあらゆる状態に、永遠の自由をもたらすのです。

このような成就の状態においては、心と体の完全な健康が自然に実現されます。聖なる知性があらゆる場面に働き、神意識がすべての日常体験と活動に行き渡り、普遍の愛が心に流れ込み、あふれ出ます。また、神の英知が心を満たすようになります。このような統合された生命の状態にあっては、行動は完全な調和のうちに行われ、生命のあらゆる局面に聖なる意識が注入されます。あらゆるものに対して普遍の愛があふれ、それが神への献身という一点に集中します。そして、生命は神の英知の無限の大海に入って成就を得ます。

この世界は、活動している「神」です。すべてのものは、至福意識の永遠の大海の波となって現れています。認識したどんなものも、どんな言葉の響きも、どんな小さな粒子の感触も、匂いもすべては永遠至福の海から押し寄せています。一つ一つの想念、言葉、行動が、至福の海の潮のうねりであるのです。

静と動、どんな状態においても、内なる神の栄光が現象世界に現れ出て踊っています。絶対が相対の中で踊っています。永遠が無常の実存の各瞬間にみなぎっています。宇宙意識が神への献身に集中したとき、生命は初めて究極的な成就に達します。生命の究極の完成とはこのようなものであり、宇宙意識まで進化した人はこのとき神への献身という高みに到達するのです。

進化し、宇宙意識に達した人ほど、幸運な人はいません。そこで初めて神への献身が可能になり、無限の至福意識の価値は高められ、献身の一点に凝縮されるのです。このような献身の状態に比べると、宇宙意識の人生は、ただの宇宙意識の人生にすぎないと言えます。宇宙意識を得たというだけでは、生命の最高の成就を得たことにはならず、真の究極的な成就に至るための能力を手に入れただけなのです。

人間は宇宙意識にまで成長し、毎日のかりそめの場で永遠を生きるのでなければ、普遍愛のレベルであふれるほどの愛に生きることはできません。普遍愛のレベルで愛があふれるほどでなければ、どうして普遍愛を一点に集中させることができるでしょうか。

父や母に、また夫や妻に向けられる個人的な愛は、宇宙意識を得た人が神にすべてを捧げ尽くしたときに到達する普遍愛の集中状態を象徴しているにすぎないのです。子供がおもちゃや遊びや学習に対して愛を向ける場合、その愛はこれらの対象に広がりますが、それでも、その子の集中した愛は母親に向けられているのです。宇宙意識の状態に達し、神に献身する人にどの程度の愛が可能になるかということは、このように母と子の関係に例えられます。

子供の無邪気な気まぐれの中にもいくらかの愛があり、それは母親への愛に集中しています。学生もいろいろな学問に対する愛を抱いていますが、それは教師への愛に集中しています。夫の愛も人生の多くの事柄に向けられていますが、それは妻への愛に集中しています。

同じように、宇宙意識の人からは、あらゆるものに向かって、あらゆる方向に無限の愛があふれ出ています。この無限にあふれる宇宙的な愛が、神への献身という一点に集中するとき、この普遍愛の集中状態は、生命の究極的な成就をもたらすほどの強烈さをもつようになります。

どんな実存の領域に見られる愛よりも、格段に集中しているのが、神に献身している宇宙意識の状態です。この集中した普遍愛の状態を生きることが、生命の究極的な成就です。何を見ても、何を聞いても、何を味わい何の匂いを嗅いでも、また何に触れようとも、それは限りない愛の流れです。生命の領域は多様をきわめていますが、その全体が永遠絶対の愛、至福、満足の満ち満ちた状態であるのです。

超越瞑想を絶えず実践し、宇宙意識に達し、さらに神にすべてを委《ゆだ》ねて、その足もとにひれ伏したとき、その人に成就の能力が与えられます。宇宙意識の状態に達しない限りは、献身といっても、言葉の本当の意義に照らしてみれば、ほとんど無意味なものです。その心が普遍愛にあふれるほどになっていなければ、献身したからといっても、ほとんど何の実効もありません。なぜなら、真の献身とは、その結果として全託の状態を生じるものであるからです。全託とは小さな自分を忘れて、愛の対象である神と一体になることです。本当に愛の道、献身の道を歩むことができるのは、宇宙意識に進化した人だけなのです。

宇宙意識にまで高まっていない人は、有限の個別性の覆いをかぶり、自分の小さな自我に目覚めているだけですから、真の愛や献身がどんなものか、まだはっきりとは理解できません。低い意識レベルにある人でも、心に愛を抱き、神に献身したいと思い、実際に献身する場合もありますが、宇宙意識の状態における献身の魅力は、あらゆる想像を超えた深いものです。

献身と愛は、宇宙意識の生命に属するときにのみ、その完全な価値を発揮します。これよりも低い水準では、献身とか愛といっても、それは大きな価値や意義を持ちません。真我を実現していない人の献身は、試み、努力、緊張にしかすぎません。せいぜいのところ、より大きな強い愛の状態を空想するのにとどまります。しかし、宇宙意識に達した人の愛と献身は、永遠の時を包む充実した価値をもっており、このような愛と献身は、普遍性を得た個人に永遠を結び付けます。これが献身の力なのです。

宇宙意識よりも下のレベルであれば、愛と献身の力は有限であり、取るに足らないものです。ですから、献身の道を進みたいと願う人たちは、ぜひとも超越瞑想の実践を始めるべきです。だれでもこの瞑想を続ければ、苦しむことなく、難行苦行もなしに、宇宙意識の状態に高まることができるからです。

この状態に高められた個人は宇宙生命に同調し、その一挙手一投足は全宇宙の動きに調和するようになります。その目的は宇宙の目的と一致し、その生命は宇宙生命の中に確立されます。このとき、人間の意志は神の意志となり、人間の活動は神の願望となり、人間は神の目的を成就するようになります。人間が神の目的を成し遂げ、神の願望のままに動くとき、神の子は神の言葉になります。このとき、天の父である神と地の子である人間は、永遠の善という共通の理想において統一されるのです。人間は、あらゆる想念と言葉と行動を通じて、創造の目的を助ける影響を生み出し、その個人生命のあらゆるレベルにおいて、宇宙生命の目的を成就します。

このとき、人間の利己性は神自身の目的となります。すなわち、人間の個別的な心が神の宇宙的な心となり、人間の個別的な呼吸が神の宇宙的な呼吸になるのです。人間の言葉は宇宙的な静寂の表現となります。

主なる神は人間を通じて語り、遍在する宇宙生命は人間の行動の中に表現され、全知の神は人間の有限の個性の中で表されるのです。宇宙の知性は人間の個としての心に表れます。宇宙生命の思いは個人の思考過程の中に具体化し、永遠「存在」の不変の沈黙は人間の想念と言葉と行為の中に表現を見いだすのです。

このような人の目は神の目的をしっかりととらえ、その耳は宇宙生命の音楽を聞き、その手は宇宙の意志から離れることなく、その足は宇宙生命を躍動させます。地上を歩いていても、その歩みは天界の運命の中にあり、地上のものを見ていても、その目は神の御栄えを見、地上の音を聞いていても、その耳は静寂を聞き取ります。彼は人間の言葉で話しますが、その言葉は神の言葉であり、神の意図を伝えます。その言葉は、宇宙生命の目的を明らかにし、それを表現します。その言葉は永遠の「存在」を語る言葉です。このような人は、遍在する全知の宇宙的実存の生ける現れなのです。

神に代わって語る人がここにあり、宇宙法のために語る人がここにあります。神に代わって行動し、地上における神の似姿となる人がここにあるのです。彼の生命は宇宙「存在」の流れです。彼の個人生命の流れは、宇宙「存在」の永遠の大海から打ち寄せる波であり、この波は宇宙生命の海全体をその中に包みもっているのです。

この人は表現しがたい永遠「存在」の現れです。彼は「絶対」の永遠不動の状態の中で動いています。相対界における彼の動きは、「絶対」の永遠の静寂を表します。彼の相対生活の栄光の中に、「絶対」はその「存在」を表現するのです。天使たちも神々もこの人が地上にあることを喜び祝福します。永遠の「存在」の至福が人間の形をとって存在することは、天と地の喜びなのです。

形のないものが形をとって現れ、静寂が振動して音を発し、表現できないものが一つの人格に表現され、宇宙生命がその人の呼吸となります。

このように、個人の呼吸が永遠の生命の振動と一致するとき、個人は普遍の実存を生きるようになります。そのとき初めて、生命が成就するのです。

# 第二章　宗教の成就

宗教の成就は、人間が神実現に至る直接の道を得ることにあります。人間を完全な人、完全に統合された生命の人とし、偉大な知性、創造性、英知、平和、幸福の持ち主に変えるために必要なのは、これだけなのです。

宗教の成就は、人間が宗教（religion）という言葉が示すものを得ることにあります。この言葉はラテン語のリリガーレ（religare）という不定詞からきています。re は「もとへ」、ligare は「結び付ける」という意味ですから、宗教とは、「もとへ結び付けるもの」ということになります。宗教の目的は、人間をその本源に結び戻すことなのです。

もしも宗教が、人間の心をその本源に連れ戻すことにより、また体の活動をあらゆる活動の本源に連れ戻すことにより、人間の生命をその源に結び戻すことに成功すれば、宗教の目的もここに成就することになります。心は生命の要です。ですから、心をその出発点に戻すことができれば、生命のすべてが源に帰り、宗教の目的は成就されることになります。

宗教は、人間の意識を神意識のレベルに高めるための道です。人間の心を神の知性、あるいは普遍の宇宙の心のレベルに高めるための道です。少なくとも、宗教はそのような道であるべきです。

宗教の目的は、一人ひとりの生命が自然法則に調和して、進化の流れに沿って自然に流れるようにすることです。

宗教は、個人生命を宇宙生命に調和させ、人生のあらゆる価値を高めるべきです。宗教は、哲学が明らかにする最高の真実を実現するための実際的な道を提供します。哲学は説明するだけですが、宗教は神実現への直接の道を示すという点で、実際的な価値をもっています。人間が「聖なるもの」のレベルにまで進化できるようにする直接の方法を提供するのが宗教なのです。宗教は、個人の人生を導いて人間としての最高目標を達成させるために、人生における「すべきこと」と「すべきではないこと」を教えます。宗教がこのようにさまざまな規則を定めているのは、究極の真実、すなわち神意識における自由の実現への直接の道を示すためです。宗教は実際的な目的を果たすためのものなのです。

今日の世界における宗教の憂うべき状態について、詳しく述べる必要はないでしょう。今日の宗教は体だけになってしまっている、と言えば十分です。魂の抜けた体です。形だけの儀式と教義しかありません。精神がどこかにいってしまいました。そのために、人々は宗教を信じていても成就を見いだすことができないのです。

といっても、宗教上の儀式はまったく価値がないと言うのではありません。宗教の儀式面や教義面はやはり必要なものです。なぜなら精神が存在するためには、体も存在しなくてはならないからです。儀式と教義の価値は、宗教の精神が人々の運命を導くことができるように、宗教の体を作る点にあるのです。

宗教の儀式は体を表し、「存在」を直接体験する実践は精神を表しています。体も精神も両方が必要であり、互いに手を結んで進むべきです。一方がなければ、他方も成り立ちません。

精神が体を去ると、体は崩れ始めます。今日の宗教もこれと同じ状態にあります。宗教が崩れた状態にあるのは、その精神を失ってしまったからです。今日の宗教は、魂のない亡骸《なきがら》のようなものです。儀式や教義は残っていますが、人々の意識を高める力はありません。

宗教の内部には精神がないように見受けられます。精神が多少残っているとしても、人々の心に訴える力はないというのが実情です。効力を失った現代の宗教は、事実上、現代人の心をとらえるものではなくなってしまっています。どの宗教の聖典にも「絶対」に到達する実践のことが含まれています。それが、教えの眼目とされているにもかかわらず、究極絶対の「存在」を体験する、直接的な方法をよく理解している僧侶や伝導者をかかえた宗教は、今日の世界にはほとんどありません。そのために、全世界にわたって、宗教はその効力を失い、目的を達成することができないでいるのです。

宗教の目的は、単に何が正しいか間違っているかを示すことではありません。宗教がその目的を成就するためには、人間が正しいものだけを選び取り、自然に間違ったものは避けるようになる状態に、人間を高めるようでなくてはなりません。

宗教が善悪の区別をするだけであったり、天罰や地獄の恐怖を人々の心に忍び込ませ、神を恐れさせるだけのものであれば、宗教の本当の精神はそこにはないと言わなければなりません。宗教の目的は、あらゆる恐怖を取り払うことであるべきです。宗教が全能の神に対する恐れを教え込むという方法で、その目的を遂げようとするのは間違っています。

進化の宇宙的な目的に調和した人生が自然に確立され、個人のあらゆる想念、言葉、行動が自然に高次の目的に導かれるような生き方を促進するのが、宗教の任務でなくてはなりません。人間が正しい行動をしようと努力したり、より高い価値にたどりつこうと努力するのが必要なのではなく、人間のあらゆる想念、言葉、行動が自然に生命の最高目的を達成するようなレベルに人間を高めることが大切なのです。

宗教は、厳しい修行や長年にわたる訓練ではなく、自然な方法によって、生命の成就の状態をもたらすだけの強さをもっていなくてはなりません。宗教がそれ自体十分に統合された完全なものであれば、人間は宗教の力によって、自然に成就の人生を生きることができるはずです。

本当の意味での生きた宗教、統合された宗教は、成就の精神を人間の中に呼び覚ますことができるはずです。人間は大人になるまでに、神経系が完全に発達します。ですから、人は自分の宗教に従うことにより、成人期までに生命の成就の状態を得ているべきです。そして、その後の人生は当然、成就のうちに生きるものでなくてはなりません。

社会で真に生きている宗教とは、神意識の実現、生命のあらゆる価値を楽しみうる人間、神の人、すなわち神が人間の形をとって地上に現れた人を実現するものでなくてはならないのです。

超越瞑想の実践によって、あらゆる宗教の人たちが自分の内部に統合された生命の状態を創り上げ、絶対の純粋意識、聖なる「存在」の状態を獲得することが可能となりました。

善いことをしなさいと説教はするが、信者の意識を開発したり、自然に、善の人生を生きるように信者を高めたりできない宗教は、言葉だけの宗教です。真にその名に値する宗教は、実際的な価値をもつべきです。善にあふれ、悪は何一つないという生き方へと実際に人を向けていくのが真の宗教です。

信者たちの顔から善が輝いているようにするのが、宗教の責任です。宗教の教えを聞いても、それによって神意識における善の人生を自然に生きるように鼓舞されないとしたら、宗教の責任を果たしていないことになります。こういう宗教の説教者たちは自分の力を新しく奮い起こして、本来の教えの真価を表すべきです。今日の宗教の教えには、宗教の内側の光が失われています。

世界中がこのような状態であるため、結果として、平和と幸福が人々の生活に欠けており、至るところで緊張が高まっています。宗教的な人で、人生に安らぎがあるような人でも、よく見ると消極的な態度に終始し、躍動力に乏しいということがよくあります。しかし、このような消極性は、真の宗教的な生活の特徴ではありません。このような受け身の生き方は、宗教の理想を誤って実生活に適用した結果であるのです。

宗教者の人生は、表面では、善い躍動的な活動を示すべきであり、内面においては、深い海の底に見られるような、あの永遠不動の平和をもっていなくてはなりません。

人生は、宗教の目的を成就しながら、自然に宗教を生きるというものであるべきです。生きるために苦しんだり、成就を目指して無理な努力をするのは、本来の生命ではありません。生命は、そのすべての価値の成就の中に生きるべきものです。地上の人間は、真の活気ある完全な宗教の体現者であるべきです。このような人は生きている神、すなわち神の代弁者であり、神を信じながらも神の意味が理解できないで苦しんでいる人とは違うのです。神の実質、神の地位、神の存在、神意識、聖なる意識、こういったものすべてを自然に生きるのでなければなりません。

神や宗教の信仰は人に人生の目的を与える、といわれています。しかし、信仰のための信仰というだけでは、人々のエネルギーを浪費するだけにすぎません。信仰によって人々の苦しみを解消し、善いものをもたらすことが不可能であるならば、このような信仰を、もっと生産的なものにするために、何かが必要なのです。

さまざまな宗教に属する人々は、自分の宗教を信じ、その信仰をよりどころとして人生のあらゆる苦難に耐えています。このような信仰によって人生のゴールに導かれるように、何か実際的な価値をもつものを信者たちに与えるのが、宗教を説く人の義務といえます。

牧師は、人間と神の仲立ちをする神の召し使いです。したがって、教会の牧師の責任は、人間性と神性とのつなぎをすることです。同じように、寺社の僧侶や神官も、人間と神の間に立つ取り次ぎ役であり、大きな責任をもっています。このような仲介者の人生は、神意識の中の統合された人生でなければなりません。もし神意識の中に生きていないのであれば、とても人間と神との仲立ちなどできるはずがありません。

宗教を守り、人々に伝える役目の人たちは、今こそ目を覚ますべきです。超越瞑想は、神の愛から、また聖職者たちが信奉する理想から、彼らに提供されているものです。教会でも、寺院でも、モスクでも、パゴダでも、超越瞑想を今こそ採用すべきです。自分の宗教を誇りにしている人たち、自分の信仰に従った独自の生き方をしている人たち、こういった人たちがすべて自分の宗教の教えを通して生命の成就、すなわち人間生活における聖なる生命の成就を得られるようにしたいものです。

この簡単な瞑想の実践にあらゆる宗教の成就の鍵が秘められています。この方法はすべての宗教の精神に属しています。どの信仰をとってみても、その創設期にはこのような瞑想があったのですが、その後、見失われてしまったのです。その原理は今でも聖典の中に説かれていますが、不幸にも実際の技術は失われ、宗教の指導者たちは、馬の前に車をつなぐように、逆のことをしているようです。

彼らは、正しい行為をしなさいと説き、正しい行為を通じて純真な心を取り戻し、神を実現できると教えています。正しい方法は、神意識を得るための直接的な方法を示すことです。高い意識に到達すれば、人は放っておいても自然に正しい行為ができるものです。なぜかというと、人は自分の意識レベルから行動するからです。したがって、意識を高める手段を与えないで正しい行為をせよと説くのは、いつも無効に終わります。正しい行為をするように強いるよりも、人間の意識を高めるほうがずっと簡単です。宗教的な生活は神意識の結果なのです。宗教的な生活の結果、神実現が得られるのではありません。

このことを理解しない限り、目的は達成されることなく、理想は永久に見果てぬ夢としてとどまるでしょう。幾世代もの長い間、人間から神意識も善の生活も、ともに奪われていました。人生の真の贈り物を手にすることもなく、何百年もの長い間、人類がむなしく生きてきたのは、なんと痛ましいことでしょう。これは、特にだれの責任というものではありません。宗教の精神が失われたことの責任は、永遠の時間にあると言えるでしょう。しかし、いずれにせよ、今こそ、宗教がよみがえる時なのです。

幸いにも、今の時代にこの瞑想法が公開されることになりました。あらゆる宗教の人たちがこれを採用し、自分の宗教の誇りをもち続けながら、この瞑想を楽しむようにしたらよいでしょう。各宗教に属する優れた理知の持ち主や、種々の信仰の指導者が、それぞれの宗教の聖典のより深い意味を探り、そこに超越瞑想を発見してもらいたいものです。まず彼ら自身がこの瞑想法を習って、それを自分の宗教の教えに照らして採用することを望みます。

どの宗教にしても、その根本的な前提は、人生において人は苦しむ必要はない、というものであるべきです。どの宗教に属している人も、苦しみ、緊張、不道徳、邪悪、罪深い想念や言葉や行動などといったものが生命に入り込む余地はない、というのが本来の姿です。生命のこのような否定的な面は、宗教に従った生き方をしている人にはあってはならないものです。

人生においてますます増大する緊張、苦しみ、病気、あらゆる信仰における人間価値の堕落など、今日の宗教の信者たちの不幸な状況について、ここで詳しく述べる必要はないでしょう。現代の人々が宗教から離れてさまよっているのは、宗教側のこのような失敗が原因であるのです。多くの人の場合、何かの宗教を信じているといっても、それは名目だけのことで、実際に宗教的な人生を生きているのではありません。

宗教的な人生とは、至福、喜び、平和、調和、創造性、知性の中で生きるべきものです。宗教的な人生の流れは、少なくとも良識のレベルで流れるべきです。宗教的な人生は、愛と親切と寛容の人生であり、同胞である人々を助けたいという願いが心の底から湧くというのが本当です。このような素晴らしい性質が、宗教的な人間の自然な心境に形づくられるべきです。宗教人の心にこのような性質と神意識の状態が自然に現れていないとしたら、その宗教の名は、ただの重荷です。

宗教は堅固な人生の基礎を築くばかりでなく、人間生活に聖なる生命の殿堂を立てる力をもっていなくてはなりません。これを可能にする唯一の道は、人間性を神性に変えることです。宗教上の儀式が、人間の内面の傾向を神性の根本的な特質に変えるということは困難でしょう。しかし、これを実現しない限り、地上の生活は決して有徳で威厳あるものとはなりません。

現在意識の表面にしか触れない教えには、心の内側を変化させる力はほとんどありません。どの宗教も誠実、親切、他人への愛、神への畏敬などを教えていますが、実際に人間生活を進化させるという点では、たいした貢献はしていないのです。なぜなら、人間の心を聖なる価値に直接高めるための実際的な技術を何も用いていないからです。

人間の心が高い価値に達し、神の知性をかなりの程度まで獲得しない限り、人間は今までどおり過ちを繰り返すでしょう。人間が人間の領域に拘束されている間は、どうしても過ちを犯してしまうものです。したがって、過ちを犯す段階より上に人間を引き上げ、現在意識の領域に神の知性を注入し、神性を人間性に染み込ませることが必要です。人間性を神性に高めるのです。そうすれば、宗教や生命の粗大なレベルでどのような儀式を行おうと、それは問題ではなくなります。

宗教の精神が人々の生活を支配しているのであれば、宗教にどんな名前が付こうと、教会や寺院やモスク、またはシナゴーグやパゴダでどのような儀式を行おうと、それは問題ではありません。

宗教の信者たちが宗教の精神にしっかりと根を下ろし、神意識の状態に向上するのであれば、また、生命の流れが進化の宇宙的な流れに調和しているのであれば、その呼び名がキリスト教徒であろうと回教徒であろうと、ヒンズー教徒、ユダヤ教徒、仏教徒、その他どんな名前であろうと、それは問題ではありません。どんな名前でもかまいません。生命の粗大なレベルでは名前に違いがありますが、「存在」のレベルではどんな名前も同じ価値をもっています。

重要なことは、永遠に自由な神意識の生命、すなわち完全に統合された生命を生きるということです。どの宗教であっても、これを成就する鍵は、超越瞑想の規則的な実践にあります。

私たちはここに、全世界の宗教や哲学や形而上学的な運動の指導者たちに向かって、超越瞑想の効果を自分の身で試し、信者や弟子たちに生命の成就という贈り物を施すように呼びかけます。

この瞑想は、けっして僧侶や牧師たちの権威を脅かすものではありません。これはもともと彼らの宗教に属するものなのですが、何百年も昔から忘れ去られているのです。この瞑想は、遠ざかった信者をまた聖職者の元へ連れ戻すためのものです。教会や寺院の価値を社会に取り戻し、聖職者に昔のような尊敬される立場を与えるのがこの瞑想であるということを、世界中の宗教家に知ってもらいたいのです。

宗教は多くの国において政府から不信の目を向けられたり、無視されたりしているようです。政府そのものは世俗的な根拠をもつ憲法の上に成立しているのですから、それは無理のないことでしょう。政府は、確かに国民の福祉のことを考えていますが、信教の自由を与えるだけでは不十分です。人々の信じる宗教が正しい生き方の精神を与えるように、また、人々が宗教の表面的な価値だけに従って、怠惰、無気力に陥らないように、政府当局が留意することが必要です。

宗教が口で約束する効果を実際に上げることができないならば、宗教には助力が必要であり、政府がその援助を与えなくてはなりません。これを行わないなら、国民を向上させようとどんなに努力をしても、効果のない宗教の教えによって弱体化した国民の生活そのものが政府の努力をすべて覆《くつがえ》してしまいます。

超越瞑想は、各宗教が昔から教えてきたことを、すべて実際に生きることができるようにする方法です。この瞑想を実践することによって、人は難なく聖なる「存在」のレベルに向上し、その結果として、あらゆる宗教に成就をもたらすのです。

# 第三章　心理学の成就

心理学の成就は次の点にあります。

1、心を強化する。

2、心の意識能力を拡大する。

3、人間がその全潜在力を活用できるようにする。

4、眠っている心の機能をすべて目覚めさせる技術を開発する。

5、一人ひとりに対してより大きな満足、平和、内面の幸福、より高い能率と創造力を与える。

6、心の集中力と意志力を発達させ、外側の活動に従事しているときでも、内側の平衡と平和を維持できる能力を開発する。

7、自信、寛容、明晰《めいせき》な思考などを開発し、想念の力を増大させる。

8、相対生活において活動しているときも、そうでないときも、いかなる状況においても、神意識の永遠の自由と平和を保つことができるように心を確立する。

心理学の究極の成就は、個人の心を宇宙の心に調和させ、その状態をいつまでも保つところにあります。すなわち、個人の心と宇宙の心の永遠の調和を確立するのです。この状態に達すれば、個人の心における あらゆる活動は、宇宙の進化と宇宙生命の目的に一致するようになります。

心理学の責務としては、人間が毎日の生活における失敗や仕事の圧力によって生じる緊張を克服できるようにしなければなりません。またそれだけでなく、再び緊張に苦しむことなく、心身症にかかることもなくなるような力を、人間に与えることも必要です。

心理学研究の目的は、人間が人生における障害を克服し、苦しみのない人生を生きることができるようにすることです。心理学は、人間が自分の願望を満たし、成就の人生を楽しむのに必要な、強く明確な想念を生み出すものでなくてはなりません。

心の研究である心理学の目標は、人間が人生のあらゆる価値を生き、実存のあらゆる面を楽しみ、より偉大な創造を行い、より深い理解力を養い、神意識の永遠の自由の中で人生を最大限に生きることができるような能力を、人間に与えることであるべきです。

心理学の分野における数限りない可能性を考えた上で、今までこの学問が成し遂げてきた業績を振り返ってみると、落胆せざるをえません。しかし、心理学がその発達段階として、まだ幼児期にあることを思えば、これも驚くには値しないことでしょう。

ある人に対して、その人の過去が惨めだったとか、逆境に苦しんだとか、仲間にいじめられたり抑えつけられたりしたとか、身近な人たちに愛や調和がなかったとか、そのような以前のことを思い出させるのが心理学の役目だと思うのは間違いです。こんな暗いことばかり思い出させる精神分析法は、その人の意識を低くするばかりです。

人に向かって、過去の環境の役に立たない堕落的な影響によって今の人生があるのだと告げることは、犯罪的な行為と考えるべきです。このように人の心を沈滞させる情報の及ぼす心理的な影響は、心を乱し、勇気を失わせるもので、これを聞いた人の心の奥にひずみを起こします。その逆に、自分の系譜の偉大な伝統を思い起こさせ、両親や友人、そのほかの周囲の人たちが立派だったことを思い起こさせれば、意識は高まり、いろいろな自分の弱点を乗り越えようとする勇気も生まれてくるものです。

ある人の考え方を分析し、埋もれた悲惨な過去を潜在意識から掘り起こして意識させる心理学の方法は、その目的がたとえその人の緊張や苦しみの原因を突き止めることであっても、嘆かわしいことです。なぜなら、このようなやり方は、惨めな過去の印象を直接強める作用を生じ、現在の意識を押し下げるからです。

私たちが一般に過去のことを忘れがちなのは、神の恵みなのです。確かに現在は過去から生まれるのですが、過去の自分の姿は、未発達な意識の状態を反映しているにすぎません。現在の自分は進んだ意識をもっているという事実のほうが大切です。したがって、未熟な過去のことを思い出して、より高く進化した現在に暗い影を投げかけるということには、マイナスの効果しかありません。

過去をふり返れば、視野は広がるでしょうが、その広がり方は、生命の未発達な状態を意識レベルにもってくるというだけのものです。視野は拡大しても、同時に、その人本来の創造的な才能や明敏な理知を曇らせることになってしまいます。

むしろ反対に、意識の進化する方向に心を拡大して、究極的には宇宙意識を得るようにさせる方法があるとすれば、精神分析の患者たちは、惨めな過去の泥をかき回すことから生じる不幸な結果から救われることになるでしょう。

これも各国の政治家の責任ですが、現代の精神分析の有害な面をよく知り、その代わりに超越瞑想を行うようにするべきです。この方法は、意識を直接高めるものです。ですから、個人の心を強くするばかりでなく、自分の潜在力を十分に活用する力も与え、その人をますます有能に、力強く、しかも平和で幸福な、創造性に富んだ人間にするのです。

超越意識を得るこの技術は、想念の微細なレベルを現在意識レベルにもってくるものです（「超越瞑想」七一ページ参照）。この方法によって、想念の全過程が現在意識の範囲に入ってきます。心の意識能力は最大限にまで広がります。このようにして、思考と行動の両面で、人は自分の心の全潜在力を活用できるようになるのです。

心が想念の過程の深いレベルに慣れ親しんでくると、被造界の微細なレベルにも気づくようになってきます。そして、心が被造界の微細な領域のことをよく知るようになると、その領域を刺激してあらゆる目的に役立つ能力が得られます。このようにして、心の底に眠る潜在力が目覚めてくるのです。

この潜在力の開発ということを一つの例で説明しましょう。

ここに一人の人がいて池に潜《もぐ》るとします。彼は水面に近いいくつかの層を通過して、深い層に潜っていき、やがて池の底に着いて、また水面に浮かび上がってきます。続いて二度、三度と潜水を繰り返すときも、やはり前と同じように水深の各層を通過します。潜水を絶えず繰り返していると、池の水のあらゆる層に慣れてきます。そして、深い層に慣れてくるにしたがって、池の底にしだいに長くとどまっていられるようになります。そして、しばらくの間水底にとどまれるようになってから、さらに練習を続けると、池の水のどの深さでも意のままに泳ぎ回ることができるようになるのです。

水の深いレベルに慣れると、このような結果が生じるのです。もう少し練習を続けると、今度はどんな深さに身をおいても気楽な状態になり、池の水の表面でやりたいことがやれるように、水の中でも自由に活動できるようになります。しだいに、どのレベルにでも楽にいられるようになり、池のどこでも好きなところで意のままに活動できるようになるのです。このような能力を得ると、この人はその池をすっかり自分のものにしたことになります。

心が意識の深い層に慣れてくると、心は意識のどんな精妙な層からでも、またどんな粗大な層からでも、活動できる能力を得るのです。このような状態に達した心は、被造界のどの層にも刺激を与えることができ、そこから望みどおりの有利な結果を引き出すことができます。これによって、被造界を支配する扉が開くのです。

哲学と心理学を学ぶ人は、『バガヴァッド・ギーター』に示されているような心理学を考えるとよいでしょう。そこには、全く決断不能の心の状態から出発して、人間の最高に進化した意識状態、すなわち永遠「存在」の中に理知が確立された状態にまで進化していく過程についての研究が示されています。『バガヴァッド・ギーター』は個人の心と宇宙の心の心理学を説き、この二つの心の素晴らしい結び付きを明らかにしています。つまり、人間のかりそめの現象的な実存に、永遠の生命が注入される過程を明らかにしているのです。この注入が行われないと、個人はその本質の無常面の支配を受け、苦しみに襲われる運命から抜けられないのです。

環境が個人の心にどんな影響を与えるかということについては、この聖典の冒頭に示されています。そこには、最も高い意識に進化した当代随一の弓の達人であり、『マハーバーラタ』の英雄であるアルジュナが、善悪の完全な知識に目覚めているにもかかわらず、自分の目前のジレンマを解決できない状態が生き生きと描かれています。環境があまりにも強く彼の心に影響を与えているので、どんな説得も提案もアルジュナを救うことができないという場面があるのです。

『バガヴァッド・ギーター』が教えているのは、人間の心に及ぼす環境の影響の大小は、その心の強さによって決まるということです。つまり、印象の影響の強さは、それを受ける心の強さに反比例するというのです。初めのうち、アルジュナは決断ができないという危険な状態にありましたが、『ギーター』の心理学的な教えを実行に移したところ、周囲の条件はまったく同じだったにもかかわらず、たちまち行動の精神を注入されたのです。

クリシュナ尊の教えを詳しく研究すると、非常に深い心理学的な洞察がなされていることがわかります。すなわち、個人の心は表面の意識的なレベルにおいてどんなに高い理知をもっていたとしても、それが無限の宇宙の心に調和していない限り、明らかに表面意識の制御能力を超えた状況にぶつかると、これを理解することも把握することもできないので、その優れた理知も敗北を喫することがあるのです。個人の心と宇宙の心との間に意識的な調和を作り上げることこそ、差し迫った危機的な状況を理解できないという危険から人間を救い出し、そのような状況の悪影響の及ばない高い次元に引き上げる唯一の確実な方法なのです。

池は真夏の日照りにあうと干上がってしまうかもしれませんが、大きな海の場合にはそのような恐れはありません。『バガヴァッド・ギーター』の心理学は、個人の心を宇宙の心に調和させる優れた技術を提供しています。注意が「絶対」の領域に導かれる技術です。この方法によって、個人の心の弱点と有限性は、宇宙の知性の無限の力に変わります。この素晴らしい転換は大変やさしいので、地上の人間だれもが成し遂げることができ、人生の種々のつまらない葛藤や無数の悩みをことごとく不要にすることができるのです。

超越瞑想の技術は、心理学の英知を開く鍵です。また、この瞑想には、どんな理知の持ち主をも満足させる科学的な基盤があります。この瞑想にこそ、現代の心理学の成就があるのです。

# 第四章　哲学の成就

哲学の成就は次の四点にあります。

1、自然の神秘を解明すること。
2、生命の真実を人間に示すこと。
3、人間の心の探求を成就すること。
4、生命の究極的な真実を直接体験できるようにし、それによって、生命と被造界のあらゆる層を直接体験のレベルにもってくること。

哲学の成就は、日々の生活のつかの間の価値が、永遠の生命の恒久的で不滅の価値と共存しているという事実を、人々に解明することにあります。

哲学の責務は、人間が「真実を知る者」となるように導き、人間が生命の真理に確立されて、被造界のどんなこともはっきりわかるようになる状態を生み出すことです。人間は、真実を知るばかりでなく、生命の完全に統合された価値をもって真実を生き、聖なる意識の中に永遠の満足を得て、成就した生命を生きるべきです。人間は、「存在の科学」の知識を学んで、「生きる技術」の達人となるべきです。

現代の哲学研究は、哲学本来の広範な主題を中途半端に扱っています。この輝かしい英知の領域の表面をちょっとすくうだけというのが、長い年月の間哲学の行ってきたことです。今必要なことは、哲学の成就についてはっきりした展望をもつことと、哲学の偉大な価値を一般の人にわかる形にして、毎日の実生活で体験できるようにする方法を見いだすことです。

現代の人々にとって幸いなことに、哲学の成就は、目に見えない領域と生命の究極の真実とを究明する技術にこれを見いだすことができます。この技術によって、超越的で絶対の「存在」が現実の体験として万人のものになるのです。

絶対「存在」は被造界の根本原理であり、究極の真実であり、生命の真理です。ここでいう真理とは、「決して変わらないもの」を指しています。超越的で絶対の「存在」はその本質において永遠であり、常に一定です。それは被造界の究極的要素であり、決して変化しません。なぜなら、変化は相対界に属するものであるからです。

被造界のあらゆる層は、絶対「存在」と呼ばれるこの原料から創られています。原料という言葉を使ったのは、この被造界すべてが純粋意識、すなわち絶対「存在」から生じているということをわかりやすく説明しようと思ったからです。絶対「存在」は被造界全体の原料のように考えられます。この原料自体は、永久に変わらないものですが、被造界の複雑多様な形態や現象を創り出し、創られた万象は変動してやむことがないのです（「存在――宇宙法の次元」五一ページ参照）。

絶対「存在」を体験すると、この被造界全体を形づくっている根本的要素のことが明らかとなります。

注意が心の中に深く潜《もぐ》っていくと、意識の精妙な層、被造界の異なる層を次々と通過して行きます。このため、超越瞑想の実践においては、意識の内側が開けてくるだけでなく、被造界の微細な全領域を通過することになります。意識の粗大層と超越層の間に、被造界のすべての層が入っています。心が意識の深層を開き活性化させるとき、心は被造界のさまざまな層をすべて通過していくのです。このようにして、全宇宙を理解する能力が心に増大していきます。

この瞑想は、自然の神秘を明らかにし、被造界と生命の全域についての真理を人間に啓示します。心が純粋意識の超越状態に進んで行くにつれて、もはや隠されるものは何一つなくなり、すべてのことが明白にわかるようになります。

真実の体験の探求はここに成就します。真理を求める人たちの古い昔からの探求が、ここに成就するのです。今や世界中のどんな人の手にも届くようになったこの簡単な瞑想システムにおいて、哲学は成就されます。この簡単な技術が、生命の内側の領域を開発し、究極の真実の本性を理解させるからです。

このようにして、どのような人でも自分自身の体験から独力で、この被造界の背後にある真理を知ることができるのです。永遠の真実を体験し理解した人は、自分の内部の想念や欲望に拘束されたり命令されることがなくなり、また、外部の観念や環境の影響からも自由になります。

『ウパニシャッド』にはヴェーダの英知を表す偉大な言葉が記されています。

例えば、生命の究極的な統一について、

我は「それ」なり
汝は「それ」なり
これすべては「それ」なり

という表現があります。しかし、私たちが実際に「究極なるもの」を体験することがなければ、このような素晴らしい表現も、古代の人たちの夢想、あるいは、よくても知的な雰囲気として理解されるにとどまってしまうでしょう。超越「存在」を直に体験しないことには、哲学をどれほど研究しても、至高の「真実」の本質については、いつまでも理解しきれない不明確さが残るのです。哲学のさまざまな学派を研究した結果、知的な混迷に陥ったとするなら、その混迷を解消するのは、実際の体験以外にありません。

私たちはここに、哲学の成就の鍵を示し、真理を探求する人たちの宿願の達成を容易なものとしてくださった大聖スワミ・ブラフマーナンダ・サラスワティー、バガヴァン・シャンカラーチャーリヤの偉大なる栄光に対して感謝を捧げます。真理探求の道は、今や道ともいえないほどに易しいものとなりました。道ではなく、一足飛びに目標まで来てしまったのです。

超越瞑想の技術を学び、これを毎日実践することによって、日々の瞑想中に何回も「目標」に到達できます。ここに哲学の成就があります。

# 第五章　神実現への道

「道」という言葉を聞けば、一つの地点に始まり、別の地点に終わる距離を想定するのが普通です。神実現への道というのは、人間が神に達するために採用する方法や実践のことです。この道をはっきり理解するためには、まず神とは何か、また神と人間との距離がどのくらいあるかを明らかにする必要があります。

## 神

「神」は、世界各地の何億という人々が何よりも大切にしている言葉です。神という概念は、それを理解している人々にとっては、人生で最も貴重な概念です。人間の心が今までに発展させてきたどの概念よりも大きな現実性をもっているのが、この神という言葉です。神という概念は、空想で思いついたものでもなく、また隠すべき思いでもなく、また逃避する場として利用する考えでもありません。神は、全宇宙のどんな真実よりも、さらに具体的な一つの真実です。神の存在は、被造界の形態や現象の絶えず変化する一時的な存在よりも、永遠性と実質性をもっています。

神には二つの面があります。一つは絶対性、永遠性をもつ最高「存在」としての神であり、もう一つは現象界の最高レベル、すなわち被造界の神々しいレベルにおける人格神としての神です。このように、神には非人格神と人格神の二つの面があります。これは、神という言葉で表される二つの現実なのです。

## 神の非人格面

神の非人格面は、無形であり至高です。それは永遠絶対の「存在」です。非人格神には、どんな属性、性質、特徴もありません。なぜなら、属性、性質、特徴というものは、すべて生命の相対領域に属しているからです。ですから、人格をもたない神は、絶対性をもっているということになります。この神は、絶対、非人格、無属性ですが、あらゆる相対実存の本源でもあります。被造界のあらゆる形態や現象の本源です。相対実存のあらゆる属性は、無属性、絶対の「存在」から生じているのです。

この「絶対なるもの」は、内に隠れた本質をもち、被造界のさまざまな層において、それぞれの程度と形態をとって現れています。被造界のすべては、この内なる絶対、非人格の「存在」、すなわち遍在する神の現れであるのです。

非人格、遍在、絶対の神は、その本質によって、進歩的です（「プラーナと存在」五四ページ、「心と存在」五七ページ、「カルマと存在」六三ページ参照）。この神は、被造界の種々の相として展開しますが、多様な形態や現象を通じて現れているときでさえも、内なる「絶対」としての地位を維持しています。非人格、遍在の神は、常に非人格性と遍在性を保ちつつも、その本性に導かれて、相対界に被造物として出現しているのです。

内なる非人格神がどのように現象世界の形態をとるのかという問題をはっきりさせるために、水素と酸素を例に引きましょう。水素と酸素の化合物$H_2O$は、その構成要素には変化はないのですが、表面の性質はさまざまで、蒸気になったり、水になったり、氷になったりします。同じように、遍在、非人格、全能の「存在」は、「絶対」としての本質を保ちつつ、被造界の多様な性質、形態、現象として現れます。「絶対」は生命の究極の真実です。それは永遠の生命であり、不変の本質をもっています。それは被造界の究極、全被造界の根源であり、究極の目的であります。世界が過去、現在、未来を通じて存在するのは、非人格神の力によります。水蒸気、水、氷の三つの状態の中に、$H_2O$という本質がただ一つ存在するように、全被造界すべての究極的要素はただ一つ、この非人格絶対神であるのです。この「一」が「多」として現れるのです。しかし、「一」が「多」として現れるのは、現象にしかすぎません。「一」である非人格神の真実は、永遠であり絶対です。

すべての移りゆく形態や現象の基盤は、この世界を創造し、維持し、支えている不変、永遠、絶対の「存在」の中にあります。「存在」が創造主と呼ばれるのは、被造界すべてがこの「存在」から生まれているからです。創造するのは「存在」の本質であり、実存し拡大するのも同じく「存在」の本質です。したがって、創造と実存と拡大は、全能にして非人格の神の本性の異なる面ということができます。

神は、被造界の本質的要素であるという意味で、被造界を「維持する者」です。神は被造界すべての基盤ですから、万物は言うまでもなく神の中に存在しており、その変化してやまない実存は、永遠不変の「存在」に基礎を置いています。このように、世界は非人格、絶対の神が創造したものであるということがわかります。この世界は神によって支えられ、最後には解体して神に吸収されるのです。

世界が解体してその源に帰っていく、ということを理解しやすくするために、水素と酸素が水や氷などの異なる形態をとるという例をもう一度考えてみましょう。水の性質が解体して、酸素と水素に戻るとき、氷や水蒸気もやはり、酸素と水素に解体します。それと同じように、相対実存のあらゆる形態や現象は解体して、その究極的要素である「存在」、非人格で絶対永遠の「神」「全能者」に吸収されるのです。

「絶対なるもの」は全能といわれますが、これは「何でもできる」という意味ではありません。なぜなら、もともとあらゆるものであるのですから、「絶対なるもの」は今さらのように何かを行ったり、知ったりすることはありません。行為や知識を超えているのです。神が全能であるという意味は、神なしでは何も実存できなくなるということです。実存するものはすべて、「存在」の絶対状態に包まれています。この意味で、非人格神は世界の創造者、維持者、扶助者であるのですが、それは永遠に隠れた状態にとどまっており、全能というのもそのような意味に限られるのです。

この本の前のほうで、絶対、非人格、超越の本質を備えた「存在」が振動して実存の相対世界に入り、想念や考える人やプラーナとして現れるということを述べました（「呼吸と存在の技術」一四六ページ、「超越瞑想」七一ページ参照）。また、想念が発展するときには、その想念の微細な状態が粗大な状態に変わり、ついで言葉や行動になって表現されるということも説明しました（図解、七三ページ参照）。つまり、主観と客観に分かれて現れるのは「存在」であり、純粋意識であり、非人格、全能の神であるのです。

個人は、そのあらゆる面において、非人格の絶対「存在」としての神の光です。この理由で、生命は神の光と呼ばれ、永遠絶対の「存在」の輝きとされるのです（「生命」八七ページ参照）。

非人格の絶対「存在」、すなわち神は、被造界の根本要素として、あらゆる実存の場に浸透しています。この遍在の神は、超越性をもち、相対界のあらゆるものを超えています。信念、想念、信仰、教義、儀式を超えています。人間の理解のかなたにあり、理性や理知を超えています。神は超越「存在」ですから、想念によってこれをとらえることはできません。黙想や知的に見分けることや決定によってもとらえられません。それは「存在」の状態です。万物の「存在」が、遍在する非人格の神なのです。

神は知るという行為を超えています。神は「知」そのものであるからです。神はあらゆるものの「存在」ですから、神を実現するということは、ただ在るがままの自分になるということです。「存在」の実現とは、非人格、遍在の神を実現することです。自分自身の「存在」になるための道などがあるとは考えられません。非人格の神、遍在の神を実現する道は、これこれですよ、と示すことはできません。なぜなら、「道」という考え方そのものが、本当の「私」を自分の「存在」から遠ざけてしまうからです。「道」という観念は、何か遠く離れたものを想定するのですが、「存在」とは本質としての「私」そのものであるのです。道は二つの地点を結ぶものですが、遍在する宇宙的「存在」には、二つの別々の地点とか状態とかいうものはありえないのです。

遍在するということは、どこにも、どんなものにも行き渡っているという意味です。したがって、道という考えはまったく問題になりません。道ではなく、在り方の問題です。現象世界のさまざまな状態にあるときでも、人は「存在」の状態にあるのです。ただ在り方が異なるだけです。「存在」とは自分がすでにそうであるものと決して別のものではないのです。このことから結論として、「絶対」を実現する道についての問題は、もともと問題として成立しないということがわかります。

　したがって、遍在、全能の非人格神を実現するということは、自分の「存在」の自然な状態を実現することと同じです。非人格の「遍在者」を実現する道を、言葉で表すことができるとすれば、自分が本来そうではないものから脱出する道である、と言うより他はないでしょう。在るということは、非人格性の領域に入ることです。ですから、「真我」になるためには、個人的本質から脱出して、行動と思考の領域から外に出て、「存在」の場に確立するだけでよいのです。「存在」の状態は、生命の非人格状態です。前に明らかにした通り（「超越瞑想」七一ページ参照）、思考の粗大レベルから出発して、微細レベルに入り、ついにはその微細レベルをも超越するという方法によって、「存在」に到達する習慣をつけるだけでよいのです。

　これで、非人格神の実現とは、自分自身の「存在」に到達することにほかならない、ということが明らかになりました。そしてまた、体験者と非人格神との間には何の道もない、ということもわかりました。そこにはただ遍在する非人格神の永遠なる実存があるのみです。バターが牛乳に行き渡っているように、また、油が種の中に染み渡っているように、非人格神は被造界の全領域に遍満しています。種子の中の油の層に到達する実際的な方法は、種子の微妙層に入っていって、油の領域に到達することです。同じように、牛乳の中のバターの層に到達するためには、牛乳の微妙層に入っていくことが必要です。

　全能、非人格の神を実現する唯一の方法は、どんなものでもよいですから、その精妙層に入り込み、最も精妙な体験を超越することです。するとそこに、非人格神の領域、純粋「存在」の領域が見いだされ、万物の超越領域にある純粋意識の状態が開けるのです。

今日の世界では、神についての概念が非常にあやふやになっています。神を信じたい人、神を愛したい人、神を実現したい人はいますが、このような人たちでさえ、「神とは何か」ということになると、明確な答えをもっていません。たいていの場合、神とは空想的な楽しい思いであったり、人生に苦しいことや悲しいことがあるときの逃げ場であったりしています。数多くの奇妙な宗教の指導者にとっては、神という言葉は魔術的な力をもつものであり、彼らはこの言葉を駆使することによって、罪のない多数の信者たちの理解と宗教的な運命を左右しています。遍在する生命の本質である神を、こういう宗教では恐怖の対象としてうち出しているのです。

神は恐怖の力ではありません。恐怖が神から出てくるとは、とんでもない考えです。神は至福意識の実存であり、絶対永遠の生命の実存です。神の名によって人々の生命に恐怖をもたらすべきではありませんでした。いかなる宗教も、神を恐れる気持ちを基礎にしてはならなかったのです。

ところが不幸なことに、今日の世界には、主として神を恐れる気持ちの上に教義を築いている宗教があり、この恐怖を神の子たちの心に注ぎ込んでいるのです。神の名において恐怖をまき散らすということは、生命を損なう残酷な行為です。神は永遠の生命であり、純粋性であり、至福です。神の王国は、人間にとって完全な善の領域です。神は愛の対象であって、恐れの対象ではありません。

非人格の神は、万人の心を住処《すみか》とする「存在」です。だれでも一人ひとりが、その真の本質においては非人格神なのです。それだからこそ、『ウパニシャッド』に記されたヴェーダの哲学は、「我はそれなり、汝はそれなり、これすべてはそれなり」と宣言しているのです。自分の「真我」を恐れる必要はありません。至福意識を恐れる必要はありません。至福と成就だけが存在する天の王国を恐れる必要はありません。

全能、非人格の内なる「存在」である神は、生命の永遠の真実です。それは不滅であり、豊満であり、生命であり、成就です。神は、だれもが実現できるものとして身近にあるものです。この神を実現するには、ただ在ることが必要なのです。そして、ただ在るための技術は超越瞑想の中にあります。

## 神の人格面

人格的な形態をとった神は、全能の本質を備えた至高の「存在」です。この神は、「それ」ではなくて、「彼」または「彼女」です。この「彼」または「彼女」は特定の形態、特定の本質、特定の属性、特定の性質をもっています。ある人たちには人格神は男性と考えられ、また別の人々には女性と考えられています。中には、神は男女の両性を兼ね備えていると考える人たちもいます。とにかく人格的性質をもっているのですから、非人格神の場合のように「それ」と呼ぶことはできません。

神の人格面は、当然、形態や性質や特徴をもっており、好き嫌いさえあります。また、宇宙に実存するものすべてを支配し、進化の過程と被造界のすべてを左右する能力をもっています。人格神は全能者なのです。

進化の過程は、至高、全能の「存在」である人格神において成就されます。したがって、この神は、被造界の最高レベルに立っています。進化と創造の過程がどのように人格神の中で成就されるかを理解するためには、被造界の全範囲を見渡さなければなりません。

被造界には、進化の段階というものがあります。ある形のもの、ある生物は力が乏しく、知性や創造性も劣っており、喜びの程度も低いのですが、別の生物を見ると、これらの性質においてより優れています。全被造界は、さまざまに異なる知性、平和、エネルギーの層から成り立っているのです。

進化の最低レベルには、鈍く、不活発な状態が見られます。この鉱物段階から、各種の植物や動物が発達し、知性と力と喜びにおいて、より高次の生物が現れてきます。進化の段階をたどっていくと、植物界や動物界から、さらに天使界まで伸びています。そして進化の究極には、「彼」がいます。「彼」は、無限の力と喜び、知性とエネルギーを持っています。進化の頂点にある「彼」は、全知全能であって、完全な至福の中にあります。

「彼」が全能であるとは、どういう意味でしょうか。全能とは、どんなことでも理解できる能力をもっているということです。この至高の人格的「存在」は、生命のあらゆるレベルの能力において、限りなく高度に発達した神経系をもっているに違いありません。「彼」の五感は最高に強力な五感であり、その心は最高に強力な心であり、その理知は最高に強力な理知であり、その自我は最も強力な自我であるはずです。

人類からずっと下って鉱物界に至るまで、各種の生命層の進化レベルを観察すると、被造界の頂点まで行けば生命が完成に達する進化の層があるはずだ、という考えを知的に受け入れることができます。生命の完成とは、五感、心、理知、自我、人格などがすべて完全であることを意味します。生命が完成に達するこの最高の進化レベルと、生命がようやく進歩し始めた最低の状態との間に、被造界の全範囲が入っているわけです。

そしてこの至高、全能の神が、全被造界を支配しているようにみえます。自然法則はすべて「彼」の意志によって制御されています。「彼」は全能であるがゆえに、全被造界とその進化の全領域が自動的に機能するように組織しているのです。つまり被造界が調和して、あらゆる法則にそって機能するようにしていると言えるでしょう。この被造界が解体すれば、全能の人格神もまた、至高の「存在」の非人格、絶対の状態に吸収され、再び宇宙が創造されればまた最高の王座に戻ります。このようにして、人格神は創造、進化、解体の周期運動を永遠に維持しているのです。

相対実存の全領域は、自然法則が完全なリズムを保ちつつ、自動的に機能することによって維持されています。このリズム、この生命の調和は、被造界の頂点に座ってすべての過程を支配し指揮している全能の神の、全能の意志によって支えられているのです。「彼」は神、全能なる「彼」です。

私たちは少なくとも知的には、なにか至高の存在が、人格的な形をとって実存する可能性を理解することができます。つまり全能の神です。

人格神の全能性をはっきりと理解するためには、その全能性が五感、心、理知、自我の完成にあることを理解すべきです。五感の完成とはどういうことかというと、もし「彼」に目があるとするなら、その目は一時にあらゆるものを見ることができるほど完全であるということです。もし「彼」に鼻があるとするなら、その鼻は同時にあらゆる種類の匂いをかぎ分けるということです。また、「彼」に耳があるとすれば、その耳は全宇宙のあらゆる物音を同時に聞き分ける力をもつということになります。

「彼」の全能の心はいつでも、どんなレベルのどんな物でも自覚できますし、また全能の理知はすべてのことをいかなる時点でも決定できるはずです。進化の過程において自然法則の結果と思われることも、実は被造界の頂点に立つ全能至上の人格神が、次々と無数の決定を下したものです。「彼」は進化の全領域と、全宇宙の数知れない個別の生命を支配し、維持しているのです。

人格神についてここまで述べてきたことは、すべて知的に理解できますし、このような全能で至高の「存在」が被造界の長として位しているという可能性を受け入れることもできます。もしこのように考えられるとしたら、今度は、その全能、最高の力と接触する手段はないだろうか、という問題を知的に確かめることもできるはずです。もし、このような方法が存在するならば、個人の生命はこの接触から計り知れない恩恵と利益を得ることになるはずです。

この男神あるいは女神は人格的な「存在」であり、この神は男性にせよ女性にせよ、ある特有の性質をもっているはずだ、ということが知的に理解できます。そうすれば、この男神または女神の祝福を得る道は、自分の個人生命を「彼」または「彼女」の性質に同調させることにある、と理解できるでしょう。このような試みは、被造界のどのレベルにおいても、生命を向上させるでしょう。そして、進化を促進し、できる限り早く個人生命が進化の最高レベルに到達するようにするでしょう。個人が至高の神の性質に合わせて自分の想念、言葉、行動を形成することによって、男神または女神に同調することに成功すれば、そのとき未発達な取るに足らない生命も、神の力と慈愛にあふれた性質を受けて祝福されます。このようにして、人間はだれでも進化の頂点に到達することができるのです。

至高、全能の人格神が実存することを、知的に考えられないという人がいるとしたら、それは貧しい理解力の結果であると思われます。実存の一方の端に最も未発達の創造物である無機物があり、そこから順を追って被造界のさまざまな進化の段階が展開しているということがわかる人であれば、当然、相対実存の最高レベルには、全能にして至高の「存在」があると知的に考えることができるはずです。そして、このように考えることができれば、偉大な実現を熱望することもできるはずです。

人格神という概念がよくわからないということや、人格神を実現することはできないと考えるのはわかりますが、人格神の存在までも否定するというのは、未発達な心の状態の結果でしかありません。

神はあらゆる神聖な言葉の中でも、最も神聖な言葉です。なぜなら、この言葉は、至高の「存在」の全能の地位、実存の最高状態を意識させるからです。神実現は生命の目的であると言われています。進化のどのレベルにいる人も、その究極の目標は神実現であると言うことができます。なぜなら、全能にして至高の「存在」である神に同調するとき、そこに成就と充満、無限のエネルギーと創造性、無限の知性と至福の状態が得られるからです。

次に、神実現の可能性を考え、非人格神と人格神を実現するためのいろいろな方法を分析することにしましょう。

## 非人格神と人格神の実現

神の二つの面、すなわち非人格的な遍在、絶対の「存在」と、人格的な至高の「存在」を考えたときに、神実現とは非人格神の実現あるいは人格神の実現を意味する、ということを明らかにしました。これから、神のこのような二つの面の実現について別々に論じることにしましょう。なぜなら、非人格神の実現は、超越意識のレベルで行われるのが当然だからです。相対界にあるものはどんなものでも、遍在することは不可能です。相対とは時間と空間と因果関係によって拘束されているという意味であり、遍在とは何の拘束もないという意味だからです。

他方、人格神の実現は、人間の知覚レベルにおいて、また五感の体験レベルにおいて、生命の相対界で行われなければならないものです。人格神の実現とは、目でその神を見ることができ、心で神の性質を感じ取れるようになるということです。このように、非人格神の実現は超越意識において行われるものであり、人格神の実現は目覚めの状態における五感の体験レベルで行われるものなのです。

非人格神の本質は超越であり、絶対的な至福意識であるということを前に述べました。この神を実現するためには、私たちの現在意識が相対体験のあらゆる限界を超えて、意識が意識だけを意識している、という相対実存を超越した領域に入らなければなりません。それには、超越界の実現が必要になります。現在意識を通常の体験レベルからもっと精妙なレベルに導いていき、ついには最も精妙なレベルをも超越して、実存の超越領域に到達することが必要なのです。では、現在意識を超越「存在」の領域に導く方法として、いくつくらい可能な方法があるか、考えてみることにしましょう。

体の機構である神経系は、抽象的な心が具体的な体験をするための物質的な仕組みです。どのような体験をする場合でも、神経系はある特定の状況に適応しなければなりません。何か物を見るときは、その人の頭脳の特定の部分が特定の働き方をするのです。同じように、聞いたり、考えたり、匂いをかいだりするときには、異なる脳の部分がそれぞれの活動に応じた働き方をします。このように、心の活動に対応する活動が神経系に展開されるのです。心にある特定の体験を起こすには、神経系を特定の活動状態にもっていかなくてはなりません。

例えば、心が太陽のことを考えているとしましょう。太陽のことを考えるという体験は脳の特定の部分が特定のパターンで働くときに限られます。したがって、ある想念を心が体験するためには次のような二つの方法が可能である、と結論できます。

(一) 心が思考過程を開始して、神経系を刺激することで、脳の特定部分が、太陽に関する想念を心に体験させるような活動レベルになる。

(二) 生理的に、脳の中にそのような活動をつくり出すことで、心が太陽の想念を体験する。

想念の体験はこの二つの方法で可能となりますので、ある体験も以下の二つの方法があります。

(一) 心が体験の過程を開始し、神経系を刺激して、特定の体験を得る。

(二) 神経系を刺激して、特定の活動を創り出すことによって、望んでいる対象を心が自然に体験できるようにする。

超越「存在」の実現は一つの体験です。ですから、非人格神の実現とは、超越的真実を積極的に体験することでなければなりません。実現とは体験のことです。超越的真実の体験は、神経系をある特定の状態の中に確立します。超越的非人格神を体験すれば、必然的に神経系も特定の状態になります。もし、生理的な手段によって、神経系にこのような活動を起こすことが可能であるとすれば、これが非人格神の実現を目指す生理的な方法となるでしょう。どのようにすればこれが可能なのか、次の節で詳しくみることにしましょう。

## 五つの道

神実現に至る生理的な方法の可能性を確認しましたが、これと並んで神実現の方法として、他にも次のような可能性が挙げられます。⑴理解の過程を用いる方法。⑵感情の過程を用いる方法。⑶行動または知覚の過程を用いる方法。

知覚も心の行う行動の一つであり、これを機械的な過程と呼ぶことができます。何かを見るためには、ただ目を開いて見ればよいのです。見るために、理知を刺激したり、情緒を駆り立てる必要はありません。これでわかるように、知覚の過程は単なる機械的な過程であって、そこには情緒や理知といった性質は含まれていません。

ここで整理をすると、非人格神の実現には、五つの主要な方法があることになります。

1、心理的、知的な方法。
2、情的な方法。
3、生理的な方法。
4、機械的な方法。

## 5、心理・生理的な方法。

この五つの神実現の方法のうち、どの一つをとっても、一人の人には十分な方法でしょう。知的な方法は、知的な訓練と教養を積んだ人や、知的能力の高い人に向いているといえます。情的な方法は一般に、心情的な性質が高度に発達した人たちに適しています。情緒も理知もそれほど発達していない人たちには、残りの二つの方法、つまり生理的方法と機械的方法がよいでしょう。心理・生理的な方法というのは、後で説明しますが、生理的な方法と心理的な方法を組み合わせたものです。

生理的な方法では、実存の超越的本質を認識できるレベルに心が確立されるような状態に、体と神経系をもっていくことが必要です。生理的な方法は、生理的に正常な体をもち、神経系も正常か、あるいは、ほぼ正常な人に向いています。この方法は、神経系が正常でありさえすれば、知的、情的な発達程度には関係なく、その人の意識レベルを向上させることができます。ただし、理知や感情を訓練せずに神経系に特定の状態をつくるには、長期間にわたって多大な身体的または生理的な訓練を続けることが必要となります。

心理・生理的な方法は、心と体を同時に訓練し、心理面と生理面の両方から神実現の問題に取り組みたいという人に適した方法です。しかし、機械的な方法は、理性や感情や神経系がどんなに未発達であっても、そういったことに関係なく、だれにでも適する方法です。

## 神実現に至る知的な道*

弁別力、すなわち理知の力は、人が知識の道を前進していくための乗り物です。神実現への知的な方法は、知識の道です。この道で主な機能を果たすのは理知です。知的な道においては、情的な道や機械的な知覚の道、あるいは生理的な道などで用いられる方法はまったく役に立ちません。この道では、あらゆる事物が論理に基づいた弁別力によって吟味され、理解されねばなりません。悟りに至るこの知的な道においては、あらゆる事物は正確で緻密でなければなりません。また、理知は十分に目覚めていなければなりません。この道は、神実現に至る道の中でも非常にデリケートなものです。

＊非人格神の遍在する状態を考えたときに、超越、遍在の神は、その遍在性ゆえに、万人の内側に宿る本質的な「存在」であると述べました。この神はあらゆる生命の基盤です。この神は私たち一人ひとりの「真我」であり、「存在」にほかなりません。したがって、このような神を実現する「道」というものは考えられないのです。ですから、自分自身の「存在」を実現する道についてとやかく論じることは当を得ないことのように思われます。しかし、私たちは生涯を通じて注意を外部の粗大な相対界の体験に向けているために、自分自身の「真我」または超越「存在」の本質の直接体験からいわば締め出されているような状態にあります。このため、私たち自身の「存在」の超越レベルに注意を向けることが必要になります。このように高い次元に注意を向けることが、神実現への道といわれています。このように「神実現への道」という考え方は、形而上学的には矛盾しますが、実際面ではきわめて意義のある考え方であるということがわかります。

この知的な道には三つの段階が必要です。まず第一にこの道をゴールまで旅して神実現に至った人から、生命とは何かという話を聞かなければなりません。求道者は世界の体験の性質を深く究めなくてはならないのです。神実現を成し遂げた人から聞く話とは、被造界は滅ぶべきものだということと、万物は変化しているということです。形態と現象からなり、時間と空間と因果関係によって限定されたこの被造界は、生命の滅ぶべき側面であるのです。このことを聞いた後は、生命の無常面と不滅面を弁別できるようになるはずです。生命の無常面と不滅面を弁別することが第二段階です。第三段階は、この原理を実生活に同化し吸収することです。

生命の相異なる二面を弁別できるようになると、相対生命はすべて滅び朽ちるものであり、不滅の究極的「真実」がその根底にあるという結論に達します。このような理解に至ることは、神実現への知的な道において重大な意味をもっています。第一に、この世界は真実そのもののように見えても、実は虚妄であることを知らなくてはなりません。形態や現象は絶えず移り変わっています。そして、絶えず変化しているものには永遠性がありません。心はこのような結論に達します。

五感のレベルでは、この世界は十分に現実として見えます。しかし、理知を用いてよく考えてみると、真実とは決して変わることのないはずなのに、世界は無常だ。したがって世界は真実ではあり得ない、という結論に達します。と言っても、私たちは現にこの世界を体験していますから、簡単にこの世界は真実ではないと片付けてしまうわけにはいきません。

例えば、私たちは壁がここにある、木があそこにあるという体験をしています。木が目の前にあるのに、「ない」とはいえません。木が真実ではないとすれば、木は存在しないと言わなければなりません。しかし、私たちは実際に木を見ているのですから、ないとは言えません。木がそこにあることは認めておいて、しかも木は常に変化していると言わなければなりません。木は常に変化しているのですから、真実ではないと言えます。しかし、木は現にそこに見えているのですから、実際的な目的のためにどうしても、木があることを認めなくてはならないのです。

真実と非真実の中間にある状態は何でしょうか？　私たちはそれを「現象的な実存」と呼んでいます。木は真実ではなくても、木という現象はまぎれもなくそこにあります。ですから、木は現象的な真実であると言えます。サンスクリット語では、これを「ミティヤ」と呼んでいます。この世界はミティヤ、すなわち現象であり、真にそこにあるのではないのです。結論として、世界は真実でも非真実でもないということになります。

強い、訓練された心をもっている人は、この世界における自分の生命をその弁別力で分析して、結局この世界はミティヤであり、現象にしかすぎないという結論に達するでしょう。

真理を求める人は、この世界のさまざまな価値を理知によって評定し、最後に全被造界すべては死すべきものであることを悟るでしょう。被造界の滅ぶべき性質について静かに考えを巡らせ、黙想の行を続けていくと、実存の絶えず変化する相の根底にもっと深い真実が潜《ひそ》んでいるということにしだいに気づくようになります。

生命の内側の真実をいくらか洞察できるようになると、抽象的、形而上学的な不滅の真実について深く考えることができるようになり、生命の変化してやまない現象面のかなたに隠れている実存の秘密を悟るようになります。

木には幹、枝、花、果実というように、多くの面があります。木は毎日変化しています。新しい葉が出てくるかと思うと、古い葉が枯れていきます。枯れ枝が地に落ちると、また新しい枝が生えてきます。木の実存全体が無常な変化のパターンの中に設定されているように見えます。

しかし、この無常な現象面の背後に、変わらないものがあります。それは、根から吸い上げられてくる養分、すなわち樹液です。樹液はいつも同じです。枝や葉、花や実として現れるのは樹液です。木のいろいろな面は変化しますが、樹液はいつまでも樹液のままです。樹液が木のそれぞれの面に変化していくさまを見ると、自然の隠れた神秘が明らかになります。

現象界の変化相の向こう側に、現象界の無常性を生じる源とも言うべき、無変化の性質を備えたある真実が存在しているように思われます。真理を求める人がその弁別力によって、この変化してやまない現象界の基盤として何か不変の真実があるのではないかという可能性に目が開かれると、その人は、知識の道の第二段階に入ることになります。求道者はここで、生命の永遠の不変相、実存の不変面である真実について深く考えるようになります。

被造界の無常性や世界の現象性についての考えを十分に消化し、この世界は朽ち果てるものであり、絶えず変化する現象であるという考え方にしっかり落ち着いた人は、次に生命の永遠不変の次元について深く思いをはせるようになるのです。

求道者は、木における樹液の例のように、物質的な世界の具体例から類推していくと、実存の現象面のかなたにある形而上学的な真理を発見しやすくなるでしょう。

化学では、水という現象的な実存の下に酸素と水素という真実が隠れているとされています。水は形を変えて、水蒸気や雪や氷などになりますが、その本質的な構成要素はまったく変化しません。酸素と水素の永久的な価値が、種々の一時的な価値、すなわち水や雪や氷などの形態や現象をもつ、変化する価値を生み出しています。表面では絶えず変化し続ける価値を生み出していますが、その本質的な価値においては変化しない「何か」が、被造界のさまざまなレベルの下に存在しています。水素と酸素の例は、このような事実を説明する簡単な例なのです。

真理を求める人が生命の内側の価値について深く思いをはせることを続けていくと、この変化する世界は形態も現象もない生命の不変の状態の上に成り立っているということがわかってきます。あらゆる形態と現象は実存の相対領域に属しており、あらゆる形態と現象の彼岸にあるものは、相対性を超えた領域に属しているということになります。

この世界は現象としてあるだけですが、永遠不変の要素が生命の現象面の奥に潜《ひそ》んでいることが、知的に分析することにより理解できます。このように、神を求める人が悟りへの知的な道を進んでいくと、やがて、被造界は無常であり、被造界の超越的な本質は永遠であることに、自分の心がしっかりと確立されることに気づきます。理知の働きを訓練していけば、このようにして、超越的な真実の本質は永遠、不変、恒久、絶対であるという観念を本当に理解できる点にまで到達できるのです。あとは、これを実現するだけです。

神実現への知的な道を行く人は、被造界の現象的な実存の根底にある超越性、絶対性をもつ「真実」を確かめようと何度も試みます。

沈思黙考の行を続けるにつれて、この人の心はしだいに永遠「存在」の中に確立されるようになり、「存在」のことがますますよくわかってきます。彼は、前にも述べた「我はそれなり、汝はそれなり、これすべてはそれなり」という見方で真実に深く思いをはせるようになります。

さらに長く沈思黙考の行を続けていくと、この観念は彼の意識の奥深くまで根を張るようになり、この原理は彼の一部となり、彼は日常生活のあらゆる体験を通じてこの理解を生きるようになります。

生命の一元性にしっかりと理解の根を据えることができれば、この人は毎日の生活の多様な体験の最中にあっても、この一元性を心に保てるようになるのです。「我はそれなり、汝はそれなり、これすべてはそれなり」という観念によって、あたかも深い催眠術をかけられたかのような心の状態がそこに創られます。この人の意識は、生命が一つであるという観念の虜《とりこ》になり、実存や現象界の多様性がこの一元性と共存し始めます。知的理解のレベルにおける超越的な真実の体験は、このようにして始まります。

したがって、神実現に至る知的な道の第一段階は、真実と真実でないものを弁別して、世界の一時性、徒労性、無常性、死滅性について沈思黙考することです。

次に、第二段階は、生命の無常相すべての基盤にある不変の実存の一元性と永遠性について沈思黙考することです。

第三段階は、永遠の生命の一元性、すなわち「我はそれなり、汝はそれなり、これすべてはそれなり」という言葉に表されているような、第一人称、第二人称、第三人称を通じてすべてが一つであるという観念を意識の奥底に確立する修練を続けながら、実生活の中でこの生命の一元性の原理を生きることです。

この神実現への道は、言ってみれば、自己催眠の道のようなものです。不変の根本相を見つけようとして、常に変化し続ける現象的な実存を評価するために弁別力を用いることと、実際に自分の「存在」を宇宙の「存在」に結び付けることは、まったく別のことです。この知的な道には、理知の作用しか働きません。生命の一元性についての理解が意識の深層に染み込んで、人生の複雑多様な体験と活動のただ中においてもこの理解を生きるようにならない限り、神実現の状態は生じません。したがって、神実現への知的な道を進む求道者は、自分自身の「存在」との関連において、絶対「存在」の不変不滅の一元性を理解し、同化し、これを生きようと努めるのです。

生命の一元性という観念は求道者の意識の中に深く染み込みますので、目覚めているとき、夢を見ているとき、眠っているときの体験に心が結び付いても、自分自身は不滅、不変、永遠の絶対「存在」であるという確信が弱められることはありません。この観念が意識の中に固定されると、彼は目覚め、夢、眠りのあらゆる多様な状態を一貫して、生命の一元性を生き始めます。相対的な体験の領域にとどまっていながら、永遠「存在」の状態に高まるとき、彼の意識は完全になり、生命もまた完全に実現されるのです。知的な道によって、遍在の非人格神を実現する方法は以上の通りです。

この道の特質として、この方法による求道者には、日常生活の実際体験に対する興味がだんだんと薄れてくるという心理的な変化があります。このような心の持ち主は、自然と沈思黙考を好むようになります。被造界の否定、現象的な実存の徒労性、はかなさ、死滅性という観点から物を考え始めるようになり、続いて、目に映る世界の背後にある不滅性について沈思黙考するようになります。このような心はいつも沈思黙考にふけり、超越的な真実を外側の滅ぶべき世界から区別しようと努めます。そして、このような内的真実を生きようとすることで、外界の魅力を見失ってしまうのです。

このような心は必然的に、実際生活から断絶してしまいます。したがって、黙想によって神実現に至る知的な道は、どうみても実際的な人たちに適した道とはいえません。家庭をもっている人たちに向いている道ではありません。

家族や社会や多忙な仕事への責任を負って、この世界で活動し続けている人たちは、このような黙想の方法によって自分の心に神性を注入しようとしても無理があります。神の啓示を受けるために、このような知的な道を選ぶことができるのは、実際的な生活と関係のない人、人生の責任を身に負わないようにしてきた人、ビジネス活動を避けて隠遁者の生き方をとった人だけです。

隠遁者が味わう静寂は、ますます彼を仕事から切り離します。彼は毎日の時間の大半を静寂のうちに過ごし、神性について沈思黙考し、弁別し、これを自分のものとして同化しようとします。このように、世の中から遠ざかって黙想生活を送る求道者だけが、沈思黙考の道によって神実現に至ることができるのです。

例えば、「私は王だ、私は王だ」と自分に繰り返し言い聞かせている人のことを考えてみましょう。王であるという観念に集中することにより、この人は道を歩いているときですら、心の中で「私は王だ」と感じ続ける心理状態をつくり出すことができるでしょう。その確信が非常に堅固な状態になれば、周囲の状況とは関係なく、本人が路傍で物ごいをするような場合でも、彼自身は王であると感じ続けることができます。

神実現への知的な道を行く真理の探求者の沈思黙考的心境もこのようなものです。このタイプの黙想に成功するかどうかは、この道に長い間専念できるかどうかによって決まります。自分は王であるという観念に没頭できる自由な時間がたっぷりある人なら、私は王だという感じを意識の奥底に植え付けることができるでしょう。しかし、王だという観念について長い間黙想する時間のない場合には、心の奥にこの観念がしっかり根を下ろすということは望めません。

沈思黙考によって、生命の一元性の中に自分を確立するためには、一生の大部分を黙想に費やさなければなりません。求道者が生命の一元性や永遠性という観念の中に確立されるためには、相当の時間が必要なのです。家庭をもった人にこの道が向いていないのは、家庭人は、多くの立場にあって、さまざまな責任を負っているからです。この種類の沈思黙考生活に入ると、家庭人は世間における責任から身を引くか、あるいは無責任になるか、どちらかの結果になります。責任を果たすには、仕事に注意を向け、それに専念しなければなりませんが、この沈思黙考生活では、仕事を拒否することが必要です。

ラージャ・ヨーガ（沈思黙考による神実現の道）の実践は、このような沈思黙考によって成就するものですから、この知的なタイプの神実現への道に属しています。これはどう考えても、一般の家庭人には向いていません。神実現を望む家庭人には、沈思黙考ではなく行動による道が必要です。世俗生活をしている人が、家庭生活の責任や社会的な義務をもちながら、あらゆることをはかなさ、徒労性、無常に結び付けて考えるということは、実際的でない方法です。知的に物事を見極める方法をこの世界で活動的な生活を送りながら行おうとすると、どうしても心の分裂が起こってしまい、心と神経系の調和が破れ、高い意識の開発は望めないことになります。

過去何世紀にもわたって、神実現を求めた多くの求道者が、不幸にもこのような状態の犠牲者となって、この世でも失敗し真理探求の道においても失敗し続けてきました。知的な道による真の悟りとは、理知の領域をも知的に乗り越えて、超越的な聖なる意識の領域に到達することを意味します。そのためには、現在意識を「存在」の超越的真実にもっていかなければなりません。知的なムード作りをいくらやってみても、この意識レベルに達することはだれにも不可能です。

ここで明らかになったことは、超越「存在」を実際に体験せずに、知的な弁別と理解にだけ頼っていては、完全な神実現は得られないということです。「絶対」を直に体験すれば、最高の真実、すなわち神の本質が明らかになるだけでなく、理知そのものも悟りを得て、神についての一点の疑いも容れない明確な理解を得ることができます。

このことからわかるように、伝統に従って知的理解の道、すなわち隠遁者の生活に入った人は、必然の成り行きで超越瞑想に入門するのです。本を読むことによって、知的実現の道を歩もうとする人たちは、いつまでもムード作りの状態にとどまり、神実現に伴う主な祝福である至福意識の喜びを味わうことがありません。

## 神実現に至る情的な道――献身の道

献身の道とは、心の情的な性質によって進むものです。献身の道はすべて神実現への「情的な道」なのです。感情とは、人が何かを感じるときに必要な性質のことです。理知は何かを考えたり、理解するために必要な性質ですから、感情は理知とは違う性質のものです。

神実現への「知的な道」では、主な要素は知ることと理解することです。献身の道では、感じることが中心です。人がこの道を進むとき、推進力となるのは愛の感情です。愛、感動、幸福、親切、帰依などが、献身の道を支える心の性質です。愛は拡大するにつれて、より小さな幸福の世界から、より大きな安定した、価値ある幸福の世界へと歩を進めます。献身の道は幸福の道、愛の道、心の情的な性質による道です。

神への愛は、人間が培うことのできる最大の徳です。この愛を通して、神が創られた天地万物や神の子たちへの愛が発達してきます。親切、同情、寛大、他人への援助などの気持ちが、神への愛に満たされた心からあふれ出てくるのです。

神への愛に心が溶けてしまった人は幸いです。神への愛や献身で感情が豊かに満ちており、神を思い、神の名を口にするだけで心があふれる人は幸いです。全能の神のために、また、神の創造のために生涯を捧げた人は幸いです。献身の度が高まるということは、愛が増すということです。そして、これによって、幸福や満足、栄光や恩寵《おんちょう》も豊かになります。

献身の道を行く人は、その道を進むにつれてますます大きな幸福を覚えるようになります。愛の道は子供と母親の心の関係に似ています。子供が初めて立ち上がって母親の方に一歩踏み出すと、母親の心は喜びに満ちあふれます。彼女の幸福は光のようにその子に注がれますので、子供は一歩進むごとに大きな幸福を覚え、その喜びはまた母親の心に反映します。母親の喜びはますます大きくなり、子供が母親の両腕の中に入って二人の心が一つになったと感じるとき、彼女の喜びも頂点に達します。

愛が心の中に高まってくると、献身者はより大きな幸福感に包まれます。神の永遠の実存の中に愛がいかりを下ろすとき、その人の心はゴールに達します。献身者と神は一つになるのです。水のひとしずくは、海の豊かさに包まれて充足し、二つのものは融合します。この融合は完全ですから、そこには統一があるだけです。片方が他方の形跡をどこかに残しているというのではなく、二つは完全に一つになっています。融合の道さえも消えてしまい、融合そのものだけがあるのです。

神を愛するものは神の愛の海に溺れ、神もまたその人の愛の海に溺れます。この偉大な融合は単純そのものです。そこには区別もなく、除外もなく、否定もありません。理解すらなくなっています。愛の道は人を盲目にするほどの至福の道です。愛の道には一つの方向しかありません。つまり、小さな幸福から大きな幸福への前進があるのみです。

愛の川は神意識の急な斜面を流れ下ります。それは速やかに流れていき、すぐに自己を失います。そして自己を喪失することによって、無限の愛の海と融合し、その地位を獲得します。喪失は愛の道における勝利です。この喪失は、人生における成就の獲得を示す祝福された喪失です。愛の道に自己を失う人は幸いです。また、愛の道そのものさえも失ってゴールに達し、これを生きる人は、さらに幸いです。

この道の素晴らしさは、愛のために自己の喪失を招くという点にあります。愛する人は喪失するすべしか知りません。また、この喪失の過程は何かを獲得しようという動機によって促されているのではありません。愛の人は、自分に何の目的もないということを知っているだけです。愛が始まると、彼は来るままにそれを受け入れます。そして、彼が受け入れるにしたがって、愛はますます増大してきます。彼は自分自身を失い続けますが、自分では自己を失っていることに気がつきません。完全に自己がなくなってしまっても気がつきません。なぜなら、完全に自己を失うとき、その人は神になるからです。あるいは、その人が神になるというより、神が神になると言ったほうがよいでしょう。神意識の統一、唯一の永遠実存、永遠の生命の一元性、絶対「存在」の一元性、「一なるもの」だけがそこに残ります。そのとき、生命の多様性は、神の愛という永遠の大海の無数の波のようなものであることがわかります。

生命の多様性は、神意識の一元性の中にそれ自身を見いだします。周囲の世界の数多くの形態や現象は大小の波に似ています。それは、神の無限の実存の中にあるように見えるだけの蜃気楼《しんきろう》です。愛の波が生命の海の表面にうねり上がってくるのは、生命をその多様性において感じ、知り、生きるためです。それは、生命の表面で愛の道が絶えず見いだされるようにし、生まれくるすべての人たちのために愛が継続するようにするためです。そして、生命を愛する人たちが、生命を失うことによって生命を発見し、神意識の中に自己を失うことによって神を見いだすためなのです。

こういったことはすべて、献身者が何度も何度も神を必要とし、そのたびに神を発見するためです。それは、神が繰り返し献身者のところに下りてきて、その中に憩うためです。また、献身者がそのつど神の中に休息し、そこに生きるためでもあります。神への道、愛の道は一つの方向だけに進みます。それは、小さな幸福から大きな幸福に向かい、ついには永遠の至福に至る方向です。またそれは、低い知性から絶対永遠の知性へと向かう方向でもあります。

愛の道を進んでいくと知性が増すというのは、矛盾した話のように思われます。なぜなら、愛は心の情的な性質であって知性とはほとんど関係がないからです。したがって、愛が増すにつれて知性も育まれるというのは道理に合わないように思われます。ところが、愛が増してくるにつれて神の光は強くなり、愛の光になります。神の光が強くなると、それにつれて知性とこれに関するすべてのものが豊かになるのです。しかし、大きな愛があふれ出してすべてを飲み込んでしまいますから、そこには知性のための場所など残されていないのです。と言っても、知性が圧殺されてしまうという意味ではありません。それはただ、知性の光が、愛の光、すなわち生命の光の中に溶け込んでしまうということです。スペクトルのさまざまな色が一つに溶けて強力な白色光線に変わるように、知性と幸福と創造性の光が一つになると強力な愛の流れに変わるのです。

愛の光というのは、愛だけの目くるめく光です。そして、偉大な知性や力、その他すべてのものがそこにあるのですが、それはあらわにはならず隠れているのです。こういった力は愛の光の中にすべて飲み込まれてしまうのですが、実際になくなってしまうわけではありません。ただ、神の愛の中に自分が自分であることを忘れてしまうようなものです。

愛や知性、力や知性など、生命のあらゆる多様性や虚《むな》しさが一つに溶けて、神の一元性に飲み込まれ、神は献身者の愛に溶け、献身者は神の愛の大海に溶けきってしまいます。生命のあらゆる性質や現象界の多様な形態はこの海に沈み、その後に残るのは、神意識の海に満々とみなぎった永遠の生命の真水となります。

愛の道において、宇宙の多様性は神の一元性の中に成就します。愛において、神は世界の中に発見され、世界は神の中に発見されるのです。そして、神の栄光を体験するためには幸福が増大しなければなりません。幸福を高めるようなものが、生命の表面に何かあるでしょうか。注意は生命のより精妙な領域に向けられなければなりません。被造界のより微細な層に、つまり意識の深層に入っていく必要があります。意識の深層に注意を向けることが、より大きな幸福を体験する鍵です。これは、超越瞑想の原理にほかなりません。

愛の道に成就をもたらすのはこれなのです。超越瞑想を行わずに、つまり最大の幸福を体験することなしに、献身の道を行こうとしても、実際の成果はなかなか得られないでしょう。

超越瞑想は人間の心を大きな幸福でいっぱいにし、心は完全に満たされたと感じます。この瞑想を実践すれば、心の中にいっそう大きな幸福を体験する能力が増大します。献身者は永遠の至福を十分に味わいながら、愛の大海が神の恩寵《おんちょう》の絶対の栄光に満ち、被造界にあふれ出て行き渡るまで、立ち止まることなく進み続けることができます。

超越瞑想によって絶対の愛がもたらされ、どんな体験も永遠の神意識の状態における、真実の意味ある個人的体験となります。

## 神実現に至る生理的な道

神実現に至る道に生理的なものがあるという話は、奇妙に思われるかもしれません。しかし、私たちは科学の時代に生きているのですから、神実現の道を探求する場合にも、あらゆる角度から可能な道を探るべきです。

私たちの前には、多様な体験を提供する物質的宇宙が展開しています。そこには、神実現に達する物理的な手段が何かあるでしょうか。物質的な次元から、宇宙意識に高まる手段が何かないものでしょうか。物質的な次元に、生命の成就に達する手段が何かあるでしょうか。すべてが活動しているこの物質的世界のただ中で、完全な静寂の状態をつくり出すには、どういう方法をとるべきでしょうか。生命の物質的な側面、すなわち生理的な側面から、人間の進化の頂点に至るには、どのようにしたらよいのでしょうか。

生理的な方法が存在するという可能性を理解するために、まず明らかにしておくべきことは、神聖な実存、神聖な生命、神実現の状態は、実際の体験の状態であるということです。それは、確かな体験なのであって、空想ではないのです。それは、気分でもなく、思考のレベルにあるものでもありません。それは生命の実際的な体験なのです。それは、生命の状態であり、「存在」することなのです。

どんな体験をする場合でも、それに対応する特定の状態を神経系の中につくり出さなければなりません。つまり、神経系を特定の秩序をもって機能させることが必要なのです。神経系の働きが特定の状態になったとき、そこに初めて特定の体験が生まれます。

一つの言葉を聞くとき、それが聞こえるのは、神経系にある活動が起こったからです。神経系のその活動が、言葉が聞こえるという体験を生み出しているのです。一本の花を見て、その像が目の網膜を通って心に届く場合にも、この花の知覚を生み出すために、きわめて複雑な活動が神経系に起こっています。また、何かの匂いを嗅ぐときにも、神経系の特定の部分にある活動が起こって、この嗅ぐという特定の体験が生じます。何かに触れる場合も、この触覚の体験がこれに対応する神経系のある部分に特定の活動を生じます。このように、どんな体験でも神経系の特定の活動にその基礎を置いているのです。

瞑想している人は知っていますが、瞑想中は想念の微細な状態を体験します。想念の非常に微細な状態を体験するには、神経系のより繊細な領域に、その想念に対応した微妙な活動が起こらなくてはなりません。その想念を超越し、心が超越状態に到達すると、心は静止の状態に入り、純粋意識という完全な自覚を得ます。これは確かな体験です。それは外部にある対象を体験するのではなく、体験者が体験者自身を体験する独特なものです。これが純粋意識の状態であり、純粋「存在」の体験です。純粋「存在」の体験と「存在」の状態とは同じことを意味します。

このような体験を可能にするためには、神経系に特定の状態がつくられることが必要です。神経系が受け身の状態に陥ることなく、よく平衡のとれた特定の機敏な状態が生じなければなりません。この状態は活動的ですが、活動はしていません。なぜなら、何も対象を体験していないからです。これは、目覚め、夢、眠りのときの脳が示すような通常の状態ではありません。

瞑想中に想念を体験すると、脳の働き方に特定の状態がつくられます。想念を精妙なレベルで体験する場合、脳もその体験レベルに対応した適切な活動レベルで機能します。超越するときの状態の場合も、やはり脳機能の特定の状態がつくられ、その結果、超越的な純粋意識の体験が生じます。想念の層を次々とより微細な状態に向かうように体験を深めていくと、この特定な脳機能の状態に達することができます。つまり、心の働きを使って超越意識に到達することができるのです。

これは心を用いて神実現に至る方法です。一つの体験から次の体験へ、粗大な領域から微細な領域へと心を導いていくと、最後には超越状態の特定の体験に到達するのです。

体が長い間働き続けると、神経系は疲労し、睡眠が必要になります。疲労とは、片時の休みもなく働き続けた結果生じる神経系の生理状態です。そして、最後にはもうそれ以上の体験ができなくなる状態――すなわち眠りの状態に達します。

超越意識をつくり出す特定の状態を、神経系の中に生理的につくり出す方法が、何かあるはずです。神経系が疲れきったときに脳が何も体験できない状態になるのと同じように、今度は逆に、神経系に生理的な刺激を与えて、超越意識をつくり出すことが可能であるはずです。

もしこれが可能であれば、それが神実現に至る生理的な道ということになるでしょう。

ハタ・ヨーガ*に、古代インドから存在している一つの系統的な方法があります。これは、神実現を目指す生理的な方法であり、脳が特定の働き方をするような状態に神経系をもっていきます。その状態になると、脳が心に働きかけて、超越意識を得られるようになります。

＊ハタ・ヨーガ…悟りへの道の一つであり、超越意識または神意識をつくり出すように神経系を刺激する目的で、体を強制的に制御し、呼吸のコントロールなどを行う方法。

眠り、夢、目覚めといった日常のあらゆる体験を通じて、呼吸は継続し、脳の活動も継続します。その結果、体の中では絶えず活動が行われています。前にも述べましたが（「心と存在」五七ページ参照）、超越意識をつくり出すには、脳の活動が停止しなければなりませんが、そうかといって、脳がまったく静止してしまってもいけません。脳の活動を一時停止の状態にしますが、それは受け身の状態ではないのです。それは無活動の機敏な状態です。脳をこのような中間的な状態に保つためには、神経系の機能全体についても、活動でもなく静止でもないという特定の状態に置かなければなりません。またそのためには、呼吸についても、吐いているのでもなく、吸っているのでもないという状態に保たなければなりません。息が通っているのでもなく通っていないのでもないという中間的な状態に、呼吸をとどめておかなければならないのです。

神経系の機能をこのような中間的な状態にもっていくためには体の訓練が必要です。なぜなら体は習慣として、目が覚めているときには活動し、眠っているときには静止しているというようにパターンが決まっているからです。それが体の通常の状態となっています。ですから、この体を訓練して、活動を一時停止しても受け身の状態に陥らないようにしてやらなければなりません。

体が普通に機能しているときの体験は、大体において、目覚めているか眠っているかのどちらかです。眠くなると心身が次第に鈍くなることから、私たちは眠りが近づくのをある程度までは知ることができます。しかし、眠りが近づくにつれて体験能力が減少しますから、実際にはいつ眠りが始まったのかわかりません。眠りかけのときはまだ感じる力が残っていて、自分の意識が次第に微《かす》かになっていくのがわかるのですが、眠りに入ってしまうと何も感じられません。意識は次第に薄れていってゼロになるのですが、意識が消える最後のところは体験できないのです。そのことでわかるのは、体も心も、このような状態では、完全に正常であるとは言えないということです。

もし、神経系全体が正常であれば、純粋意識を体験できるはずです。その意識状態は深い眠りとほとんど同じであり、同時に覚醒状態の最も精妙な状態ともほとんど同じである状態です。

この正常でない状態とは、外的な体験に常に関わっているために、神経系に一つの型が押し付けられてしまったと言えるような状態です。正常であれば、想念の始まりを体験できるはずです。体が完全に純粋であれば、すなわち脳の状態が生理的にみて完全に純粋であれば、想念の開始点が体験できるのです。生理的に純粋であるとは、鈍さとか緊張がまったくないということです。

私たちの通常の心の状態では、ある想念が浮かぶとき、心はその想念によって曇らされます。そして、心はその想念に掛かりきりになります。その想念が行動に変わり、目的が果たされると、心の願望も満たされます。例えば、花の匂いをかぎたいという場合、まず、その想念が心に浮かびます。想念が意識的なレベルまで来ると、心が手に命令して花を取らせ、花をもってこさせます。私たちはここで花の匂いを嗅ぐわけです。そして、花の匂いをかぎたいという願望が満たされ、願望はそこで終わるのです。

脳が正常に働いていれば、一つの願望が満たされてから次の願望が起こるまでの間に、心は純粋「存在」の状態、すなわち純粋意識を体験するはずです。悟りに達した人の場合、その人が願望を体験するときはいつもこんな具合です。ある願望が成就し、次の願望が起こるまでの間、その人は「存在」の自然な状態を楽しむのです。その理由は、脳の中に何の活動もないからです。しかし、活動がないといっても、脳は受け身の状態にあるのではありません。「存在」の状態、すなわち純粋意識の状態を体験しているのです。

二つの想念の間には純粋「存在」の状態があります。どんな想念でも純粋「存在」の状態から起こるのであり、想念と想念の間にはギャップ（間隙）があります。このギャップは、その中に体験のない単なるギャップであってはなりません。脳の活動が正常で、心と神経系が純粋であれば、どの二つの想念の間にも「存在」の状態を体験できるはずです。しかし、体験できない場合が、普通は多いようです。

私たちは疲れると、心が鈍くなり、機能しなくなります。脳が正常な機能を果たさなくなるのは、不純物がたまる結果です。その原因は物質的なものの場合もあります。例えば、アルコールは脳に影響を及ぼし、心を鈍くします。活動も心を疲れさせ鈍くし神経系を消耗させますので、心は精妙な領域はもちろん、粗大な領域の体験すらできない状態になります。

不純な物質や疲労や間違った考え方は、すべての心のエネルギーを消耗させ、脳の物質を汚染します。したがって、きわめて精妙な状態の体験を認識する神経系の能力は損なわれてしまうのです。疲労が特に大きな原因です。疲れると心は精妙なことを体験できなくなります。不適切な食物をとった場合も、心が鈍り、眠くなったり、いらいらしたりします。私たちはいろいろなものを食べたり飲んだりしますが、その飲食物の中にも、何か心に影響を及ぼす不純なものが含まれていることがあるのです。物質的な要因が心を鈍くする影響を持つならば、反対に心を鋭くする力をもった物質的な要因も考えられます。過労のために心が鈍くなり、眠くなるとすれば、逆に生き生きとエネルギーを増すようなものをもってくれば、心はよみがえり、機敏になるはずです。

生理的な方法とは、心を鈍くする物質的な条件を神経系から除外することです。したがって、体の中の不純物と、疲労の理由を突き止めることが必要です。神経系を浄化して、超越意識の状態をつくり出すのに必要な正しい条件を神経系の中に創り上げるようにしたいのです。そのために、体が最も正常な状態になるような生理状態を神経系の中につくるのです。

人間の神経系は、超越意識を得る能力が備わっているが故に、完全です。しかし適切でない飲食物をとり、悪い空気を吸っていては、体は超越意識に達するのに適した生理状態にはなれません。したがって、神意識に至るための生理的な方法は、次のように分けることができます。

(1)正しい食物を選ぶこと。
(2)正しい活動を選ぶこと。
(3)不適切な食物と不適切な活動の影響を体から排除すること。

このようなことには当然、生活のあらゆる面で多くの規律を要します。ですから、これは隠遁者の生活を送る人たちだけに適した方法です。このような人たちだけが、教師の個人的な指導と監督のもとで、必要なだけの年月を費やすことができるのです。一般の家庭人は、あまりにも骨が折れる修行や、時間を要する修行はできないような生活を営んでいますから、以上に述べた方法は一般向きではありません。現代の家庭生活者にはもっと適した悟りへの道が他にいくつかあるのです。

## 神実現に至る心理・生理的な道

神実現を目指す心理・生理的な方法とは、その名が示すように、体と心を同時に用いる方法のことです。前に述べたように、体と心は密接に関連しています（「健康への鍵」二四一ページ参照）。心の状態は直接体に影響を与え、体の状態も心を左右します。

神実現の生理的な方法を説明したときに、体と呼吸を整えることによって、神経系に「安らぎに満ちた機敏さ」をつくり出し、それによって「存在」を体験することが可能になると述べました。ですから、知的な道や情的な道など、どの道を通って神実現に進むにせよ、この生理的な方法を加味することによって、前進を速めることができるという望みがここにあります。

このように、生理的な道を知的または情的な道に結び付けるのが、ここで言う心理・生理的な神実現の道なのです。

心理・生理的な神実現の道の主な特色は、心身を養って、心には超越意識の状態を、体には安らぎに満ちた機敏さの状態を同時につくり出すことである、と言えます。

この方法の目的は、心を整える仕事を体の面から助け、体を培う仕事を心の面から助けるということです。その意図するところは、最短の時間内に、また最大の容易さをもって、目的を達成することです。

このような見地からすると、心理・生理的な方法はなかなか魅力的な方法に思われます。なぜなら、神を愛し真理を求める人ならだれでも、もっと簡単に、もっと速やかに神を実現する道があると聞けば、そちらのほうに引き寄せられるのが自然だからです。しかし、前に明らかにしたように、体と呼吸を制御する厳しい修行を必要とする生理的な道は、一般の家庭生活者には適していないのです。したがって、この心理・生理的な道は、良い見かけにもかかわらず、万人向きの方法にはなりえないものです。

これもすでに述べたことですが、体と呼吸の調整はデリケートな問題なので、修行者の健康を守るためには、教師の細かい個人的な指導が必要となります。しかし、知的な道や情的な道の助けとしてだれにでも実行ができ、厳格な個人指導や監督のいらない、体や呼吸の軽い調整法もあります。このような行法を用いれば、確かに修行者の進歩を速める助けとなるでしょう。

ところが、神実現を目指す心理・生理的な道も、超越瞑想の実践において成就するのです。なぜなら、この瞑想は体と心に同時に影響を与えるからです。超越瞑想によるならば、いかなるレベルにおいても制御や抑制をまったく行わずに、心を自動的に超越意識の状態に導き入れ、体と神経系を悟りの必要条件である「安らぎに満ちた機敏さ」の状態の中に置くことができるのです。

## 神実現に至る機械的な道

機械的な道を通って神実現に至る方法があるということは、普通には考えられないことです。しかし、知覚の過程を詳しく調べてみると、神実現は確かに機械的な道でも可能であることがわかります。

知覚とは、人間の中の純粋「存在」の中心から知覚される対象に向けて、意識が自然に放射される結果として生じる作用です。例をあげて説明しましょう。

電池から電流が流れて電球に達すると、そこから光線が放射されます。光がさらに遠方へと進んでいくとその力は次第に弱くなり、ついには光がゼロになったと言える限界点に到達します。これと同じく、「存在」の無尽のエネルギー源から、意識は神経系を通じて放射され、知覚器官に達し、体験の対象に届きます。そして、意識が外側に進んでいくにつれて、意識の内容、すなわち至福意識の程度が減少します。この過程全体は、自動的で機械的なものです。

神経系は、意識が外部世界に自《みずか》らを現そうとして自らを投射し、知覚という現象を生じるための媒介です。

知覚の過程は、機械的であるとともに自動的なものです。ある対象を見るためには、目を開きさえすればよいのです。そうすれば、理知や感情に関係なく、その対象を見るという作用が自動的に行われます。知覚作用が生じるためには、理知や感情を導入することは不要です。知覚が機械的だといったのは、そういう意味なのです。

意識の放射は、至福の抽象的、絶対的な純粋状態から出発して、外側に向かって進みます。そのとき、至福も運ばれていくのですが、外に向かうにつれて弱まっていきます。「存在」の一元性が被造界の無限の多様性として現れているのは、意識の自動的な投射によるのです。

このように、外界の知覚は意識の分散過程から機械的に生じるものです。至福の程度は、私たちが外側の粗大レベルの体験に向かって出ていくにつれて減少し、至福の源である「存在」に向かって、より精妙なレベルに潜入すればするほど増大します。したがって、意識の外側への投射レベルで体験するにせよ、意識の内側への潜入レベルで体験するにせよ、どちらにしても、知覚過程が機械的で自動的であることには変わりがないのです。

知覚は外側に向かおうと内側に向かおうと自動的です。生命の粗大な領域の知覚の場合でも、精妙な領域の知覚の場合でも、「存在」の超越状態の知覚の場合でも、同じことです。これで、機械的な知覚の次元でも、「存在」の実現が可能だということがわかったと思います。機械的な知覚過程が神実現の手段として利用できるという理由は、ここにあるのです。

次に、この実現をもたらす知覚過程を分析することにしましょう。

外界を知覚する過程は、内に隠れた純粋意識の領域で始まり、心と神経系の媒介で被造界の粗大な領域へ運ばれます。つまり、知覚作用は内側の意識が外側に投影される結果なのです。しかし、もし純粋意識の状態を得たいと思うならば、この知覚作用を逆方向に向けることが必要です。外側の粗大な領域から意識を集めて、これを内側に向けなければなりません。したがって、純粋「存在」を知覚するには、粗大な活動を中止して、その代わりに活動が次第に少なくなる内側の段階に潜《もぐ》っていき、最も少ない活動を体験し、さらにはこれを超越することが必要です。これによって、純粋意識の状態、すなわち超越「存在」の知覚が生じるのです。

外側の粗大レベルの活動から内側の精妙レベルの活動へと知覚の対象を移していくやり方は、いうまでもなく内側に向かう道です。知覚が外側に向かおうと内側に向かおうと、この過程は自動的で機械的です。外側に向かう知覚は、神経系において活動が徐々に増大する結果です。反対に、内側に向かう知覚は活動が減少する結果であり、最後には神経系の働きが停止して、静寂の状態に到達します。それが「安らぎに満ちた機敏さ」です。「静まりて我の神たるを知れ」という聖句によって説明される状態がこれです。

この静寂に達する理想的な方法は、神経系の活動を「安らぎに満ちた機敏さ」の状態に持って行くことです。心の活動さえもゼロにして、思考過程をその源の一点にまで減少させることです。この点に達すると、知覚は絶対意識の状態にとどまり、悟りの状態が得られ、絶対の超越「存在」が生命の意識されるレベルにやってきます。逆の言い方をすれば、現在意識のレベルが「存在」の超越的なレベルに達するのです。

心の内側へ向かう動きは、機械的に心を完全な悟りの状態に持って行きます。内側に向かう知覚の機械的な過程によって、神経系はおのずから「安らぎに満ちた機敏さ」の状態に達しますから、この過程は神実現への機械的な道なのです。この道の実際的な方法が、超越瞑想です。この瞑想を機械的な道と呼ぶのは、内側の知覚の過程が非常に単純で、理知や情緒の助けを必要としないからです。これは物事を見極める力を働かせたり、感情を用いたりして進む道ではありません。知的な操作や情的な操作をしないで、ただ機械的に進めばうまくいく道です。

内側に向かって心を働かせると、心は超越的な「絶対」の領域に入り、永遠「存在」の力で満たされることになります。次に、心が再び外側に向かって動き出すと、心の活動は超越的な絶対「存在」の光を外界にもたらし、粗大な現象界の知覚における至福を強めるのです。

このように、機械的な知覚という単純な道が、心を静かに超越絶対の「存在」に導き、人間を神の世界に連れていくのです。そして、超越界から出てきた人間は、神の栄光を携《たずさ》えていますので、この世界における実生活のあらゆる分野を輝かすことになります。

これで行動することの意義と、悟りへの道における行動の位置づけが明らかになりました。外側の粗大な領域から、内側の精妙な領域へと進み、ついには超越領域へ到達し、そして、そこからまた外側へ戻ってきて粗大な領域に帰り着くという、この単純で自然な知覚と体験の過程に、悟りへの行動の道（『バガヴァッド・ギーター』はこの道を「行動の道」あるいは「カルマ・ヨーガ」と呼んでいます）があるのです。

知覚の機械的な道は、永遠「存在」の価値を、この世界におけるかりそめの活動の場に見事に調和させます。「存在」の実現には内側への知覚が伴い、また外界の活動に「存在」を注入するには外側への知覚が伴うことからみて、生命全体を聖なる「存在」の栄光で満たし、個人生命を宇宙意識の状態に高めるのは、機械的な知覚のなせる業《わざ》であることがわかります。神実現への機械的な道は、このように、内側および外側への知覚の簡単な過程の中にあるということがわかります。

ですから、だれでもこの道によって神を実現することができるのです。その人の理知や情緒がどの程度発達しているかは関係ありません。ただ、だれにでも備わっている体験能力の使い方さえ知っていればよいのです。このことを知っているだけで、神実現への大道が開けます。

超越瞑想にみるような機械的な神実現の道は、方法としてはきわめて簡単で、しかも結果としては包括的なので、神を愛する人たちや真理を求める人たちが知的、情的、生理的、心理生理的といった神実現へのどの道を進んでいたとしても、だれもがこの瞑想に引き付けられます。この道の魅力は大きく、どのような道を歩んでいる人も、超越瞑想を始めれば、真の安らぎを得て、魂が高められるのを感じます。成就を目指すどんな道も、神実現という偉大な目標に向かうどんな道も、超越瞑想によって支えられ、強められるのです。

# 第六章　世代を追って新生する人類

世代が変わるごとに、人類は新たに生まれ変わります。新しい時代が来るたびに、人生の新しい目標が掲げられ、思考と行動の新しい基準が生まれ、成就への新しい探求がなされます。ある世代に生まれ合わせた人々は、それぞれ共通の願望や理想を持っているかもしれませんが、一人ひとりにとって、それぞれの願望は新しいものであり、ほかならぬ自分の生命を成就するためのものであるといえます。

だれでも心と体の健康を必要としています。だれでも、より大きな行動力、より明晰《めいせき》な思考力、より高い仕事の能率、より深い愛情で結ばれた報いのある人間関係を必要としています。また、毎日の生活において苦しみや不幸から解放されることも必要です。だれでも、自分の心の願望を満たし、人生に満足をもたらすことができるように、十分な知性と十分な活力を必要としています。こういったことに加えて、人間は神意識における永遠の自由の人生を生きるべきです。

このような目的のすべてが、超越瞑想の規則的な実践によって達成できるということを、これまで論じてきました。規則的に瞑想を実践することと、素直で無邪気で自然な態度で他人に接することによって、個人の生命において、このような願望をすべて成就できるのです。ですから、世界中のすべての人が超越瞑想の技術を学ぶことができるように、強力で効果的な一つのシステムを創り上げなくてはなりません。そうすれば、人間一人ひとりが自分の目的を成就し、また他人の生命の成就をも助け合う雰囲気を人類社会にみなぎらせることになるでしょう。

あらゆるレベルで生命の成就を得るために、すべての世代の人のために強固な基盤を築かなければなりません。その責任は、今の世代の高潔で聡明な指導者たちの双肩にかかっています。

全人類の解放を未来の世代にわたって実現する有効な計画を策定するためには、純粋性という要素を第一に考えるべきです。純粋性は生命です。絶対の純粋性は永遠の生命です。その存続は純粋さに掛かっています。この計画の根底には純粋性がなくてはなりません。

純粋性について語る場合に、まず次のことをはっきりさせなくてはなりません。それは、進化の最高の状態、すなわち宇宙意識においては、心は絶対「存在」を十分に注入されるので、被造界における永遠の進化過程を進めていくすべての自然法則（「存在――宇宙法の次元」五一ページ参照）に従って、心はおのずから純粋性の場で活動するようになるということです。

被造界の自然な進化の上に基盤を置いた生命システムは必ず長い年月にわたって生き続けます。なぜなら、生命の条件は次々と変化しますが、時の歩みを左右しているのは進歩であるからです。

いま考えている計画の唯一の目標は、超越瞑想を教えていく場合に、それがいつまでも継続するように、また純粋性を保ち続けるようにすることです。そのための計画は、次に掲げる要点を含むものでなくてはなりません。

(1)進化の過程を支配する自然法則のレベルで超越瞑想が伝えられるためには、この知識を伝える教師自身が、宇宙法の次元に確立されている必要があります。あるいは、少なくとも、瞑想教師自身が自分の人生において、この目的を目指して誠実に努力していることが必要です。

そのためには、瞑想の実践とその原理の理解についての十分な訓練を瞑想教師となる人たちに施すことができるように、特別な施設を設ける必要があります。

すでに、聖なる河ガンジスのほとり、ヒマラヤ山脈のふもとに「瞑想アカデミー」が建設されています。ここに世界中の人を集めて、瞑想に絶好の条件下で訓練を施すことが可能です。これに似たアカデミーを各国に建設することも、われわれの計画に含めるべきです。（※現在は、世界各国でコースが開催されています。）

⑵それぞれの人の進化レベルに合わせて教えを伝えるためには、各人の生来の傾向に適した伝え方をしなければなりません。生まれながらの傾向というものは、その人の進化の道なのですから、これを妨害してはいけません。正しい教えは、万人がその人らしくあることを許し、またやりたいことをやらせ、やりたくないことを押し付けないことが大切です。めいめいの願望を果たすことができるような教えであれば、快く受け入れられるばかりでなく、各自の進化の歩みに大きな励みを与えるでしょう。超越瞑想を伝える技術は、相手の人が望んでいることや達成したいと思っていることは何かを発見し、その次に、そういった必要や願望が超越瞑想によって成就すると教えることにあります。

超越瞑想を各人の願望に結び付けて教えれば、その人の進化レベルにも合致しますし、その人の人生を自然法則に適うようにも調整できます。人生の川全体が、自然の永遠の進歩のリズムに調和して流れるようになります。その人の人生の調和が自然の永遠の調和と一体化するようになるのです。

⑶瞑想の教えの効果はその純粋性にかかっていますから、教えの純粋性をいつの時代にも継続して維持することが何よりも大切です。そのためには、瞑想教師を十分に訓練して、超越瞑想の理論と実践に習熟させ、この教えの純粋性が彼らの心に深く染み込むようにすることが必要です。そうすれば、教えは純粋なままに他の人々に伝わっていくでしょう。

教えの純粋性を維持するためには、教えを普及する組織が自分の土地と建物をもっていることも非常に必要です。超越瞑想センターは、人類の進化の神殿あるいは寺院とも言うべきものです。ですから、これを世界中のあらゆる場所に建設して、献身的な教師たちが快適に活動できるように、また教えの純粋性を保てるようにしなければなりません。

さらに、各宗教の歴史をみるとわかりますが、宗教の英知を教えるセンターとなったのは、寺院、教会、モスク、パゴダなどです。このような広壮な建物がなかったとしたら、神仏の教えもはるか昔に失われてしまっていたでしょう。確かに、建築物そのものは伝統の純粋性を保つこと自体には無関係かもしれませんが、教えを守る砦《とりで》としての効力は大きいのです。教えを伝えるのは建物ではありませんが、この固定した場所を通じて、末永く真理を人々にもたらすことができるでしょう。

⑷この教えをいつの世にも保ち続けるためには、超越瞑想の実践を毎日の日課に不可欠なものとすることも大切です。この瞑想を毎日の習慣として、瞑想を欠かさない生き方を確立すれば、すべての人が

常に調和のうちに生き、この世界は栄光に満ちた場所となるでしょう。人生にこのような喜びをもたらすためには、来るべき世代の人々が皆「存在の科学と生きる技術」を学び、これを身につけるようにしさえすればよいのです。

そのための直接的な方法はただ一つ、この教えを教育制度の中に取り入れることです。そうすれば、人生を統合する技術をもたずに、責任を伴う世の中に出ていく人は一人もいなくなるでしょう。あらゆる教育機関に瞑想センターを設けるべきです。

しかし、学校や大学だけに瞑想センターを設けるだけでは十分とはいえません。大都会の喧騒の真ん中にも「静寂の聖所」を設けて、出勤の前と務めを終えた後にしばらくの間、静かな瞑想室で時を過ごすことができるようにすべきです。そうすれば、人々は自分の心の内側に深く飛び込んで、だれにも邪魔されない規則的な瞑想から多大の利益を得るようになるでしょう。

このようなセンターは、人々が週末に出かける行楽地にも設けるべきです。ここに来て、いつもより長い瞑想の時を過ごし、精神と知性とエネルギーを新たにして、家路につくことができるようにするのです。

いつの世も人類を解放し続けるこの計画を具体的に実現するためには、瞑想教師を訓練する世界センターを建設し、大学や都会の中心や行楽地に静かな瞑想室を設けることが必要です。

生命を愛し、人類の幸福を祈る人々が、総力を挙げてこのような瞑想センターの建設を開始することを私たちは望んでいます。万一、時の経過とともに、この教えが他のイデオロギーと混合することによって、その理解があいまいになり、瞑想教師たちが社会に役立つ結果を生み出すことができなくなったとしても、瞑想のために建てられたこのような恒久的な建築物は、真理の象徴として残るでしょう。教えを直接伝えることはできなくても、人類を解放する簡単な方法がここにあるということを世代から世代へと暗黙のうちに語り伝えるのがこの建物の役割なのです。

建物は、教えの宿る家として役立ちます。人間が有効に機能するためには、肉体と精神の両方が必要です。肉体がないところには、精神もありません。そしてもちろん、精神が不在であれば、肉体はその機能を果たすことができません。これと同じように、この教えの精神は、瞑想教師の進化した意識状態と教えの純粋性の中にあります。また、この教えの身体はいま述べた建物や書物であって、これらは後世に残ることによって教えの精神を保存する助けとなります。

⑸世代から世代へとこの教えを維持していこうとするならば、各世代の全般的な傾向に教えを一致させることが大切です。人々の理解力や傾向は、時とともに変化するものです。教えはいつの時代にもその完全性を保持しなければなりませんが、同時にあらゆる変化に即応していくべきです。

宗教が人間の運命を導いていた時代もかつてはありましたが、宗教の教えが平和と内心の調和をもたらす手段や神実現への直接の道を示すことができなくなったとき、人々は信仰を失いました。歴史が証明するように、宗教が単なる儀式や独善的な教義に堕落するとき、人間の心は生命の正しい理解を求めて哲学に向かいます。つまり、知的な基礎に立って、真理を探求するのです。独善的な教義を振り回す宗教は重要性を失い、自然に衰え、人々の生活の片隅に影を潜《ひそ》めてしまいます。

ほんの五十年か百年ぐらい前までは、宗教が一般の人々の意識を支配していました。宗教が人々の心をつなぎ止めることができなくなったときに、哲学的な運動、すなわち諸宗教の比較研究が優勢になりました。ところが、真実を述べようとするあらゆる努力が傾けられたにもかかわらず、抽象的な哲学の真理を実現する実際的な方式が、哲学からは得られないと気づいた人々は、何か別のものを求めなければならなくなりました。

哲学の研究は、相変わらず一部の人たちの関心をつなぎ止めていましたが、大衆の意識は政治上の覚醒に向かいました。民主主義のイデオロギーが広まるにつれて、大衆の意識は、世界中に毎日のように起こる政治的な出来事の虜《とりこ》になりました。民主主義社会にあっては一人ひとりに政治的な責任があることになっていますので、政治意識は否応《いやおう》なしに個人の生活に入り込んできたのです。民主的な政治体制が世界中に広がっていくにつれて、政治中心の意識が人生を支配し始めました。人々は生命の成就を政治に求めるようになりました。ところが、事実は政治には個人生命の成就のための十分な方式を与える能力はまったくないのです。今日では、政治は大衆の意識を支配しているようにみえます。政治の領域に起こったことは、どんなことでも広く報道され、世界中に広がって、人々の注意を引くようになっています。しかし、時勢の移り変わりは激しく、政治中心の意識を押しのけて、経済中心の意識が人々を支配する日は遠くありません。すでに大部分の国において、経済学者が政治家に影響を与えています。

超越瞑想の教えは、いかなる時代においても、大衆の意識と合致するべきです。大衆の意識が絶えずその様相を変えている事実をみれば、超越瞑想の教えのレベルを固定させてはならないということは明らかです。教えを広めていく方策としては、その時代の意識水準の変化を受け入れて、あらゆる世代のすべての人々が、容易にこの教えを学ぶことができるようにしなければなりません。

宗教が大衆の意識を支配しているときには、超越瞑想を教える場合にも宗教と関連させて説くべきです。哲学的な考え方が社会の意識を支配しているときには、その時代の哲学的な思想を成就することを目的として哲学的に説かなければなりません。政治が大衆の意識を占領しているときには、政治との関連において瞑想を教え、その時代の政治的な目標を達成することを狙いとすべきです。また、経済が大衆の心をつかんでいる時代には、経済と結び付けて、その時代の経済的な目標と理想を成就する方向に進まなければならないのです。

現代は政治が人類の運命を導いている時代ですから、（訳注：原書初版は一九六三年）第一に政治、第二に経済と結び付けて瞑想を説明すべきです。そのようにすれば、あらゆる国に瞑想を広め、瞑想に対する人々の評判を高めるばかりでなく、世界各地のすべての人が実際に瞑想を学ぶことができるようにする仕事も容易になるでしょう。

あと数年で、経済が政治よりも優位に立つようになりますが、そのときは、人々の経済分野における願望を第一に考え、これと結び付けて説くことが必要になります。この時代には、政治が第二位に落ち、哲学と宗教は第三位に下がるでしょう。どの時代でも、そのときの大衆の意識の運命を導く影響の上に立って、超越瞑想を教えるべきです。

今の段階では、各政府の力を通じて万人が超越瞑想を学べるようにする方法をとるべきであると思われます。現代は、何か新しい有益な教えを恒久のものにしようとするとき、政府の援助を得なくては努力もなかなか実を結ばないという時代です。国民の信頼と善意を勝ち得ているのは、民主主義の国々の政府です。政治の指導者は国民を代表しているのですから、国民のためになることなら手を貸そうという自然な気持ちをもっています。この瞑想が一人ひとりのためになるということを納得した良心的な指導者が、その真理と価値を認めて超越瞑想を受け入れるならば、瞑想は容易に、しかも効果的に地上のあらゆる家庭に届くようになるでしょう。

健康や教育や社会福祉に、また受刑者の生活や非行者の誤った人生に対して、超越瞑想がどれほど素晴らしい利益をもたらすかということを考えるなら、保健、教育、社会福祉、司法などをつかさどる官公庁を通じて、瞑想を伝えるべきです。この瞑想の実践は、医学者、学校や大学の教員や教授、社会の人間関係を改善しようと努力している社会事業家など、あらゆる人生分野において人々の生活をよりよくしようと願っているすべての人々によって、取り上げられなければならないものです。

このように、あらゆる時代において全人類を解放する計画は、超越瞑想の教師を訓練すること、瞑想センターを建設すること、この瞑想の実践を各人の必要と傾向に合わせて提供すること、時代とともに移り変わる大衆の意識レベルに応じた普及の方法を見いだすことなどです。

超越瞑想を純粋な形に保っていくならば、それはあらゆる時代の人々の苦悩を軽減し、欠陥や無知を取り除くでしょう。この瞑想は生理と心理、肉体と精神など生命のあらゆる価値において発達した、新しい人類のための新しい時代を招来します。人々は、神意識の永遠の自由の中に確立し、成就の人生を生きるようになるでしょう。全世界の人々の平和と繁栄も保証されるようになるでしょう。高次の意識が人類の運命を導き、すべてが生命の真の価値の上に確立されるでしょう。家庭においても、社会においても、国家や世界においても、偉大な達成が成し遂げられるでしょう。

そして、人類は世代から世代へと、その自然な傾向のままに成就の人生を謳歌していくのです。

グル・デヴに栄光あれ！　JAI GURU DEV

# あとがき

一九五七年、聖マハリシ・マヘーシュ・ヨーギーは、ヒマラヤの古代ヴェーダの英知の真髄を世界に提供し始めました。この年マハリシは、簡単かつ自然で、普遍的な超越瞑想法を紹介しました。この驚くべき瞑想法は、宇宙万物の根源にある実存の超越領域である「純粋存在」の領域を直接体験し活用するために、古代と現代の賢者たちによって用いられてきました。マハリシは、その後の一〇年間に行った一〇回の世界ツアーのなかで「存在」は、時間や空間や因果関係を超えた限りない生命の海であり、被造界のさまざまな側面はこの永遠の「存在」の広大な海の波である、と一〇〇カ国以上の人々に説きました。

マハリシの超越瞑想を実践すると、だれでも「純粋存在」の領域に接して、この領域の無限の富を活用し始めることが可能となります。すなわち無限の幸福、創造性、知性、組織力を手にし、日常生活において最大の成功と成就を得ることが可能となります。

## マハリシの師、シュリー・グル・デーヴ

この偉大な「純粋存在」の英知を、マハリシは敬愛する師であるシュリー・グル・デーヴの下で習得しました。シュリー・グル・デーヴは、ヒマラヤのジョーティル・マトに住まわれた、大聖スワミ・ブラフマーナンダ・サラスワティー・ジャガッドグル・バガヴァン・シャンカラーチャーリヤと呼ばれ、ヴェーダの大師たちの永遠の伝統のなかでも最も傑出したヴェーダの英知の具現者でした。マハリシは、偉大な師の完全なヴェーダの英知により、きわめて短期間のうちに「存在の科学」を習熟することができました。そして単なるリシ（宇宙の真理を見る賢者）になっただけでなく、マハリシつまり偉大なリシとなり、その英知を最高の教育手法により他の人々に教え、その人々が「存在」を体験し、無限の豊かさを楽しむことができるように導きました。

## マハリシ、精神復活運動を創始

この古代の英知をインドの人々に教え始めたとき、マハリシはあらゆる年齢層やあらゆる社会的、宗教的地位にある何万人もの人々が超越瞑想を通して、内側の至福、平和、無限性といった素晴らしい豊かな体験を得ていることに、深く感銘を受けました。これが動機となり、世界の家族のために新たな希望を与えたいと胸を躍らせたマハリシは、師から授かった至高の知識をあらゆる人に与え、地上のすべ

ての生命の精神性を復活させるために、一九五七年の終わりに「精神復活運動」を創始しました。地上における時の流れを、平和や幸福や最高の精神的英知の方向へと変えるこの試みは、当時の世界において、絶対的に必要なことでした。当時は、恐怖の高まりや破壊兵器の増大、そして生命を脅かすその他のさまざまな動向や技術によって、まさに人類の生存そのものが危険にさらされていたからです。

## マハリシ、『存在の科学と生きる技術』を通して世界に教えをもたらす

マハリシが世界ツアーを始めたのとほぼ同時期に、生徒たちはマハリシにこの偉大な教えを文書に書き留めるように進言しました。マハリシは、一九六三年までにこの魅力的な本、『存在の科学と生きる技術』（邦訳版『超越瞑想——存在の科学と生きる技術』）を完成しました。本書は、グル・デヴがマハリシに授けたヴェーダとヴェーダ文献の英知を、私たちの科学の時代に向けて体系的に解説しています。

本書のなかでマハリシは、「存在の科学」を、宇宙の究極の実在に関する体系的な研究として紹介しています。他の各種の科学と同様に、存在の科学も生命の粗大で明白なレベルから研究を始め、自然の体験のより微細なレベルへと、深く探求してゆきます。しかし、存在の科学では最終的にこれらの微細な領域を超越し、永遠の「存在」という超越領域に到達します。

## 現代科学が「存在」を垣間見る

本書が執筆される数十年前から、アインシュタインは、自身の最後の科学的探究として、この自然法の統一場を発見しようと試みていました。しかし現代科学はまだすべての自然現象の基盤である、単一で普遍的な領域が存在することを捉えることができませんでした。

しかし一九九〇年代までには、自然法の統一場は理論物理学の研究の最大の焦点となり、今や現代科学は、超越的な「純粋存在」の領域を垣間見ていると言ってもいいでしょう。大変興味深いことに、ジョン・ヘーゲリン博士など、最近の現代物理学者による自然法の統一場に関する解説は、一九六三年にマハリシが本書で述べている「純粋存在」の記述や、数千年以上に及ぶヴェーダの賢者たちによる各種説明と、きわめて正確に一致しています。

『存在の科学と生きる技術』のなかでマハリシは、自然法の構造を深く探求し続けていけば、科学はいつか、「存在」の領域に到達することになるであろう、と予言しました。そして今、それが起こっているのです。

しかし、きわめて重大な意味において、本書は現在でも現代科学の伝統である客観的な探索手法のはるか先を行っています。というのは現代科学における自然法の統一場理論は、数学上の抽象概念にすぎないからです。深遠で見事なものですが、実生活とは何の関連もありません。しかしマハリシとヴェーダの伝統による「存在」すなわち自然法の統一場の発見は、これまでになされたあらゆる発見のなかで、最も実際的で有益なものです。この発見は実生活にとても適しています。というのも「純粋存在」に達して「存在」の無限の潜在力を活用し、人生を楽しく成功に満ちたものにすることは、世界のどこのだれにとってもまったく容易なことであるからです。これはマハリシの超越瞑想の一日二回の実習を通して、無理なく達成することが可能です。

## マハリシ、瞑想についての世の中の解釈を一変させる

マハリシが超越瞑想を世に明かす以前は、瞑想とは非常に難しいもので、だれにも不可能なほどの、超人的集中力を必要とするものだと考えられていました。成果を得るにはあまりにも時間がかかり実践的でないため、日常生活でさまざまな責任を持っている一般の人々向きではなく、世俗を超えたものの追求に没頭している隠遁者のためだけのものと考えられていました。

マハリシはこうした解釈のすべてを一挙にくつがえしました。マハリシは、自分自身の体験とヴェーダ文献にある記述から、内なる生命の本質は至福であり、これは地球上のだれにとっても同じであることを発見しました。「純粋存在」は純粋至福です。超越瞑想を通してこの内なる至福の領域を発見し、どのような活動の最中にあってもこの至福の領域を楽しむことは、すべての人に備わっている生来の権利なのです。

## マハリシの超越瞑想法は、心の自然な傾向に基づいている

マハリシは、この内なる至福意識の体験は、容易になし遂げられることを発見しました。というのは、心にはより大きな幸福の場へと向かう自然な傾向があるからです。超越瞑想では、現在意識が、超越「存在」を経験する方向に向けられます。超越「存在」の本質は至福意識です。心は至福の方向へと動いていきますので、一歩一歩進むごとに、自然に魅力が増してくるのを感じます。

心は努力なく、おのずと思考のプロセスのより洗練された、魅力的なレベルへとよどみなく進んでゆき、ついには想念の最も微細な側面をも超え、純粋「存在」を超越意識の状態において体験します。これが純粋意識の状態、自己参照的な意識、至福意識の状態です。二十分間の毎回の瞑想中に、心はこの超越意識を何回も体験し、「存在」に備わる至福や平和やエネルギーで活性化されます。この「存在」という宝物が日常生活で手に入るようになり、私生活においても、職業生活においても、また家庭生活においても、より多くの成功や成就が得られるようになるのです。

## マハリシ、超越瞑想の教師を養成する

世界で広く超越瞑想の指導をはじめてすぐに、マハリシはこの貴重な英知を地上のすべての人にもたらすためには、『自分を何倍にも増やす』必要があることを実感しました。それゆえ一九六一年から、

超越瞑想の教師を養成する特別なコースを開催しはじめました。マハリシは一九九四年までに、四万人の超越瞑想教師を養成しました。これまでにこの教師たちによって、六つの大陸すべてにおいて、一〇〇カ国以上で五〇〇万人を超える人々に超越瞑想が教えられています。

超越瞑想の教師たちは、七つのステップ（TM基本コース）を通して超越瞑想の個人指導を行うことができるように、マハリシに訓練されました。七つのステップは、一日約二時間ずつ、約五日間にわたって教えられます。これらの訓練された教師たちを通して、あらゆる世代・宗教・文化・人種に属するすべての人が、瞑想とは簡単で自然なものであり、集中や努力は不要であることを自身で体感できるのです。瞑想を始めた人々は、数ある技法のなかでもマハリシの超越瞑想テクニックは最も実用的な技術であり、人生における成功や成就に不可欠であることに気づきます。そしてマハリシが瞑想についての知的理解と実践に大変革を起こし、すべての人の人生の発展のために新しい基盤を提供しているということを、自身の経験から知ることができるのです。

## 「生きる技術」──存在の科学の応用

「存在の科学」は、超越瞑想テクニックを通して実生活に応用ができ、私たちに生きる技術を提供します。「純粋存在」のレベルに立脚して、考え、話し、行動し、振る舞うことができるようになります。超越瞑想を通して一日二回「純粋存在」を体験することで、どの国のだれもが成長し、より高い意識状態を楽しめるようになります。この高次意識の状態では、相対実存の絶え間ない変化とともに、永遠の「存在」の超越的な状態を同時に体験します。こうした状態だけが、マハリシが本書で説明している、真に「正常な」人生なのです。私たちに備わる無限の潜在力の完全な発揮を阻んでいるストレスや緊張から解放された人生です。高次意識の状態では、人間の人生は、平和と喜びに満たされ、「存在」の無限の創造的知性がみなぎり、自然の全能の力、つまり自然法の無限の組織力からの支援を享受するようになります。

## マハリシが七つの意識状態を発見

マハリシは数多くの世界ツアーの間に何千時間も費やして、高次意識の開花の体験に関して、世界中の超越瞑想実践者に説明しました。瞑想者たちの体験の進歩に触発されて、人間の意識には以下の七つのまったく異なる状態があり、それぞれの意識状態に応じて、経験する世界もはっきりと異なっているという知識を、マハリシは一〇年以上の年月をかけ段階的に発展させました。

・目覚め　ジャーグラット　チェータナー
・夢　スワプン　チェータナー
・眠り　スシュプティ　チェータナー
・超越意識　トゥリーヤ　チェータナー
・宇宙意識　トゥリヤーティート　チェータナー

・神意識　バガヴァッド　チェータナー
・統一意識　ブラフミー　チェータナー

**超越意識**

一九五七年、マハリシは世界中に超越瞑想を教え始め、相対的で変化する三つの意識状態（目覚め、眠り、夢）と、絶対的で不変な単一の意識の場である「超越意識」についての洞察を示しました。超越瞑想中に、心が想念の最も微細な側面をさえ超越し完全な静寂を得て安らぎ、同時に内側で完全に目覚めたときに、「超越意識」すなわち第四の意識状態は体験されます。これは、純粋意識の状態、自己参照的な意識の状態であり、内側で静かに目覚めた状態です。この状態では、意識はそれ自身だけを知っており、心は「存在」と直接接しています。

**宇宙意識**

マハリシの宇宙意識の年である一九六〇年までには、瞑想者の体験が進化したために、マハリシは第五の意識状態である「宇宙意識」の実在を明らかにすることができました。「宇宙意識」においては、目覚め、眠り、夢のどの状態にあっても、「超越意識」の深い静寂が決して失われることはありません。「超越存在」という基盤に永続的に確立されて、生命は永遠の自由のなかで生きられ、二十四時間無限の至福で満たされます。

## 神意識（洗練された宇宙意識）

『存在の科学と生きる技術』が出版された一九六三年までには、瞑想者の体験により、マハリシは第六の意識状態である「神意識」を明らかにすることができるようになっていました。この美しく新しい水準の体験が世界中の瞑想者のなかに現れ始め、それに基づき、マハリシは一九六四年をマハリシの「神意識の年」と宣言しました。

本書の「神実現への道」と題した章は、このような人間の成長の崇高なレベルの現実を明らかにしています。「宇宙意識」に達した人からは、境界のない無限の愛があらゆるものに向かって、あらゆる方向にあふれ出ている、とマハリシは説明しています。このあふれ出る無限で境界のない宇宙的な愛が、神への献身という一点に集中するとき、多種多様な生命全体は、永遠絶対の愛、至福、満足に満ちた状態になります。これが「神意識」です。「神意識」の人は、「超越意識」という永遠の連続性に確立された状態に留まりながら、神への愛と献身であふれています。最も粗大なレベルから、神の光が永遠に輝いている無限に微細なレベルまで、神の創造の尊厳と栄光に対する限りない感謝の気持ちであふれているのです。マハリシは、「存在の科学」のなかで次のように述べています。「このような人は地上のものを見ていても、その目は神の栄光を見、地上の音を聞いていても、その耳は自然の音楽を聞き取ります。彼は人間の言葉で話しますが、その言葉は永遠の『存在』を語る言葉です。彼の生命は、『宇宙的存在』の流れなのです」

## 統一意識

マハリシの統一意識の年である一九六七年に、ついにマハリシは人間の成長の頂点である第七の意識状態、すなわち「統一意識」について胸の踊るような展望を明らかにしました。今やマハリシは超越瞑想の体験を、「超越意識」、「宇宙意識」、「神意識」、「統一意識」の観点から説明することが可能となったのです。七つの意識状態とそれに対応する七つの体験の世界の構造全体が、まさにこのとき世界に明かされました。

リク・ヴェーダのなかの一節は、この最も崇高な人間の意識レベルをみごとに描写しています。

ドゥレー　ドゥリシャン　グリハパティン　アタリユム　（リク・ヴェーダ　八・一・一）

「神の光は人の超越意識のなかで体験される。この光は最も離れた地点に至るまで、被造界全体にあまねく輝いている」

「統一意識」では、被造界のあらゆる粒子が、たとえ宇宙の最も遠いところにあっても、「超越意識」すなわち自分自身の真我の、無辺の海のなかの一つの波として経験されるのです。宇宙の万物は、宇宙の最果てにあるものまでが、自分自身の真我、自分自身の境界のない無限の意識の反響であることがわかります。

「統一意識」においては、具象化した粗大な宇宙から神の光という無限の微細さに至るまで、実存の領域全体が「宇宙的存在」の単一の無限の海であると気づきます。そして至高の知識が現れ始めます。

「我は「それ」なり」。私はあの全体性、その範囲内に宇宙の無限の活動と、その源である「存在」の無限の静寂とを包含する、あの総体性である。ここに「アハム・ブラフマースミ」(我は総体なり、我はブラフマンなり) の体験があります。

「統一意識」において、人は自然法を完全に活用する能力を獲得し、あらゆる可能性を有する生命を生きることができるようになります。これが生命の完成、あらゆる生命が統一された究極のレベルで生きる生命です。そのとき個別生命の流れは「宇宙的存在」という永遠の大海の一つの大波となり、この一つの波は宇宙生命の海全体をそのなかに包含します。

このような啓発した人が地上に多数存在すると、世界はこの上ない繁栄を楽しみ、楽園の時代が訪れます。「統一意識」を生きる啓発した人の至高の目覚めは、全人類の希望であります。これまでこの至高の目覚めを見いだすことはできませんでしたが、聖マハリシ・マヘーシュ・ヨーギーの生命のなかに、それを最もはっきりと見ることができます。「統一意識」をあらゆる人にとって普通の体験とすることが、マハリシの崇高な活動のすべてなのです。

## 超越瞑想に関する科学的研究

マハリシは、世界ツアーのごく初期の頃から、超越瞑想による個人の生理、心理、行動、社会全体に及ぼす効果を、厳密に調査するよう西欧の科学者たちに要請しました。『存在の科学と生きる技術』が出版されてから数年後、古代のヴェーダの技術である超越瞑想に関する真剣な科学的研究がはじまりました。この研究を主導したのは、カリフォルニア大学ロサンゼルス校のキース・ワレス博士でした。博士が発見したのは、超越瞑想が、安らぎに満ちた機敏さという独特の生理機能様式を自動的に生み出すということでした。こうして現代科学の観点から、超越瞑想は第四の主要な意識状態を生み出すことが明らかになりました。この意識状態においては、人間の生理は、目覚め、夢、眠りのときの生理とはまったく異なった機能をします。

以後、超越瞑想の効果に関する六〇〇件以上の科学的研究が、三十カ国の二〇〇以上の大学と研究機関で実施され、その論文が世界中の科学誌に発表されました。これらの研究はまた、『マハリシの超越瞑想とＴＭシディプログラムに関する科学的研究の論文集』という六冊の論文集として出版されています。

超越瞑想に関する研究結果は、現代の優れた科学者たちを驚かせました。研究結果によれば、超越瞑想は高度に秩序立った独特の脳機能スタイルを創り出し、脳波に高いコヒーレンス（同調）を生み出し、脳の潜在能力をさらに活用できることが確認されました。別のさまざまな科学的研究は、以下のような結果を報告しています。知能と創造性の増大、学業成績の向上、ストレスと不安感の減少、肉体的、精神的健康の改善（あらゆる年齢のグループにおいて医療費が五〇％以上減少した）、服役者の効率的な社会復帰、薬物およびアルコールの乱用の減少、職場における生産性、仕事に対する満足度、収益性の増大、人間的成長と道徳的判断に関する測定結果における前例のないほどの向上などです。超越瞑想がもたらす健康面の効果は、多くの大学や研究機関で独自に証明されただけでなく、日本の労働省産業医学総合研究所の原谷博士の研究や、アメリカの国立衛生研究所など、政府系の研究機関による科学的研究でもはっきりと実証されています。

## マハリシ効果、世界意識に調和を創造する

一九七一年、マハリシは、確固たる学問研究と、意識の領域の知識・研究との両者を統合した意識に基づく最初の教育機関つまり啓発に基づく教育機関マハリシ国際大学を創立しました。一九七四年、都市人口の一％が超越瞑想プログラムを実習するだけで、犯罪発生率や交通事故発生率が減少し、都市生活全体の生活の質が向上すること（集合的健康の各種指標の改善など）を、アイオワ州フェアフィールドのマハリシ国際大学の科学者たちが発見しました。多くの人々が「超越意識」の純粋な静寂と平和を体験し、住民全体の集合意識の純粋性が高まると、このように社会の肯定的な傾向が全般的に高まります。人口のごく僅かな割合の人数が超越瞑想を実習することで社会全体の集合的生命が成長することは、一〇年以上も前にマハリシが予見していました。この発見をした科学者たちは、マハリシに敬意を表して、「マハリシ効果」と名づけました。

現代科学によるマハリシ効果の発見は、犯罪や問題のない理想社会を創造する新しい公式を確立しました。この発見を基に、マハリシは、科学の窓を通して人間生命に完全性を与える、新しい完全な時代「啓発の時代の夜明け」を予見したのです。一九七五年一月十二日、マハリシは、全世界に向けて「啓発の時代の夜明け」を宣言し、次いで世界の六大陸のすべてに向けて啓発の時代の夜明けを宣言しました。

その後すぐにマハリシは、「啓発の時代」を統治する地球規模の組織を早急に設立する必要性を認識

しました。そこで一九七六年一月十二日、マハリシは一二〇カ国以上の人々とともに、「啓発の時代の世界政府」を発足させました。啓発の時代の世界政府は、意識の領域に主権を有し、自然法の無敵の力の権威を備えた、世界意識を浄化する活動を行う非政治的、非宗教的な地球規模の組織であり、マハリシは全世界に一二〇〇の啓発の時代の首都を設立しました。

## マハリシ、ＴＭシディプログラムとヨーガのフライングを発見

一九七六年、マハリシは地上に平和を創造する上で、決定的な歴史的発見をしました。マハリシはパタンジャリの「ヨーガ・スートラ」を精査し、ヨーガのフライングテクニックを含むＴＭシディプログラムを発表しました。超越瞑想を実践する人は、この上級の技法を通して「超越意識」を体験するだけでなく、この意識の最も単純な状態である純粋意識つまり自然の知性の全潜在力から、自動的に想念を放ち行動する習慣を身につけることが可能となります。これにより想念と行動は、きわめて自然なものとなり、それゆえきわめて自動的に進化的なものとなります。ＴＭシディプログラムはあらゆる自然法則の支援を個人にもたらし、すべての願望の成就のためにあらゆる可能性の場を開きます。

ヨーガのフライングを含むＴＭシディプログラムは、数千年を経た後にマハリシが開花させた、ヨーガに関する完全に理論的かつ実践的な知識です。ヨーガとは合一すなわち「超越意識」の状態における「純粋存在」の場と、個人の意識との合一を意味します。統合された個人、統合された国家、統合された世界を創造する上で、ヨーガ哲学の意義と、ヨーガ哲学の実際的な応用法を世界の人々が理解するために

は、地上に科学の時代が到来する必要があったのです。

## ヨーガのフライング実習中、脳機能の同調が最大になる

ＴＭシディプログラムのすべての技術のなかで最も強力なものは、「ヨーガのフライング」です。この現象は、個人が「超越意識」のレベルから行動し、心、体、行動、環境といった表現のすべての中に、自然法の全潜在力を活性化する能力を示します。このヨーガのフライングの初期段階では、心の中でシディテクニックの想念に刺激されるだけで、肉体は努力なく宙に上がり、至福に満ちたホッピングが連続的に起こります。パタンジャリの「ヨーガ・スートラ」のような古代ヴェーダ文献には、この技術の実習が進むにつれ、実際に空中に浮揚したり、飛んだりすることが可能になると記述されています。ヨーガのフライングの現象によって示される心と体の協調は、意識とその表現である生理が完全に調和していることを証明するものです。ヨーガのフライング実習中には、脳波の同調が最大となり、脳が高度に秩序立ち、全体的に機能することが、科学的研究によって確認されました。

## ヨーガのフライングは、環境の中の対立を減少させ、社会に肯定性と創造性を増大させる

初期の段階――ホッピング段階――であっても、ヨーガのフライングの実習は、実習者の意識と生理の

中に、数々の至福の泡の波を創造します。ヨーガのフライヤーは、至福の体験を環境の中に強力に放射し、調和の雰囲気を創造し、高揚と平和の波を周囲の人々に広げます。ヨーガ・スートラにはこの現象が明確に表現されています。

タトサンニダウ　ヴァイラティヤーガハ（ヨーガ・スートラ　二・三十五）

ヨーガの現象、ヨーガのフライング付近では、敵対傾向が消失する。
その地域における統一の影響が、多様化する様々な質を中和する。

マハリシは、ヨーガのフライヤーがグループで一緒に実習すると「すべてのホッピングは、全創造への宇宙的な微笑みになります」と説明しています。二〇〇一年までには、世界で一〇万人以上がヨーガのフライングテクニックを学びました。四〇件の科学的研究により、ヨーガのフライングのグループ実習は、マハリシ効果を生み出す方法としてきわめて効果的であることが証明されました。実際、科学者たちはグループ実習が集合意識に強力な調和の影響を及ぼすことを発見しました。人口の一％の平方根の人数がヨーガのフライングをグループで実践することで、社会全体にマハリシ効果を創造することが可能なのです。

## 七〇〇〇人のヨーガのフライヤーが全世界意識に調和を創造する
## ――グローバルマハリシ効果

およそ世界人口の一％の平方根である七〇〇〇人のヨーガのフライヤーが一箇所に集えば、調和の創造が可能であると分かりました。一九八三年の十二月から一九八四年の一月にかけてアメリカのマハリシ国際大学で開催されたグループ実習を一つの事例として挙げることができます。その期間中は、世界各地で肯定的な傾向が増し、国際的な暴力や犯罪が減少し、調和的で平和的な出来事が増えました。この一九八三年から八四年のグローバルマハリシ効果の発見に基づき、世界平和の実践的な技術がはじめて存在することになりました。それ以降、年を追うごとに、世界各地でこの技術を活用するグループの数は増え、現代史における平和への最大の突破口へと導きました。つまり東西の冷戦、超大国間の危機的な敵対傾向が終焉を迎えました。もしすべての政府がヨーガのフライングの調和創造グループを形成し維持するならば、（マハリシはこれを「政府のためのグループ」と呼んでいますが）、世界は永久に戦争を終わらせることができるでしょう。すぐにそのようになるでしょう。マハリシ効果による恒久的な世界平和はマハリシの伝説となり、世界で語り継がれることでしょう。それは私たち全員にとって、そして国家家族のすべてにとって貴重な伝説として認識されるでしょう。

## マハリシのヴェーダ科学と技術の体系化を通して、「存在の科学と生きる技術」は成就に至る

この古代の存在の科学が、どのようにして健康増進の鍵を与えるか、どのようにして教育のさまざまな失敗への解決策を与えるか、どのようにして更生教育の効果的な手段を与えるか、どのようにして人間生活で自然に「徳」を復活させるか、私たちの世界で、平和や成就のない何十億人もの人々にどのように平和をもたらすかを、マハリシは本書の中で詳しく解説しています。マハリシは、精神性の実現を切望してきた哲学者や心理学者や宗教人たちの探求に成就をもたらすために、「存在の科学」を適用しました。マハリシはヴェーダの科学と技術を体系化したことで今、この「存在の科学」の美しい約束に完全な成就をもたらしました。マハリシのヴェーダの科学と技術は、「存在の科学と生きる技術」の完全な開花なのです。

## マハリシ、ヴェーダ科学と技術を体系化する

マハリシは、伝統的なヴェーダ文献に見いだされる完全に理論的で実践的なヴェーダの知識に基づき、また世界中の数百万人が実践している超越瞑想による個々人の超越意識と高次意識の体験に基づき、ヴェーダの科学と技術を体系化しました。マハリシはマハリシのヴェーダ科学と技術を、「ヴェーダ科学」

と定義しています。ヴェーダとは知識、つまり自然法の完全な知識を意味し、マハリシのヴェーダ科学と技術は、自然法に関する完全な知識の科学です。それはまた人間の生命を地上の楽園に変換する自然法の無限の組織力を活用する、超越瞑想やヨーガのフライングなど、自然法の各種技術をも含みます。

## インドのヴェーダの家系によるヴェーダ文献の保存

ヴェーダのさまざまな音声やヴェーダ文献には、ヴェーダのさまざまな表現や英知が含まれています。インドでは、人間生命からこれらの英知が決して失われないように、長い歴史の中で世代から世代へと完全な形で継承され保存されてきました。しかし何世紀にもわたり、ヴェーダ文献の数多くのテキストは散在し、さまざまな系列の伝統に分離し、その理解は競合するようになりました。ヴェーダとヴェーダ文献の連続的な構造は忘れられ、その意義の深さと人間生命への応用が、あいまいなものとなってしまいました。

総合的なヴェーダの英知が忘れ去られると、地上の生命は苦しみに陥りました。マハリシは、統一意識を基盤としたその天才性によって、たった一世代でヴェーダとヴェーダ文献の実在の総合的展望を復活させました。マハリシは自然法の完全な知識つまり地上の楽園を実際的かつ効果的に創造できる知識を復活させたのです。

## ヴェーダとヴェーダ文献は、自然法の種々の原初音である

ヴェーダ文献に関する誤解の中で最も大きなものは、ヴェーダとヴェーダ文献が、古代の賢者たちによって書かれた一連の書物であると信じられてきたことでした。ヴェーダ文献は、実際にはヴェーダの賢者（リシ）たちの考えや書き物ではありません。ヴェーダ文献は、「存在」の場に永遠に実在しており「存在」を体験しただれもが発見できるよう用意されています。ヴェーダとヴェーダ文献の脈動（インパルス）は、存在の場の自己参照的な躍動性の種々の原初音であり、それを聞くのは、意識の自己参照的な状態である「存在」自体なのです。これらの音声はその基本的な状態においては「自然の諸法則」であり、それは「存在」の超越的な領域に恒久的に居住し、そこから宇宙の全進化を司っています。それらは宇宙の全活動を組織している基本的な一連の諸法則であるが故に、リクヴェーダとヴェーダ文献の他の側面は共に「宇宙憲法」を形成しています。マハリシは、ヴェーダとヴェーダ文献は、実際に機能している創造の憲法であり、それは全宇宙を休むことなく統治し、絶対的な秩序と調和を保ちつつ宇宙を維持している「自然政府」であることを発見したのでした。宇宙の基礎にある「自然法」の基本構造に関するマハリシのこの歴史的な発見は、「存在の科学と生きる技術」の中に種の形として「存在——宇宙法の次元」という章に記述されています。

## マハリシ、ヴェーダが「存在」の中で 永遠に反響していることを発見

ヴェーダの永遠の種々の脈動（インパルス）において、「存在」がそれ自身の内において反響し始める、このような深遠な仕組みを、ヴェーダ科学を発展させるにあたりマハリシは、驚くほど詳しく解説しています。自己相互作用している「存在」のダイナミクスによって、「純粋存在」は、時間と空間の永遠性において自《みずか》らを宇宙のさまざまな現象や形として表現しています。マハリシは、そのダイナミクスを直接体験しました。マハリシの種々の洞察は、この直接体験に由来しています。

マハリシのヴェーダ・リーラ（ヴェーダの戯曲）の中で、マハリシは「存在」すなわち自然知性の限りない大海は、無拘束の意識の場である、と説明しています。それは純粋な目覚めです。それは自身の内側で完全に目覚めています。それは、その超越的で自己参照的な状態において、他のなにものでもない自分のみを認識します。それは、自《みずか》らを認識することによってのみ、認識者であり、認識のプロセスであり、認識されるものです。それはそれ自体が、三つのすべてです。それは認識者、認識すること、認識されるものの一体です。ヴェーダの言語では、認識者はリシと呼ばれ、認識のダイナミクスはデーヴァター、認識されるものはチャンダス、そしてこれら三つの一体は、サンヒターと呼ばれます。このリシ、デーヴァター、チャンダスのサンヒターという三位一体の実在のなかに、「純粋存在」の領域の永遠なる自己参照的構造が存在しています。

サンヒターの全体性の内側におけるリシ、デーヴァター、チャンダスの種々の自己相互作用を通して、

意識の無拘束の領域はそれ自身の中で振動を開始します。それは、それ自体の内側でリクヴェーダのさまざまな原初音としてハミングをします。意識の海の中で、ヴェーダの音声のすべては、リクヴェーダの種々の原初音とそれらの音声の種々のギャップから順を追って連続的に発展します。ヴェーダからヴェーダンガ、ウパーンガ、ウパヴェーダ、ブラーフマナ、プラーティシャーキャへと、ヴェーダの音は順を追って正確に発展します。その一つ一つがリク・ヴェーダとそれに続くヴェーダ文献の各種部門の解説と注釈となります。「ヴェーダ文献はそれ自体の注釈である」という、マハリシによる他に類のないこの洞察は、マハリシの「アパウルシェーヤ・バーシャ」、真我を表現したヴェーダの注釈と呼ばれます。

## ヴェーダは意識の中に構築される

これらの原初音は、人間の耳で聞くことのできる音ではありません。「存在」が自身の中で作用するときに「存在」が作り出す音なのです。その音は自動的にリシによって聞かれます。なぜならリシの意識は充分に目覚め、存在の場に開かれているからです。リシたちは超越瞑想とヨーガのフライングの実習を確立しこれを成し遂げました。リシたちは内側で充分に目覚め、純粋存在の場と完全に同一化しているので、自身の無拘束の意識の海においてヴェーダの音声が自発的にやって来ることを体験します。そして人類の歴史の流れの中で、リシたちはヴェーダ文献の書物の中にそれらの音声を記録しました。そして全世界の喜びと福祉を目的として、ヴェーダのパンディットたちは口伝の伝統を通してそれらの音声を後世に伝えました。しかしヴェーダとヴェーダ文献の真の学習は書物の中にはありません。それは自分自身の自己参照的な意識の中で反響するヴェーダの脈動を、直接体験することにあります。

## ヴェーダ　創造を構築するダイナミクス

ヴェーダとヴェーダ文献には全部で四〇の部門があります。マハリシは、各部門が存在の無拘束の場である意識の無拘束の海の、一つの異なる創造的な質であると説明しています。ヴェーダは意識の中に構築されます。そしてそれを構築するダイナミクスは、意識の無拘束の海の本質の中に存在しています。これら四〇のヴェーダの原初音を構築するダイナミクスから創造の物理的な形が発展します。実際宇宙の多様性のすべてはヴェーダの音声から、つまり自然知性の自己参照的なダイナミクスの種々の原初音から発展します。

## 人間の生理の中にヴェーダを発見する

マハリシの創造的な直感を基に、優秀な科学者であるトニー・ネーダー教授（医学博士・生理学博士　現マハラジャ・アディラジ・ラージャラーム）は、ヴェーダとヴェーダ文献が、人間の生理の中に充分に完全に表現されていることを発見しました。ヴェーダとヴェーダ文献に関する三十七年以上に及ぶマハリシのヴェーダ科学の深遠な洞察に基づいて、人間の心と体を形成している諸法則は、ヴェーダ文献の音節、詩節、章、表現を構築している諸法則と同一のものであるという発見へと導かれました。

ネーダー教授の研究は、リクヴェーダに表現されている全体的・自己充足的・自己参照的な真理と同様の構造と機能が、人間の生理（その中心としてのＤＮＡを含む）に備わっていることを明らかにしました。すべての神経系の部位を含む人間の生理の分化したさまざまな構成要素、臓器、器官系はその構造と機能の両方において、一対一対応でヴェーダとヴェーダ文献の四〇の部門に呼応しています。書籍『人間の生理ヴェーダとヴェーダ文献の現れ』の冒頭においてネーダー教授は、次のように述べています。


「この発見によって、体のなかのすべての器官の秩序だった機能の秘密が明らかになった。また生理のなかの秩序が、いかにして宇宙の無限の多様性の中にある絶対的な秩序という最高の価値へと開花できるのかも明らかになった。

この発見は人間に、宇宙を維持している秩序の水準へと高まる可能性を与え、『アハンブラフマースミ（我はすべてなり）』という体験をすべての人が得ることを可能にした。

この発見によって、生理の研究は、至高の生命哲学を現実化するものとなった。至高の生命哲学とは、個人の意識と国家の集合意識を宇宙生命の水準に確立するものである。ヴェーダの構造に照らして生理を研究することは、この科学の時代が生んだ発見である。この発見によって人間の個人としての威厳性は、宇宙的な威厳性へと高まる。

この偉大なる啓示が明らかにするところは、生命が起こって以来、生命の進化は、常にリクヴェーダの連続的な流れであったということだ。人間の生理を形成している諸法則と同一の法則が、リクヴェーダとヴェーダ文献に表現されている音声の種々の脈動として存在している」

基本的にネーダー教授の発見が意味していることは、私たち自身の生命の内なる管理者が、全宇宙の管理者と同一であること、つまりヴェーダ、自然法の総合的な潜在力と同一であるということです。実際私たちの生理は、ヴェーダ文献が具象化したものです。従って私たちのもとにやって来るだれに対しても、「汝はヴェーダなり」と言うことができ、もし私たちが自分を見たときには、「我はヴェーダ、宇宙憲法なり」と言えるのです。

## 人間の生理における
## ヴェーダとヴェーダ文献の発見による実際的な有益性

マハリシのヴェーダ科学と技術の学習と実践により、ヴェーダ文献の四〇の側面のすべてが、知力と直接体験の両方のレベルで活性化します。ヨーガのフライングなどヴェーダの各種技術を用いることで、すべての人間に対して優雅で統合のとれた心身機能を作り出すことが可能です。このとき意識と生理の中に自然法の四〇の側面すべてが完全に目覚めます。

ヨーガのフライングの実習により、私たちの生命の内面はヴェーダの構造の中で容易に完全に目覚め、その結果何を考えたとしても自然法の全潜在力に支えられます。問題や間違いを伴うことなく、無限の創造性と無限の組織力を有する自然法の四〇の価値すべてが私たちの想念を支えるようになるのです。

ヨーガのフライヤーは、自己参照的意識（超越意識）の内側と自身の生理の内側に存在している巨大な知性と力に達することが可能です。実際、自然法の無限の組織力は、私たち全員の手の中にあります。この素晴らしい新生命科学は、ネーダー教授の書籍を通して世界に提供されています。同書は一九九四年一月に初版が出版され、その直後にマハリシは、一九九四年、啓発の時代の第二〇年度を、「人間の生理におけるヴェーダとヴェーダ文献発見の年」として宣言しました。

## ヴェーダとヴェーダ文献に関する、マハリシの類まれな実践的な洞察

ヴェーダとヴェーダ文献に関するマハリシの洞察は、他に類を見ないものであり、人類にとって最高度に実践的で意義のあるものです。ヴェーダとヴェーダ文献は意識の中に構築され、その音声は「原初音」であり、その本質は非具象かつ永遠でそれ自体の中に自然の知性と組織力のすべてを含んでいることを、マハリシは発見しました。またヴェーダ文献は、宇宙を構築する動力学としての四〇の側面の全体的で統合的な一つの連続体であり、人間の生理の構造と機能は、ヴェーダとヴェーダ文献の正確な複製であることをも発見しました。

とりわけ超越瞑想とヨーガのフライングの実習は、ヴェーダとヴェーダ文献の無限の組織力を覚醒させ、人間の意識と生理の中で実際に活用できることをマハリシは発見しました。ヴェーダとヴェーダ文献のこの展望を与えたことで、マハリシはヴェーダの理解を変革したばかりでなく、地上の生命に新しい時代を開きました。地上の楽園において人生を生きるという人類の至高のゴールを実現するために、

世代から世代へとヴェーダとヴェーダ文献が活用できるようにしたのです。

## マハリシの健康へのヴェーダ的アプローチによる完全な健康

マハリシヴェーダ科学と技術の数多くの貴重な部門は、三〇年以上前に書かれたマハリシの『存在の科学と生きる技術』の実践面の教えである「生きる技術」に成就をもたらします。例えば、心身の完全な健康をつくるためには、現代医学が体・心・環境・「存在」自体を包括した全体的な予防医学のアプローチを採用する必要があることをマハリシは強調しました。マハリシは二〇年を経た後に、それらの深遠な諸原則を念入りに仕上げ、最も古代の完全で科学的な、自然な健康管理法「健康へのヴェーダ的アプローチ」を世界にもたらしました。

インドにおけるヴェーダの伝統医療は、現代に至るまで脈々と継承されてきました。しかしそれは部分的なものとなり、意識・生理・行動・環境にバランスをもたらす自然医学としての全体的システムの統合性を失いました。

マハリシは健康に関するヴェーダの諸文献を深く究めました。それらのヴェーダ文献に基づき、マハリシは、健康を完全に考察するにはヴェーダの四〇分野のすべてが不可欠であることを明らかにしました。

これらの種々の自然のアプローチと超越瞑想法とを組み合わせ、ストレスのないバランスのとれた意識と生理を開発することで身体のバランスを取り戻し、心と体のさまざまな病気が生じることを予防します。

マハリシは、集合的健康をいかにして創造するかに関する重要な理解を復活させました。社会の集合意識を自然法の全潜在力に調和させれば、すべての病気や苦しみの原因である「自然法」の冒涜を予防できるのです。ヴェーダの原典に見られるこの全体的で完全な健康の理解の復活は、「マハリシのヴェーダ的健康へのアプローチ」と呼ばれています。

## マハリシのヴェーダ科学と技術の他のさまざまな実践的な部門

マハリシのヴェーダ科学と技術は、「存在の科学と生きる技術」の完全な知識です。それは地上の人間生命に栄光をもたらす、自然法の知識と強力な各種技術の両方を備えた無限の豊かさの領域です。「存在」の純粋な基礎構造のすべてを開発し、それらを科学的研究により立証するためにマハリシは三〇年の歳月を必要としました。そして今、マハリシヴェーダ科学の貴重なすべての分野を、世界各地で学ぶことができるようになりました。

「マハリシ・ジョーティシュ」プログラムは、過去・現在・未来に関する知識であり、未来の傾向を予測し、問題が起こる前に予防します。「マハリシヤギヤ」の実践は、ヴェーダの実践であり、個人生命と集合生命の否定性を中和し、肯定的な傾向を高めます。「マハリシ・ガンダルヴァヴェーダ」音楽は、ヴェーダの音楽、永遠なる「自然」の音楽であり、個人と環境にバランスと調和の影響を創造します。「マハリシ・スターパティヤヴェーダ」による設計は、ヴェーダの建築科学です。スターパティヤ・ヴェーダは、「自然」

そのものの建築体系であり、個人生命を宇宙生命に調和させます。「マハリシの至高の政治科学」は、「自然法」に基づいて、国家の政府を、宇宙の完全な行政管理の水準へと高める原則のすべてを明らかにします。「マハリシヴェーダ経営」は、最高の機敏さ、最高の創造的知性、「自然法」からの最大の支援を開発し、人生における最高度の成功をもたらします。

これらは、マハリシのヴェーダ科学と技術の貴重な諸部門の幾つかです。しかしヴェーダ文献の四〇の側面の一つ一つは、どれも「自然法」の総合的知識に基づき、日常生活において深遠で実践的な知識を与えます。

## マハリシ経営大学、マハリシヴェーダ大学、マハリシアーユルヴェーダ大学とマハリシヴェーダ医科大学

世界各地に設立中のマハリシ経営大学、マハリシヴェーダ大学、マハリシアーユルヴェーダ大学、マハリシヴェーダ医科大学で、マハリシヴェーダ科学と技術とマハリシの健康へのヴェーダ的アプローチの知識は提供されます。オランダやインドの主要なキャンパスに加え、マハリシヴェーダ大学やマハリシアーユルヴェーダ大学や高等学校・中学校などは、アメリカ合衆国やカナダの各州でも建設されつつあります。またマハリシヴェーダ大学センター（マハリシ総合教育研究所各地センター）は、日本の全国各地で設立中です。これらの教育機関は、すぐに世界各国で建設されることでしょう。

これらの教育機関では修了証が発行されます。将来はマハリシヴェーダ科学と技術、さらにはマハリ

シの健康へのヴェーダ的アプローチの分野での準学士号、学士号、修士号、博士号などの学位が授与される予定です。これらの学位はマハリシヴェーダ科学と技術の指導や、マハリシのヴェーダ的予防医学を重視した健康教育の教育者、マハリシジョーティシー（ジョーティシュの専門家）、マハリシガンダルヴァン（音楽家）、マハリシスターパティー（建築家）、さらにヴェーダの経営者といった新しいヴェーダの職業を生み出します。

## マハリシによる新しい政府の定義

『存在の科学と生きる技術』の最終章においてマハリシは、社会のすべての人々に超越瞑想の恩恵をもたらすために、政府がその仲介役となるよう訴えました。今マハリシは、世界の政治指導者たちに、新しい政府の定義を提示しています。「政府がさまざまな問題を予防できるのであれば、その政府は「政府」という名に値します。もし種々の問題を予防できないのであれば、さまざまな状況や環境に手荒に扱われる存在にすぎません」。マハリシは、「さまざまな問題を防止できなければ、政府自体に問題があります」と指摘しています。

現在の政府には、問題防止能力がないことは明白です。なぜでしょうか？　その理由は、政府とはその国における国民の集合意識の無邪気な鏡であるからです。国民にストレスが蓄積すると集合意識にストレスが蓄積され、社会全体が、さまざまな問題や否定性や病気を生みだす習慣や傾向であふれてしまいます。そのような集合意識に直面している政府には何ができるでしょうか？　歴史が示していることは、政府が無能であれば、人々の悲惨さは益々増幅していき、結局政府は人々を守るために更なる代償を支払わなくてはなりません。実際集合意識の中からストレスを計画的に減少させない限り、マハリシによる政府の新しい定義を満たす政府は、いつまでもたっても存在し得ないことでしょう。政府は、種々の問題が発生する前にそれを防止し、苦しみのない社会を創造できなければなりません。

## 政府のためのマハリシのグループ——さまざまな問題を防止する基盤

これが理由で、政府のためのマハリシのグループ、ヨーガのフライヤーグループをすべての首都に設置することがきわめて重要なのです。全世界意識に調和の影響をつくることが確認されている七〇〇〇人のヨーガのフライヤーグループを、すべての政府が維持するべきです。フライヤーたちによる至福にあふれたヨーガの実習は、社会生命全体に「純粋意識」の領域を目覚めさせます。あたかも寒々しい曇りの日に太陽が出てくると、全ての人に暖かい波動が与えられるように、環境の中からストレスが消え去ると、社会は平和と幸福の波を楽しむようになるでしょう。

## 自然法に基づく行政管理——行政管理の自動化

マハリシは、「マハリシの政府の絶対理論」の中で、フライヤーグループを創設し維持するだけで、すべての政府が行政管理の理想を実現できると説明しています。それは全世代における政府の行政管理の最高の質の達成です。
ヨーガのフライヤーグループを通して、宇宙の最高知性の無限の組織力（ヴェーダ文献ではプルショッタマとして知られている）はすべての個人生命、すべての家族生命、そして国家全体の中で完全に覚醒します。
そのとき政府は、自然政府と同様に、国家を静かに効率的に治めるようになります。間違いも問題もなく宇宙を統治している、自然の滋養あふれる力と同一の力が、すべての国の生命を統治します。これが自然法に基づく行政管理――行政管理の自動化――であり、以下のリクヴェーダの詩節に記述されています。

ヤティーナーン　ブラフマー　バヴァティ　サーラティヒ
（リクヴェーダ　一・一五八・六）
完全に覚醒した自己参照的意識、この単一性に立脚した者たちのために、純粋知識とその無限の組織力――生き生きとした宇宙憲法つまり、自然法――が、すべての活動の御者となる。

マハリシは「政府の絶対理論」の中で、すべての人間生命のためにこのリクヴェーダの表現の深遠な意味について解説しています。私たちの活動が、自然法の家である自己参照的意識、超越意識のレベルから開始するとき、その活動は、自然法の無限の組織力に支えられます。これは一般的に「自然からの支援」として知られています。超越瞑想を実践し超越意識を体験する個人のみならず、超越瞑想とTMシディプログラムのグループ実習により、国家意識すなわち国家の集合意識もまた「自然からの支援」を得ることができます。

光の到来とともに、暗闇が消えてしまうのと同じように、「自然からの支援」が国家生命の中に高まると、どの国のさまざまな問題も消えてなくなってしまいます。

すぐに各国政府が、国の行政管理に必要不可欠なものとして、政府自身のヨーガのフライヤーグループを保持することになるでしょう。そしてすべての国が「自然法からの支援」を享受することになるでしょう。地上のトラブルはすべて、遠い記憶として消えていくでしょう。現在そして来るべき幾多の世代において、すべての国家のすべての国民が生命の完全性と成就を生きることになるでしょう。

## マハリシの地上の楽園創造のマスタープラン

マハリシは楽園の世界創造のために青写真を提示しました。そこでは世界各国で新しい悟りの政府が生まれます。一九八八年マハリシは、地上の楽園創造のマスタープランを編纂《へんさん》し、生命の内側と外側の両者に完全な栄光をもたらすために、全世界を再構築するよう呼びかけました。

生命の内側のレベルは、高次の意識状態を開発することで栄光化されます。さまざまな高貴な質が開花し、至福や自然からの支援が内側からもたらされます。ヴェーダの各種アプローチを健康、農業、教育、建築、都市開発に応用することで、生命の外側レベルを完全性へと導きます。マハリシ・スターパティヤ・ヴェーダの設計の諸科学的原理に基づいて、理想の市町村を建設します。すべての人が「私は楽園に生きている」と感じられる、美しく清々しい環境をあらゆる場所に創造します。マハリシの健康へのヴェーダ的アプローチを通して、病気のない世界を創造します。個人の健康と集合的健康の両者が完全となり、病気や苦しみは発生する前に防止されます。マハリシヴェーダ農法と有機農業の各種手法を用いて未使用の土地を耕すことで、すべての国の自己充足的食料生産が可能となり、自然で健康で豊かな食事を提供することができるようになります。

マハリシのヴェーダ科学と技術に基づく理想的な教育を通して、学生全員が意識の学習と研究に従事し、すみやかに成長します。学生たちは啓発の状態の中で幸福、平和、成就する進歩を生きるようになります。

そのような啓発した市民は、すべての職業に完全性をもたらし、すべての知識の果実を楽しみ、間違いや苦しみのない人生を楽しむようになります。「自然からの支援」がすべての国で高まれば、政府の事業も新しく富を追求する民間企業も、すべてのその目標を達成することとなります。貧困は除去され経済的な自己充足性が、すべての国で達成されます。

マハリシの地上の楽園創造のマスタープランを通して、すべての国における国民全員が、人間生命のすべての宝、物質的かつ神聖な宝を享受できるようになります。何世紀にもわたって世界意識の中に蔓延してきた破壊的な力の代わりに、滋養・調和・統合を与える自然法の力の影響が広がります。その力は地上の万人と万物の進化を無制限に支えることとなります。その結果すべての国は、他のすべての国を愛で包み込み、すべての国がともに各国に滋養を与えます。世界のすべての人とすべての国が、地上の楽園を楽しむことになるのです。

## マハリシの教育活動に基づく、世界意識の純粋性の高まり

数十年間のマハリシの世界的な教育活動により、世界意識の純粋性が着実に高まりつつあります。純粋知識の光は着実に輝きを増し、自然法に則した生命は着実に成長しつつあります。マハリシの偉大な英知が人類生命の中に開花するにつれ、世界のあらゆる分野で新しい目覚めの兆候を目撃することができます。世界のすべての領域で、地上の楽園への進歩が見られます。

マハリシがインドに設立したマハリシ・ヴェーダ・ヴィギャン・ヴィシュワ・ヴィディヤ・ピート（マハリシヴェーダ大学）や、アメリカのアイオワ州フェアフィールドのマハリシ経営大学（旧マハリシ国際大学一九七一〜一九九五年）など、さまざまな国の数々のヨーガのフライヤーグループが、世界意識に劇的な変化をもたらしてきました。東西の冷戦、それに関連した数多くの戦争が終結し、世界中で、数多くの未熟で物質的な哲学が消失しつつあり、精神的な傾向が高まりはじめています。

## マハリシプルシャ・プログラム
## マハリシマザーディヴァイン・プログラム

世界意識に調和を創造することがきわめて重要であることから、マハリシは地球上で集合的に調和と

肯定性の波を広げる男性のためのプルシャ・プログラムと女性のためのマザーディヴァイン・プログラムと呼ばれるヨーガのフライングを実践する啓発した職業グループを創設しました。

アメリカではこれらのグループがノースカロライナ山脈にアメリカ精神センターを建設しました。このヨーガのフライヤーグループは、高次意識の体験と一日二十四時間の湧き上がる至福を楽しみつつ、不屈の調和の波々を世界意識の中に恒久的に放射しています。

## 前例のないマハリシによる数々の達成

マハリシは、恩師であるシュリー・グル・デーヴから授かった生命と生活に関する知識に対する確固たる自信から、世界規模の運動を開始しました。マハリシはその知識によって全世界を精神的に復活できると確信していました。そしてヴェーダの伝統の偉大なマハリシたち（偉大なる見者たち）の中で最も偉大なる者のみが所有できる単純かつ無限の視野に基づいてこの仕事に着手したのでした。人類への福祉を目的としたマハリシによる絶え間ない献身によって、世界は、生命の総合的な精神性の復活と地上の楽園の実現に、毎日近づきつつあります。

## 残されていることは、この知識を充分に実行することだけである

ヴェーダとヴェーダ文献の分野でのマハリシの類まれなる歴史的な数々の発見と知識の分野での数々

の達成の結果、「今日、世界の知識はヒマラヤの頂上に達している」とマハリシは認識しています。マハリシはこのように知識の分野において指導力と権威を発揮してきました。そしてマハリシは今、全世界が地上の楽園に入るためには、古代のヴェーダの英知を実際に実行する必要があると感じています。つまり世界中にマハリシ経営大学、マハリシヴェーダ大学、マハリシアーユルヴェーダ大学、マハリシヴェーダ医科大学を建設し、ヨーガのフライヤーグループを設立することが必要なのです。

## マハリシ――すべての国の静かなる守護者

統一意識という最高の頂点から、マハリシは全世界家族を自分の家族として体感しています。世界の国々のさまざまな問題に対する無限の哀れみによって動かされ、現在に生きるすべての人々と来るべき全世代の人々のために、マハリシは自分の人生のすべての瞬間を地上の楽園建設に費やしています。これが今日の世界のマハリシであり、すべての国々の静かなる守護者にほかなりません。マハリシが一九五八年に開始した仕事は、すぐに成就へと達することでしょう。

「新しい人類が生まれ、概念はより充実したものとなり、すべての領域での経験と達成はより豊かなものになり、生命の喜びがすべての人間に備わり、愛が人間社会を支配します。真実と徳が世界を統治し、地上の平和は恒久的なものとなり、万物が神意識の生命の豊溢性における成就を生きるようになります」

このように本書で述べられているように、マハリシの世界規模の運動の目標と、歴史的な本書の目標は達成され、黄金の時代、啓発の時代が夜明けを迎えることでしょう。

アメリカ合衆国、アイオワ州、フェアフィールド
マハリシ経営大学国際学長
全世界マハリシ経営大学、マハリシヴェーダ大学国際学長
一九九四年九月十二日
ベヴン・モリス

# 今日の、そして明日の指導者への呼びかけ

インド各州の国会議員により執筆された推薦文　一九六三年春（本文の末尾に国会議員の氏名を掲載）

平和の内に生きるかあるいは滅亡するか、これは核の時代の挑戦です。高まる緊張状態が永遠に続くことはあり得ません。平和か破滅か、どちらかの道に進まなければなりません。世界平和創造のために、教養があり、知性があり、活動的で、献身的な何百人もの人々が必要とされています。インド国内外のすべての地域の個々人の人生に、平和と調和をもたらす実践的な公式を広めなくてはなりません。

世界規模の精神復活運動の創始者である聖マハリシ・マヘーシュ・ヨーギーは、簡単な超越瞑想システムについて説きました。だれでも心を自らの内側に向け、無限のエネルギー、幸福、平和そして創造的知性の源に触れることが可能です。

マハリシの超越瞑想のシステムは、生命の内側と外側の溝に橋を掛けるものです。超越瞑想は生命のすべての側面を改善し、人格を向上させ、その結果として体と心と魂の調和的な発達をもたらします。

世界中の数千もの人々が、現在、マハリシの超越瞑想システムを通して緊張から解き放たれた人生を楽しんでいます。

マハリシ師は、これまでに三回世界を廻り、インド、ビルマ、マレーシア、シンガポール、香港、アメリカ、カナダ、ドイツ、スウェーデン、ノルウェー、デンマーク、イギリス、スコットランド、アイルランド、フランス、イタリア、ギリシャ、東アフリカ、南アフリカ、オーストラリア、ニュージーランドに瞑想センターを設立してきました。

インド国内外でマハリシ師により訓練された何百人もの瞑想教師が、これらのすべての国々の瞑想センターを満足のいくかたちで運営しています。

これは、全人類を精神的に復活させ、恒久的な世界平和を創造する試みです。そのためにマハリシ師は、四年前に精神復活運動を開始し、さらに最近、瞑想教師を訓練する目的で世界本部としての瞑想アカデミーを設立しました。マハリシ師の簡単で超越的な瞑想の哲学が広く受け入れられるにつれて、さらに多くの瞑想教師の必要性が日増しに高まっています。四十日間の瞑想教師研修プログラムは、一九六三年五月二十日に、リシケシの近隣のシャンカラーチャーリヤ・ナガール所在の瞑想アカデミーで開催されます。

私たちが過去の経験から学んだことは、私たちの周囲に平和を広げなければ、インドにあってでさえ、平和に暮らすことができないということです。心のバランスや社会の平和を保つために、私たちは、今日の挑戦に対して立ち上がり、緊急に、平和と調和の実践的なメッセージを世界各地に届けなければなりません。

現在の私たちの国は、国として成り立っていない状態であり、強靭《きょうじん》さと統一を必要としています。しかしそれは、私たちの国民の意識を向上させることによってのみ可能です。意識の向上とは、より大きなエネルギー、創造的知性、より優れた健康、そしてさらに社会でのさまざまな関係におけるより大きな調和を意味します。マハリシの超越瞑想という簡単なテクニックは、そこに直接的に達する一つの方法です。これを採用することだけが、私たちに必要とされているのです。

私たちは、伝統的に平和を愛する国民です。経験から分かることは、弱さの中では平和はあり得ないということです。私たち自身を強くするために立ち上がりましょう。私たちの内に眠る能力を開花させ、その全潜在能力を使い始めましょう。私たちの一人ひとりの強さと知性の中に、インドの強さがあるということを思い出しましょう。

私たちの国の危機については、私たち全員の一人ひとりに責任があることを忘れないようにしましょう。そのような集合的な災害の原因は何でしょうか。その原因は、人々の集合的な緊張なのです。では何が集合的な緊張の原因なのでしょうか。個人の緊張は、怒り、恐怖、憎しみ、貪欲、嫉妬、悪しき考えや言葉や行動として、そしてそのような類のあらゆる堕落的な行為として現われます。個人のさまざまな緊張は、集合的な緊張として大気のなかに蓄積され、集合的な災害、国家の危機、国際紛争などを引き起こします。環境のなかに存在している集合的な緊張を取り除くことが、インドにおいて急務となっています。

体のどこかに腫れ物ができたときには、もちろん手術が必要です。しかし血液を浄化する処置も大変重要です。国家の危機に対して、そのレベルで対応することはもちろん必要です。しかしそれ以上ではなくとも、現存する緊張を環境から除去する処置は、それと同等に重要であると考えなければなりません。すべての個人の人生にあるさまざまな緊張を取り除くことによって、環境の緊張を可能な限り緩和することは、私たちの国家の義務です。

意識のもっとも深いレベルから平和と調和の強力な影響を創造する、簡単なテクニックを提供することで、すなわち毎日数分間の超越瞑想の実習によって、これを最大限達成することが可能です。戦争という恐怖と戦い、すべての人が平和と強さの内に生きることができるように、マハリシ師は現在、超越瞑想という簡単な技術をすべての人々の手に届くように、インド全土を訪れています。

ハレー・クリシュナ・マハタブ博士（国会議員・オリッサ州、前ボンベイ州知事、元連邦商工大臣、元オリッサ州主席大臣）／シュリ・B・ラーマクリシュナ・ラオ（国会議員・元ウッタラ・プラデーシュ州並びにケララ州知事、元ハイデラバード州主席大臣）／M・S・アネイ博士（国会議員・マハラーシュトラ州、元ビハール州知事）／ゴヴィンダ・ダス博士（国会議員・マディヤ・プラデーシュ州）／ジャイプール、マハラニ・ガヤトリ・デヴィ（国会議員・ラージャスタン州）／シュリ・ティカ・ラーム・パリワル（国会議員・ラージャスタン州、元ラジャスタン州主席大臣）／シュリ・シャム・ラル・サリフ（国会議員・アンデラ州）／ニハール・ランジャン・ラスカール（国会議員・アッサム州）／D・N・ティワリー（国会議員・ビハール州）／C・R・ラージャ（国会議員・グジャラート州）／ラヴィンドラ・ヴァルマ（国会議員・ケララ州）／P・ムティアハ（国会議員・マドラス州）／T・スブラマニアム（国会議員・マイソール州）／サルダール・グルムク・シン・ムサフィール（国会議員・パンジャブ州）／ラグナット・シン（国会議員・ウッタラ・プラデーシュ州）／S・ハンスダ（国会議員・西ベンガル州）／シヴ・チャラン・グプタ（国会議員・デリー州）／パルタプ・シン（国会議員・ヒマチャル・プラデーシュ州）／S・T・シン（国会議員・マニプール州）／コル・サティヤヴラータ・シッダンタランカール（グルクラ・カングリ・ヴィシュワヴィディヤラーヤ大学副総長）

# 読書の手引き

本書を読む際に、最初から通して読むことをお薦めいたします。しかし、最初は慣れない言葉で取っつきにくく感じるかも知れません。その場合は、この「読書の手引き」を参考に、まずご自分の興味のあるところをお読みください。それから初めに戻って読むと理解しやすくなります。

また、瞑想の体験が増せば増すほど、理解度が増しますので、超越瞑想を実践されることをお薦めします。瞑想を継続されますと、永遠の真理が自分自身の内側で自然に育ってゆくことに気付き、大きな喜びを感じるようになるでしょう。この本はそんな読者と共に成長していくものです。

## 1.真理の探究



## 2.プラーナとは



## 3.カルマとは

### 4. 経験すること



### 5. 生命とは



### 6. 人間の価値



### 7. TMとは

## ８.能力と意識の開発



## ９.成功の条件

## 10. 正しい生活とは



## 11. 他人と付き合うコツ

### 12. 教育と子供の接し方



### 13. 学問、研究の指針



### 14. 宗教を理解するために

## 15. 神とは



## 16. 完全な健康を得る



## 17. 世界平和の創造

**【中部】**

◆金　沢　金沢市野田 1 丁目 77 番地
☎ 090-6274-9866　a.saito@maharishi.or.jp

◆浜　松　☎ 090-7257-5452　hamamatsu@maharishi.or.jp

◆名古屋栄　名古屋市中区上前津 2-5-7　エスポア上前津 201
☎ 052-321-6623　sakae@maharishi.or.jp

◆名古屋名駅　☎ 052-990-1053　m.takeuchi@maharishi.or.jp

◆愛　知　東海市大田町東畑 158
☎ 090-6083-7429　m.takeuchi@maharishi.or.jp

**【近畿】**

◆大　阪　大阪市中央区淡路町 3 丁目 6-12　ローズプラザ 605
☎ 06-6105-5965　osaka@maharishi.or.jp

◆京　都　京都市下京区鶏鉾町480 番地 オフィス・ワン四条烏丸ビル1205 室
☎ 090-7880-7889　kyoto@maharishi.or.jp

◆滋　賀　近江八幡市宮内町 172-7
☎ 0748-26-2794　shiga@maharishi.or.jp

**【中国・四国】**

◆広　島　広島市中区本川町 2-1-9　川本ビル 4F
☎ 080-5247-1666　hiroshima@maharishi.or.jp

◆島　根　松江市東出雲町錦新町 1 丁目 7-10　Do コーポレーション 1F
☎ 090-6840-3662　y.sueda@maharishi.or.jp

◆徳　島　徳島市南矢三町 3-6-47
☎ 090-5278-1400　tokushima@maharishi.or.jp

◆愛　媛　☎ 090-4545-1358　ehime@maharishi.or.jp

**【九州】**

◆福　岡　福岡市中央区大手門 2-8-18　大手門ハウス 1001
☎ 092-741-3134　fukuoka@maharishi.or.jp

◆鹿児島　姶良市蒲生町上久徳 312-1
☎ 090-3738-7683　kagoshima@maharishi.or.jp

■一般社団法人マハリシ総合教育研究所　東京事業本部
〒 102-0083 東京都千代田区麹町 2-10-10-1F
☎ 03-6272-9398　FAX 03-6272-9466　tokyo-hq@maharishi.or.jp
https://maharishi.or.jp/

# マハリシ総合教育研究所・全国のTMセンターのご案内

センターのない地域に出張も行っています。お気軽にお問い合せください。

**【北海道・東北】**

◆札　幌　札幌市豊平区平岸三条3-2-9 アムリタ2F
☎ 011-814-2320　sapporo@maharishi.or.jp

◆青　森　☎ 090-2025-4865　m.imai@maharishi.or.jp

◆仙　台　☎ 090-6782-8578　sendai@maharishi.or.jp

**【関東】**

◆池　袋　豊島区南池袋1-8-22　クレールハウス202号室
☎ 03-5962-0079　ikebukuro@maharishi.or.jp

◆神　田　千代田区神田須田町1-34-6　吉田ビル4F
☎ 090-2747-9233　kanda@maharishi.or.jp

◆麹　町　千代田区麹町2-10-10　パレスサイドステージホームズ麹町201
☎ 03-6272-9992　kojimachi@maharishi.or.jp

◆渋　谷　渋谷区渋谷3-6-4　プライア渋谷1301
☎ 03-6427-3325　shibuya@maharishi.or.jp

◆新　宿　渋谷区代々木2-16-15　キタビル301
☎ 070-5519-4964　kobayashitaku@maharishi.or.jp

◆蒲　田　大田区西蒲田7-25-2-803
☎ 03-6424-7916　nakata@maharishi.or.jp

◆浜松町　港区芝1-9-2-1101　ベルメゾン芝
☎ 03-6435-0242　hamamatsucho@maharishi.or.jp

◆高円寺　☎ 03-3314-6078　koenji@maharishi.or.jp

◆東久留米　東久留米市浅間町3-12-4
☎ 042-421-0276　higashi-kurume@maharishi.or.jp

◆武蔵小杉　☎ 070-5519-4964　kobayashitaku@maharishi.or.jp

◆小田原　小田原市国府津2904-401
☎ 090-2443-5305　y.kimura@maharishi.or.jp

◆横浜湘南　☎ 080-1001-7888　y.kato@maharishi.or.jp

◆大　宮　☎ 080-4005-9472　y.okubo@maharishi.or.jp

◆群　馬　邑楽郡千代田町赤岩3296-1
☎ 0276-86-9888　gunma@maharishi.orjp

◆茨　城　つくば市松代4-9-33
☎ 029-852-1721　tsukuba@maharishi.or.jp

◆那須塩原　☎ 090-9951-7013　nasu-shiobara@maharishi.or.jp

< 翻訳者紹介 >

マハリシ総合教育研究所

マハリシ国際グループは、科学者マハリシ・マヘーシュ・ヨーギーにより、人類の幸福と完全な健康、世界の平和と繁栄を達成するために 1958 年に創立。オランダに国際本部を置き、世界 100 か国以上に 1,300 か所の教育センター、大学、研究所、健康センター等を設立。日本での活動は 1974 年から始まり、1985 年にマハリシ総合研究所、2011 年に一般社団法人マハリシ総合教育研究所が設立される。

教育、健康、ビジネス、行政、リハビリテーションなど世界諸国の各領域において潜在脳力開発プログラム、健康増進プログラム導入を政府および民間プロジェクトとして推進。600 万人の指導実績を有する。また研究活動、出版活動を行うほか、医薬品、健康食品の研究開発、途上国援助プロジェクトも推進している。イデオロギー、政治、民族、宗教を超えた国際組織として、その活動は高い評価を得ている。1998 年には、日本初の本格的インド古代建築スターパティヤ・ヴェーダによる研修センター（木造平屋建てとしては日本最大級）を那須に開設。

関連図書：『究極の瞑想』（かんき出版）、『超越瞑想　癒しと変容』（さくら舎）、『超越瞑想 TM がよくわかる本』（マハリシ出版）、『大きな魚をつかまえよう』（四月社）、『瞑想を力に』（知玄舎）、『超越瞑想と悟り』（読売新聞社）その他。

**超《ちょう》越《えつ》瞑《めい》想《そう》［普及版］**

**── 存在《そんざい》の科学《かがく》と生《い》きる技術《ぎじゅつ》 ──**

2018 年 11 月 30 日　初版第 1 刷発行
2023 年　1 月 12 日　初版第 2 刷発行

著　者　マハリシ・マヘーシュ・ヨーギー
翻訳者　マハリシ総合教育研究所

発行者　鈴木志津夫
発行所　マハリシ出版
東京都千代田区麹町 2-10-10-102（〒 102-0083）
☎ 03-6272-9398　FAX 03-6272-9466

発売所　星雲社
東京都文京区水道 1-3-30（〒 112-0005）
☎ 03-3868-3275　FAX 03-3868-6588

印刷・製本所　株式会社シナノ


ISBN978-4-434-25456-7